탁월한 인생을
만드는 법

탁월한 인생을 만드는 법

—

2019년 12월 11일 초판 1쇄 발행
2023년 2월 15일 초판 6쇄 발행

—

지은이 마이클 하얏트
옮긴이 박미경
펴낸이 강준규

—

책임편집 유형일
마케팅 추영대
마케팅지원 배진경, 임혜솔, 송지유, 이원선

—

펴낸곳 (주)로크미디어
출판등록 2003년 3월 24일
주소 서울시 마포구 마포대로 45 일진빌딩 6층
전화 번호 02-3273-5135
팩스 번호 02-3273-5134
편집 02-6356-5188
홈페이지 http://rokmedia.com
이메일 rokmedia@empas.com

—

값 17,800원
ISBN 979-11-354-5588-9 (03190)

—

• 안드로메디안(Andromedian)은 로크미디어의 실용 도서 브랜드입니다.
• 잘못된 책은 구입하신 서점에서 교환해 드립니다.

인생 목표를 달성하기 위한
5단계 계획

탁월한 인생을
만드는 법
Your Best Year Ever

마이클 하얏트 지음   박미경 옮김

Andromedian

인생 최고의 해는 아직 오지 않았다

헤더 캠프는 1마일 달리기 결승전에서 세 번이나 우승하는 등 중거리 달리기에서 화려한 경력을 자랑한다. 특히 2008년 빅 텐 실내 육상 결승전에서 우승한 장면은 그야말로 감동적이다. 당시 캠프는 600미터 레이스 도중 앞으로 고꾸라졌지만 기어이 1등으로 들어왔다. 600미터를 뛰려면 선수들은 200미터 코스를 세 바퀴 돌아야 한다. 2등으로 달리던 캠프는 세 바퀴째에 접어들면서 선두로 치고 나가려 했다. 그런데 순식간에 상황이 바뀌었다.

"막 앞서 나가려는데…… 아마 내 롱 스트라이드에 필요한 공간이 충분치 않았나 봐요."

캠프가 당시를 회상하며 말했다.

"뒤꿈치가 살짝 스치는 순간 넘어지겠다고 직감했어요."[1]

캠프는 단순히 넘어진 정도로 끝나지 않았다. 꽈당 엎어져 앞으로 죽 미끄러졌다. 게다가 추진력 때문에 다리가 뒤로 들리면서 벌건 트랙에 얼굴을 쿵, 하고 찧었다. 관중석에서 헉, 하는 소리가 터져 나왔다. 순식간에 다른 선수들이 치고 나갔다. 맨 뒤로 처진 캠프가 그들을 따라잡을 가망은 거의 없었다.

목표 달성을 위해 노력할 때도 이런 상황에 처하는 사람이 많다. 우리는 호기롭게 출발해서 보폭을 넓혀 가며 야심차게 밀고 나간다. 하지만 중도에 포기하거나 기대치에 밑도는 결과를 얻는 데 그친다. 우리 중 대다수는 실망과 후회 속에서 실패를 곱씹으며 좌절하기 일쑤다.

이런 식의 좌절감을 안기는 것으로 단연 신년 계획을 꼽을 수 있다. 예나 지금이나 사람들은 해가 바뀌면 마음을 가다듬고 새롭게 시작하고 싶어 한다. 그래서 해마다 신년 계획을 세우거나, 적어도 과거에 몇 번은 세워 본 경험이 있다. 미국인 열 명 중 여섯 명이 적어도 몇 번은 신년 계획을 세웠다고 한다.[2] 그런데 누구나 한다고 해서 다 잘하는 건 아니다.

엉터리 시스템

새해만 되면 소셜 미디어에 #작심삼일 같은 해시태그가 꼬리에 꼬리를 물고 올라온다.[3] 1월 3일에 어떤 여성이 이런 농담을 올렸다.

"운동하러 가려고 용품을 챙겨 나왔지만 엉뚱하게 햄버거 가게에 갔다. #작심삼일."

다음 날엔 다른 여성이 이런 메시지를 올렸다.

"생일을 맞아 쌍둥이 동생에게 운동복을 사 줬지만, 우린 포크 말고는 아무것도 들어 올리지 않았다."

이런 이야기를 들으면 대부분 고개를 끄덕일 것이다. 그래도 대체로 몇 주 정도는 참고 견딜 수 있다. 하지만 새해 결심을 6개월 이상 밀고 나가는 사람은 절반도 안 된다. 기어이 이뤄 내는 사람은 10%도 안 된다.[4] 매번 중도에 포기하다 보니 상당수는 더 이상 신년 계획을 세우지도 않는다. 그렇다고 기죽지 마시라. 당신만 그런 게 아니니까. 우리는 드넓은 바다로 가려고 모래 언덕을 넘어가는 새끼 거북과 같다. 결연한 의지로 한 발 한 발 내딛는데 별안간 갈매기 떼가 날아와 하나씩 채 가기 시작한다. 갈매기 떼처럼 우리의 실패로 배를 불리는 산업이 있다. 피트니스 센터는 대다수 고객이 몇 주 못 가 발길을 뚝 끊을 줄 알면서도 연간 회원권을 판매한다. 라디오 전문 방송인 NPR이 한 피트니스 체인을 취재했는데, 각 지역마다 300명 정도 수용할 만한 공간에 6,500명이나 되는 회원을 두고 있었다.[5] 헬스클럽이 회원권을 과도하게 팔아먹는 이유는 우리의 결심이 작심삼일로 끝날 걸 잘 알기 때문이다. 남들이 우리의 실패를 기정사실로 보고 배를 불린다니까 기분이 어떤가?

웃기는 트윗이나 서글픈 통계치를 소개하려고 이 글을 쓰는 건 아니다. 살면서 어떤 부분은 꼭 바꾸고 개선하고 싶다는 생각이 들 때가

탁월한 인생을 만드는 법

있다. 그럴 때 세운 목표에는 흔히 우리가 가장 중요하게 여기는 소망과 열망이 담겨 있다. 사람들이 흔히 하는 결심을 몇 가지 살펴보자:

- 체중을 감량하고, 몸에 좋은 음식을 먹자.
- 더 나은 사람이 되자.
- 덜 쓰고 더 저축하자.
- 신앙생활을 열심히 하자.
- 가족/친구들과 시간을 더 보내자.
- 더 자주 운동하자.
- 새로운 것을 배우자.
- 선행을 더 베풀자.
- 인생의 반려자를 찾자.
- 더 좋은 직장을 찾자.[6]

일반적으로 우리는 건강과 재산, 관계, 자기계발에 관심이 많다. 뭐, 당연한 일이다. 이 책을 집어 든 당신은 필시 고등교육을 받고 뛰어난 성과를 거두고 있지만, 대인관계에서뿐만 아니라 개인적, 직업적, 지적, 영적인 면에서 더 성장하길 바라는 사람일 것이다. 그 점이 무척 중요하다. 당신과 같은 사람들이 잠재력을 최대한 발휘할 때, 세상에는 행복한 결혼 생활을 영위하는 부부가 늘어나고 아이들은 밤마다 엄마와 아빠 품에서 잠들 수 있을 것이다. 아울러 회사에는 본받고 싶은 지도자가 많아지고 당신은 꿈을 이루는 데 필요한 건강과 활력이 넘칠 것이다. 한 번에 한 가지씩만 의도적으로 선택해도 당신은 주변 세상을 더 멋지게 가꿔 나갈 수 있다.

그렇기 때문에 우리에게는 훨씬 더 나은 계획이 필요하다. 이토록 중요한 꿈을 이루려면 더 이상 엉터리 시스템에 매달려선 안 된다.

훨씬 더 나은 계획

목표를 달성할 최고의 방법은 한두 가지 목표만 세우는 거라고 말하는 사람이 있다. 그렇게 하면 나로서는 너무 많은 걸 포기하거나 방치하게 된다. 아마 당신도 그럴 것이다. 당신이 기업가든, 고위 임원이든, 변호사든, 영업사원이든, 마케팅 담당자든, 의사든, 코치든, 엄마나 아빠든, 남편이나 아내든, 이런 일을 몇 가지 겸하든, 우리는 지금 대단히 중요한 문제를 논의하고 있다. 그렇지 않은가? 이룰 수 있는 온갖 소망을 왜 포기하거나 방치한단 말인가? 목표를 줄일 게 아니라 갖가지 목표를 이루는 데 적합한 시스템을 찾아야 한다.

나는 수십 년째 자기계발과 직무성과를 연구하고 있으며, 그 결과를 가정과 직장에서 몸소 실천하고 있다. 2억 5천만 달러에 달하는 기업체의 전임 CEO로서, 그리고 성장을 거듭하는 리더십 개발 업체의 설립자이자 CEO로서, 나는 이미 검증된 목표 설정 시스템을 십분 활용한다. 목표와 결심을 뒤흔드는 갖가지 함정과 약점에 대비하도록 안전장치를 갖춘 시스템이다.

탁월한 인생을 만드는 법

> 한 번에 한 가지씩만
> 의도적으로 선택해도
> 당신은 주변 세상을
> 더 멋지게 가꿔 나갈 수 있다.

그간 내 인생에서, 또 내 시스템대로 실천했던 수많은 사람들의 인생에서 놀라운 결과를 목격했다. 나는 해마다 일대일 코칭, 그룹 워크숍,『인생 최고의 해를 위한 5일 훈련5 Days to Your Best Year Ever™』코스 등을 통해 수천 명을 이끌고 있다. 아울러 수백만 명이 내 블로그를 방문하고 내 팟캐스트를 들으면서 놀라운 경험을 하고 있다.

이 책은 내가 지금까지 살아오면서 배우고 익히고 가르친 내용을 총망라한 것이다. 책에서 제시한 프로그램은 수십 년간 실제 경험한 내용, 목표 달성 및 자기계발에 관한 당대 최고의 연구를 바탕으로 완성되었다. 당신이 인생 목표를 달성하는 데 필요한 지혜를 모으고 용기를 키우고 열정을 강화하도록 확실히 도와줄 것이다.

돌파구를 찾는 해

헤더 캠프는 트랙에 얼굴을 찧었을 때 그대로 엎어져 있을 수도 있었다. 남들이 이미 생각하듯, 그냥 낙담한 채 자신의 레이스는 끝났다고 인정할 수도 있었다.

"온몸의 기가 다 빨려 나가는 것 같았어요."

캠프가 넘어진 순간을 회상하며 말했다. 당시 방송 진행자 한 명은 어떻게든 충격을 덜어 주고자 팀 동료가 선두로 치고 나갔으니 캠프가 꼴찌로 들어와도 괜찮을 거라고 말했다.

하지만 캠프는 전혀 괜찮지 않았다.

"넘어질 거라고 직감한 뒤 내가 제일 먼저 본 게 뭔지 아세요? 바로 일어나려고 트랙을 밀치는 내 손이었어요."

캠프는 넘어진 후 최대한 빨리 일어나 앞질러 간 선수들과의 거리를 좁히기 시작했다. 관중석에서 함성이 터져 나왔다.

"가속도가 다시 붙어 전력 질주하자 군중의 함성과 흥분이 점점 더 커졌어요."

캠프는 그날의 열기를 생생히 기억했다.[7] 놀랍게도 캠프는 앞서 달리던 선수를 하나씩 제쳐 나갔고, 결국 맨 앞에 달리던 팀 동료까지 누르고 1등을 차지했다!

캠프의 이야기는 우리가 포기하지 않고 끝까지 노력하면 어떤 일이 벌어질 수 있는지 여실히 보여 준다. 당신은 몇 발짝 뒤처졌다고 느낄 것이다. 어쩌면 꼴찌로 밀려나서 거리를 좁히고 목표를 달성할 일이 까마득해 보일 수도 있다. 그렇다면 잠깐!

일단 돌파구를 찾는 해가 실제로 어떤 모습인지 잠시 생각해 보길 바란다. 지금부터 열두 달 동안 인생의 모든 영역에서 주요 목표를 달성했다고 상상해 보라. 건강을 예로 들어 보자. 군살 없이 탄탄한 몸매를 갖게 된 기분이 어떤가? 아이들과 몇 시간씩 놀아 주고 취미 생활도 즐기는데 여전히 기운이 남아도는 기분은 어떤가?

혹시 결혼했는가? 그렇다면 한시도 떨어져 있고 싶지 않을 만큼 애틋한 부부로 사는 기분이 어떤가? 당신 인생에서 가장 소중한 사람과 인생 목표를 공유하고 지원과 격려를 아끼지 않는다고 상상해 보라. 화목한 가정에서 차고 넘치는 사랑과 기쁨을 상상해 보라.

재정 상황을 떠올려 보라. 빚을 모두 갚은 뒤에도 잔고가 남아 있는 기분이 어떤가? 평소 생활비를 충당하고 뜻밖의 비용까지 치른 뒤에도 미래를 위해 투자할 재원이 있다고 상상해 보라. 자금이 두둑하게 있는 게 얼마나 든든한지, 식구들이 바라고 또 마땅히 누려야 할 삶을 제공하는 게 얼마나 흐뭇한지 생각해 보라.

영적인 삶도 잠시 돌아보도록 하라. 초월적 존재를 믿으며 더 방대한 목적과 더 거대한 서사에 연결됐다고 상상해 보라. 감사한 마음으로 눈을 뜨고 흐뭇한 마음으로 잠자리에 든다고 상상해 보라. 영혼 깊숙한 곳까지 평온한 상태로 인생의 부침을 겪어 내는 기분이 어떤가?

이런 일이 가능하리라고 상상하는 것도 어려운 사람이 있다. 삶이 너무나 혼란스럽고 불확실하며, 갖가지 의혹 때문에 자꾸만 최악의 상황이 어른거린다. 도대체 왜? 우리 중 대다수는 예나 지금이나 원하는 바를 이루지 못한 채 살아간다. 어쩌면 너무 과도한 목표를 세웠거나 예기치 못한 일로 계획이 틀어졌는지 모른다. 인생길은 원래 순탄치 않다. 도처에 위험과 장애물이 도사리고 있다. 우리는 그 길을 걸으면서 수없이 실망을 맛본다. 실망을 거듭하다 좌절하고, 좌절을 거듭하다 분노하고 슬퍼한다. 그러면서 결국 냉소적인 사람으로 변한다. 어쩌면 당신의 마음속에선 지금도 비꼬는 마음이 스멀스멀 올라오는지도 모르겠다.

지금부터 나와 함께 가자. 과거에 벌어진 일이 좋았든 나빴든, 당신은 다가올 해를 인생 최고의 해로 만들 수 있다. 심지어 심한 좌절감에 빠졌던 영역에서도 최고의 성과를 거둘 수 있다. 내가 그 방법을

탁월한 인생을 만드는 법

알려 줄 것이다. 이 책은 당신이 향후 열두 달 동안 가장 의미심장한 경험을 하게 해 줄 초대장이다.

당신의 인생점수^{LifeScore}는 얼마인가?

〈인생 최고의 해^{Your Best Year Ever}〉는 다섯 가지 핵심 전제를 바탕으로 한다.

첫째, 인생은 참으로 다방면에 걸쳐 있다. 우리 인생은 일이 전부가 아니다. 물론 가족도 전부가 아니다. 우리 인생은 밀접하게 연결된 열 가지 영역으로 구성되어 있다. 구체적으로 살펴보면 다음과 같다:

1. 영적 영역: 신앙
2. 지적 영역: 참신한 아이디어를 떠올리고 추진하기
3. 정서적 영역: 정신 건강
4. 신체적 영역: 신체 건강
5. 결혼 영역: 배우자나 연인
6. 부모 영역: 자녀가 있는 경우
7. 사회적 영역: 친구들과 동료들
8. 직업적 영역: 직업
9. 취미 영역: 취미와 소일거리
10. 재정적 영역: 개인 또는 가정의 재정

둘째, 모든 영역이 중요하다. 왜냐고? 각 영역이 다른 영역 전체에 영향을 미치기 때문이다. 가령 당신의 신체 상태는 업무에 영향을 미친다. 그리고 업무 스트레스는 가정생활에 영향을 미친다. 어느 영역도 단독으로 존재할 수 없으니, 인생 전반의 발전을 꾀하려면 각 영역에 적절한 관심을 기울여야 한다.

셋째, 당신의 현재 위치를 정확히 파악했을 때만 앞으로 나아갈 수 있다. 어쩌면 당신은 직장 생활이 삐걱거리는 것 같다고 생각하면서도 상황을 정확히 파악하지 못했는지 모른다. 아니면 위태위태한 결혼 생활을 간신히 이어 가면서도 그런 사실을 선뜻 인정할 수 없는지도 모른다.

넷째, 당신은 삶의 모든 영역을 개선할 수 있다. 세상이 어떻게 돌아가든, 정도에서 벗어나 얼마나 좌절감을 느끼든, 그 상태에 고착될 필요는 없다. 얼마든지 발전을 꾀할 수 있고 그 과정에서 개인적으로 크게 성장할 수 있다.

그러한 발전과 성장 덕분에 마지막 다섯 번째 전제가 가능해진다. 즉 자신감과 행복과 삶의 만족은 개인적 성장의 부산물이다. 살면서 경험하는 온갖 불확실성을 극복하고 대단히 중요한 인생 목표들을 이뤄 나가려면, 무엇보다도 당신이 얼마나 많은 원동력^{agency}과 통제력을 지녔는지 제대로 파악해야 한다. 당신에게 의외로 많은 힘과 통제력이 있다는 사실에 놀랄 것이다.

현재 위치를 파악하기 위해 먼저 "인생점수 검사^{LifeScore Assessment}"라 불리는 간단한 온라인 심리 테스트를 받아 보길 권한다. 당신은 향

탁월한 인생을 만드는 법

후 1년 동안 대단히 중요한 영역들에서 엄청난 성장을 꾀할 수 있다. 그러려면 먼저 당신의 현재 위치를 파악해야 한다. 그래야 어느 영역에 관심을 더 쏟아야 하는지 알 수 있다. 가령 직장에선 승승장구하지만 건강이 나쁠 수 있다. 가정생활은 더없이 좋지만 비상시에 대처할 여유 자금이 전혀 없을 수 있다.

내가 설계한 "인생점수 검사"는 개선할 영역을 재빨리 포착하여

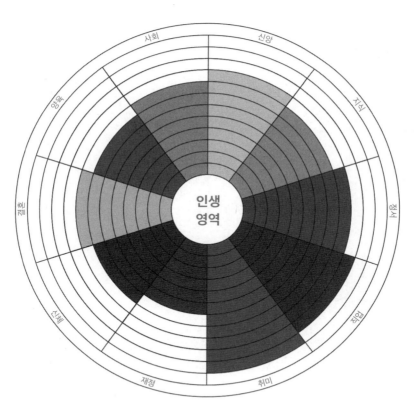

우리 인생은 밀접하게 연결된 열 가지 영역으로 구성된다. 각 영역의 상대적 건전성을 알아야 전 영역에서 고르게 발전할 수 있다. 영역별로 표시된 명암은 각각의 상대적 건전성을 나타낸다.

> 엉성하게 세워진 목표는
> 쉽게 잊히기 마련이다.

향후에 개인적 성장을 얼마나 이뤘는지 측정하도록 도와준다. 아직 검사받지 않았다면, BestYearEver.me/lifescore에 가서 당신의 점수를 확인해 보라. 쉽고 간단한 검사라 10분 정도면 충분하다. 이 검사로 당신은 인생 최고의 해를 시작하는 데 필요한 통찰력을 얻을 것이다. 하지만 검사는 그저 시작에 불과하다.

창창한 앞길

우리가 함께 앞으로 나아갈 길을 개략적으로 설명하겠다. 나는 목표 달성 과정을 간단히 다섯 단계로 나누었다.

1단계에서는 인생 최고의 해를 경험할 수 있다는데도 자꾸만 품게 되는 갖가지 의혹을 극복하도록 도와줄 것이다. 목표를 달성할 수 있다고 스스로 믿지 못한다면 어떻게 달성할 수 있겠는가. 이 단계는 제한적 믿음limiting beliefs을 떨쳐 내고 당신 인생에서 돌파구를 찾는 해가 무엇을 뜻하는지 상상해 볼 기회를 제공할 것이다.

2단계에서는 과거를 마무리하도록 도와줄 것이다. 최악의 과거를 최고의 미래에 끌어들이기 때문에 자꾸만 목표를 이루지 못하는 것이다. 과거를 제대로 마무리한다면, 특히 대수롭지 않게 넘겨 버린 과거의 노력을 제대로 평가한다면, 미래를 향해 더 자신 있게 나아갈 수 있다. 그렇다고 어릴 적의 자잘한 노력까지 파고들겠다는 건 아니다. 지난 몇 년을 돌아보는 것으로 족하다. 내가 제시하는 네 단계 시스템으로 과거의 노력을 꼼꼼히 분석하면, 당신은 다가올 해를 설계하는 데 필요한 지혜와 통찰을 갖추고 앞으로 나아갈 수 있다. 아울러 과거에 경험한 쓰디쓴 좌절감 중 일부를 크나큰 성장 기회로 삼을 수 있다.

3단계에서는 달성 가능한 목표를 설계하도록 일곱 가지 기본 틀을 제시할 것이다. 이러한 틀 안에서 목표를 세우면, 당신의 꿈이 착착 실현되는 모습을 지켜볼 수 있다. 지금까지 별생각 없이 세웠던 목표와 계획은 흔히 형편없이 설계되었다. "더 자주 운동하자", "덜 쓰고 더 저축하자" 같은 다짐은 실패로 끝나기 십상이다. 효과적인 목표는 무엇보다도 명확하고 측정 가능해야 한다. 엉성하게 세워진 목표는 쉽게 잊히기 마련이다. 반면에 검증된 기본 틀에 따라 세워진 목표는 끝이 보일 때까지 뇌리에서 한시도 떠나지 않을 것이다.

목표 달성에 실패하는 또 다른 이유로 의욕 부족을 꼽을 수 있다. 필사적으로 노력해야 할 이유가 없으면, 우리는 하려던 일에 흥미를 잃거나 집중을 못 한다. 때로는 그런 마음을 먹었던 사실까지 싹 잊어버린다.

4단계에서는 내가 아는 가장 강력한 동기요인motivator, 즉 "애초에 그 일을 하려던 이유"를 파헤칠 것이다. 이 점을 제대로 파악하면 중도에 그만두지 않을 것이다. 그 길이 아무리 험난하고 난관이 많더라도 끝까지 밀고 나갈 것이다. 나는 당신이 유익한 습관을 기르는 동안 의욕을 잃지 않도록 확실한 비결도 제시할 것이다.

마지막 5단계에서는 내가 아는 최고의 전술 세 가지로 당신을 중무장시킬 것이다. 목표 달성에 실패하는 이유는 흔히 입증된 실행 전

탁월한 인생을 만드는 법

술이 없기 때문이다. 전투에 승리하려면 전략과 전술이 모두 필요하다. 하지만 목표를 달성하는 데 어떤 전략과 전술이 먹히는지 누가 알려 주지 않으면, 우리는 운에 좌우되거나 스스로 알아낼 때까지 온갖 고초를 겪어야 한다. 이 단계는 당신이 험난한 인생길을 순탄하게 다지도록 도와줄 것이다. 바로 이 단계에서 당신은 기준을 낮추고 다음 단계로 나아가는 활성화 유인책, 일명 "액티베이션 트리거Activation Triggers™"가 얼마나 중요한지 배울 것이다. 아울러 자꾸만 나타나는 장애물을 넘기 위해 정기적으로 목표를 검토하는 게 얼마나 중요한지도 배울 것이다.

다가오는 해를 지금까지 살아온 그저 그런 해와 똑같이 보낼 것인가, 아니면 당신 인생의 돌파구를 찾는 해로 삼을 것인가? 이젠 당신이 원하던 발전을 이루지 못해 좌절하거나 실망하며 또 한 해를 허비하지 않아도 된다. 좌절과 혼란에서 벗어나 최고의 해를 맞이할 지혜와 자신감과 권능을 갖추고 싶은가? 〈탁월한 인생을 만드는 법〉이 그 길을 안내해 줄 것이다. 나와 함께 힘차게 떠나 보자!

차례

PROLOGUE 인생 최고의 해는 아직 오지 않았다   004

엉터리 시스템   005

훨씬 더 나은 계획   008

돌파구를 찾는 해   010

당신의 인생점수LifeScore는 얼마인가?   013

창창한 앞길   017

STEP | 1 |
가능성을
믿어라

01 믿음이 현실을 구현한다   027

믿음의 힘   028

의심의 문제   031

다른 프레임   033

상상력의 실패   036

02 어떤 믿음은 당신을 방해한다   038

결핍 대 풍족   039

제한적 믿음 세 가지   041

제한적 믿음의 출처   045

선택은 당신에게 달려 있다   048

03 믿음을 업그레이드할 수 있다   050

제한적 믿음의 덫에 걸리지 않기   051

프레임을 바꿔라   053

무력하다고 느낄 때   056

자원이 문제라고?   060

믿음을 수정하라   062

당신의 제한적 믿음은 무엇인가?   069

STEP | 2 |

과거를
잘 마무리하라

04 과거를 반드시 돌아봐야 한다 ························· 073
　회고적 사고Backward Thinking ······························· 074
　사후 검토After-Action Review ······························· 076
　1단계 무슨 일이 벌어지길 원했는지 기술하라 ······· 078
　2단계 실제로 벌어진 일을 인정하라 ······················· 080
　3단계 경험에서 배워라 ······································· 084
　4단계 행동을 수정하라 ······································· 087
　앞으로 나아가기 ·· 088

05 후회는 숨겨진 기회를 보여 준다 ·················· 089
　문신 바늘에는 자동 수정 기능이 없다 ·················· 090
　후회의 용도 ··· 093
　기회 원칙Opportunity Principle ····························· 095
　장애물이 아닌 표지판 ·· 097

06 범사에 감사해야 한다 ································· 100
　감사 어드밴티지Gratitude Advantage ······················ 101
　감사 훈련 ··· 106
　미래는 밝다 ··· 110

STEP | 3 |

미래를
설계하라

07 중요한 인생 목표에는
　 일곱 가지 속성이 있다 ······························· 115
　서면 목표의 중요성 ·· 118
　속성 1 명확성Specific ····································· 121
　속성 2 측정 가능성Measurable ························· 122
　속성 3 활동성Actionable ································· 123
　속성 4 위험성Risky ······································· 125
　속성 5 시간 기준Time-keyed ··························· 127
　속성 6 흥미진진함Exciting ······························ 130
　속성 7 적절성Relevant ···································· 132
　당신 자신의 목표 ··· 134

08 성취와 습관은 함께 간다 ····························· 141
　차이점에 따른 구분 ·· 144
　어느 목표가 적합할까? ·· 147
　당신에게 맞게 배치하기 ······································· 149

09 리스크는 당신 편이다. 진짜로!   150

안전 지대Comfort Zone   154

불안 지대The Discomfort Zone   156

망상 지대Delusional Zone   158

여정에 대비하기   161

성장해 가는 과정   165

STEP | 4 |
당신의
이유를 찾아라

10 이걸 왜 하지?   169

쉽고 재미있고 빠르면 장땡인가   170

당신의 핵심 동기를 파악하라   175

당신의 핵심 동기를 기록하고 순서를 정하라   178

당신의 핵심 동기를 되새겨라   183

당신에게 중요한 것은 무엇인가?   188

11 당신은 동기부여의 달인이 될 수 있다   189

보상을 내면화하라   191

현실에 맞춰 노력하라   194

체인과 게임Chains and Games   195

개선된 점을 측정하라   198

꾸준히 하면 이긴다   200

12 함께 가면 더 좋다   201

성공은 당신이 어울리는 사람들에게 달려 있다   205

어울릴 만한 사람을 현명하게 선택하라   208

어떤 그룹이 가장 적합할까?   211

놓치지 마라   214

STEP | 5 |
실행에
옮겨라

13 천 리 길도 한 걸음부터   219

시작의 기술   221

쉬운 일부터 공략하라   222

외부에 도움을 청하라   226

굳게 다짐하라   228

나머지 절반의 일   229

14 당신은 성공의 방아쇠를 당길 수 있다   232
    1단계 브레인스토밍으로 최고의 유인책을 찾아내라   235
    2단계 당신의 활성화 유인책을 최적화하라   237
    3단계 장애물을 예상하고 반응을 결정해 두라   238
    4단계 잘할 때까지 실험하라   239

15 중간 검토는 필수   241
    일별 검토 Daily Review   243
    주별 검토 Weekly Review   245
    분기별 검토 Quarterly Review   248
    왜 기념하는가?   254

EPILOGUE   도약을 위한 LEAP 원칙   257

            목표 템플릿 샘플   263

            감사의 글   274

            노트   278

            찾아보기   291

STEP

| 1 |

가능성을
믿어라

Believe the Possibility

STEP 2
과거를
잘 마무리하라

STEP 3
미래를
설계하라

STEP 4
당신의 이유를
찾아라

STEP 5
실행에
옮겨라

"역사는 그대로 반복되지 않지만 그 흐름은 반복된다."

역사가 되풀이되진 않더라도 비슷하게 흘러간다는 뜻인데, 우리의 개인사를 생각하면 확실히 맞는 말이다. 왜냐고? 우리 삶을 둘러싼 환경은 매주, 매해 바뀌지만 우리는 여전히 우리다. 아울러 우리의 업무나 관계에서, 또 우리를 둘러싼 세상에서 무슨 일이 벌어지든 우리의 사고방식은 흔히 일관된 결과를 초래한다.

사고방식이 건전하다면 우리는 대체로 행복과 만족, 심지어 물질적 성공 같은 긍정적 결과를 경험하게 된다. 반면에 사고방식이 건전하지 않다면, 흔히 그 반대 결과를 경험하게 된다. 즉 불행과 불만, 상황이 불리하게 돌아간다는 불안감에 시달리게 된다.

다행스럽게도, 당신은 그런 흐름을 바꿀 수 있다. 당신의 사고방식이 이미 좋은 쪽으로 흘러가더라도 믿음을 업그레이드하면 인생 전반에서 획기적 성장을 이룰 수 있다. 우리가 믿음을 개선하는 데 초점을 맞추면, 주변 환경은 흔히 그에 맞춰 따라온다.

탁월한 인생을 만드는 법

믿음이 현실을 구현한다

> 실제 벌어진 일은 별로 중요하지 않다.
> 그 일에 대해 우리가 늘어놓는 이야기에 비한다면.
>
> 라비 알라메딘Rabih Alameddine, <하카와티>The Hakawati
> (이재경 옮김, 예담, 2010년 1월)

몇 년 전, 아내 게일과 나는 넬슨이라는 이름의 개를 키웠다. 넬슨은 잉글리시 세터종으로 다정하고 온순해서 손자들과도 잘 놀았다. 그런데 한 가지 단점이 있었으니, 대문만 열렸다 하면 감옥을 탈출하는 죄수처럼 순식간에 튀어 나갔다. 그럴 때마다 녀석을 다시 붙들어 오는 데 족히 20분은 걸렸다. 질주하는 차에 치일 뻔한 적도 몇 번 있었다. 우리는 어찌해야 할지 몰랐다. 그러다 우연히 투명 울타리라는 뜻의 "인비저블 펜스Invisible Fence"를 발견했다.

돌파구를 찾은 것이다. 집 주변에 철선을 깔아서 전자 목걸이와 연동시키면 된다. 넬슨이 경계선에 접근하면, 뒤로 물러나라고 목걸이에서 진동 경고가 울렸다. 몇 차례 훈련으로 철선이 어디에 깔려 있는지 익힌 뒤, 넬슨은 경계선 근처에 다가가지 않았다. 탈출 소동은 더 이상 벌어지지 않았다. 우리는 아무 걱정 없이 녀석을 마당에 풀어 놓을 수 있었다.

그런데 진짜로 흥미로웠던 점은 따로 있다. 시간이 얼마 지나자 목걸이를 채워 줄 필요가 없어졌다. 우리가 경계선 밖에 서서 불러도 넬슨은 좀체 달려오지 않았다. 애들이 맛있는 간식으로 꾀어내려 해도 꿈쩍하지 않았다. 전기 장치로 된 외부 장벽이 넬슨의 머릿속으로 옮겨 갔던 것이다.

믿음의 힘

믿음은 우리가 인생에 접근하는 방식에서 중요한 역할을 담당한다. 우리가 흔히 기대하는 대로 경험하기 때문이다. 우리는 그 점을 오래전부터 알고 있었다.

"사람들이 어떤 상황을 현실로 정의하면, 그 상황은 결국 현실로 나타난다."

사회학자 윌리엄 토머스William I. Thomas가 1928년에 했던 말이다. 20년 뒤, 이 "토머스 정리Thomas theorem"를 사회학자 로버트 머튼Robert K. Merton은 "자성적 예언self-fulfilling prophecy"이라는 말로 바꿔서 표현했다. 1957년에 철학자 칼 포퍼Karl Popper는 비극적 예언을 실현한 신화적 영웅에 빗대어 "오이디푸스 효과Oedipus Effect"라고 명명했다. [8]

과학 저술가 크리스 버딕Chris Berdik은 〈상상하면 이긴다〉Mind Over

Mind(이현주 옮김, 프런티어, 2015년 8월)라는 책에서 이렇게 말했다.

"실제로 현실 세계는 여러 모로 인간이 기대하는 세계라 할 수 있다. 우리는 보고 듣고 맛보고 느끼고 경험하는 것으로 마음의 혼란을 정리하려 하고, 제대로 배운 형식과 패턴과 가정으로 마음의 빈 부분을 채우려 노력한다. 그러나 가깝고도 먼 미래에 대한 예측predictions은 현실을 왜곡하기 쉽다."[9]

예측이 현실을 왜곡한다고? 어떻게?

예측은 환상이 아니다. 소위 말하는 "끌어당김의 법칙law of attraction"과도 무관하다. 실은 그보다 훨씬 더 단순하다. 우리의 기대expectations는 우리가 가능하다고 믿는 것을 구현한다. 아울러 우리의 지각과 행동도 구현한다. 다시 말해, 기대가 결과를 구현한다는 뜻이다. 더 나아가, 기대가 우리의 현실을 구현한다는 뜻이다.

예전의 타이거 우즈를 기억하는가? 자제력을 잃기 전까지 우즈는 해마다 전례 없는 기록을 달성했다. 결정적 순간에 반드시 넣어야 하는 클러치 퍼트는 타의 추종을 불허했다. 2003년 남아프리카 공화국에서 열린 프레지던츠컵 대회 당시, 우즈는 어둠이 옅게 깔린 상황에서 15피트 퍼트를 성공시켰다. 정말 불가능할 것 같은 샷이었다. 우즈 외엔 다들 그렇게 생각했다. 우즈와 한 조를 이뤘던 마이크 와이어가 그 샷에 대해 했던 말을 들어 보자.

"우즈는 자신이 성공할 걸 알고 있었습니다. …… 바로 그 점이 달랐던 것 같습니다. 우즈의 믿음이 그와 다른 사람들을 구분 지었던 것입니다."[10]

"
무엇이 가능한지에 대한 생각을
바꿀 수 있다면 어떻게 될까?

"

무슨 말인지 알아들었는가? 사실 그런 샷을 성공시킬 기술이 있는 골퍼는 우즈 외에도 많았다. 하지만 그들은 해낼 수 있다는 믿음이 부족했다.

우리 중에도 그런 사람이 많다.

의심의 문제

우리가 목표 달성에 실패하는 주된 이유는 달성할 수 있다는 걸 의심하기 때문이다. 애초에 우리 힘으론 어쩔 수 없다고 믿는 것이다. 신년 계획을 이뤄 내는 사람의 비율을 조사했더니, 20대가 50대 이상보다 훨씬 더 높은 것으로 나타났다.[11] 실제로 해리스 여론 조사에 따르면, (1980년대 초반~2000년대 초반에 태어난) 밀레니얼 세대에선 열 명 중 여덟 명이 신년 계획을 세웠다. 반면에 65세 이상 인구에선 열 명 중 일곱 명이 신년 계획을 세우는 것은 "시간 낭비"라고 대답했다.[12] 아니, 왜? 안타깝게도, 살면서 좌절을 경험한 횟수가 많을수록 해낼 수 있다는 믿음이 줄어들기 때문이다. 의심은 목표 달성을 방해하는 독소이다.

앞에서 언급했듯이, 우리 중 대다수는 예나 지금이나 원하는 바를 이루지 못한 채 살아간다. 그래서 더 이상 실망하지 않으려고 냉소적이고 자기방어적인 태도를 취하게 된다. 우리는 넬슨과 같다. 과거에 밖으로 나가려다 제압을 당했거나 때로는 더 쓰라린 경험을 맛봤다.

그런 경험이 딱 한 번일 수도 있고 여러 번일 수도 있다. 뭐가 됐든, 이젠 장벽이 없는데도 아무것도 하지 않는다. 머릿속에 쳐진 장벽이 워낙 견고해서 꼼짝 못 하는 것이다.

그게 어떤 상황인지 당신은 알고 있다. "저 일자리에 지원해 봐야 겠어."라고 말하면서 속으론 이렇게 생각한다.

'될 리가 있겠어. 경험도 부족하고 학벌도 딸리는데.'

때로는 인생의 새로운 장을 열어 보겠다고 생각했다가 금세 포기 하기도 한다. 또는 친구가 "이번 주말에 빌과 함께 부부동반 휴가를 가는 게 어떠니?"라고 색다른 제안을 하기도 한다. 하지만 당신은 엄 두를 내지 못하고 생각한다.

'어림도 없는 소리! 저녁 시간엔 소파에서 내려오게 하는 것도 어 려운데, 주말여행을?'

누군가가 5킬로미터 달리기를 제안하면 처음엔 솔깃했다가도 당 신은 금세 냉소적 태도를 취한다.

'그럼 좋겠지. 하지만 정상 체중보다 20킬로그램이나 더 나가서 걷 기도 힘든데, 5킬로미터를 달린다고? 그랬다간 무릎이 다 나갈 거야.'

애초에 희망을 품지 않으면 꺾일 일도 없다. 그렇지만 이런 식의 냉소주의는 영혼을 갉아먹고 발전을 저해한다. 무엇이 가능한지에 대한 우리의 믿음은 우리가 경험하는 현실에 직접적으로 영향을 미 친다. 그럼 무엇이 가능한지에 대한 생각을 바꿀 수 있다면 어떻게 될까?

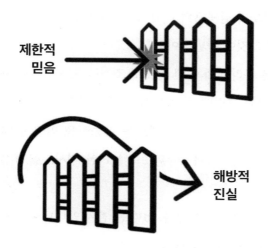

우리는 누구나 장애물을 마주한다. 제한적 믿음(limiting beliefs)은 장애물을 넘지 못하도록 방해하지만, 해방적 진실(liberating truths)은 장애물을 뛰어넘고 주변 환경까지 개선하도록 돕는다.

다른 프레임

어느 날 밤, 트리플 A$^{\text{Triple-A}}$(마이너리그에서 가장 높은 수준의 야구를 뜻함) 리그 투수인 스티브 무라$^{\text{Steve Mura}}$가 원정 경기에서 선발로 출전하게 되었다. 그런데 무라는 더그아웃을 나서기도 전에 패전 투수나 다름 없었다. 왜 그랬을까?

"이 마운드에선 절대로 이길 수 없습니다."

무라가 투수 코치인 하비 도프먼$^{\text{Harvey Dorfman}}$에게 말했다. 도프먼은 그 말을 믿지 않았지만 무라를 그대로 두면 게임에 질 게 뻔했다. 그래서 무라에게 그렇게 믿는 이유를 설명하라고 다그쳤다. 무라는 마운드의 각도가 잘못됐다고 말했다. 무라에겐 그것으로 끝이었지만 도프먼에겐 그것이 출발점이었다.

도프먼은 무라에게 어떤 식으로 조정하면 좋겠냐고 물었다. 참 단순한 질문이다. 그런데 이 질문이 스위치처럼 무라의 생각을 확 바꿔주었다. 간단한 제안 하나가 새로운 가능성을 열어 준 것이다. 게임을 시작하기 전에 무라는 마운드의 불리한 경사도를 이겨 낼 전략을 새로 짰다.

"'이기지 못했다'와 '이길 수 없다'는 같지 않다네……."

도프먼이 무라에게 말했다.

"그런 결과를 피할 수 없다고 생각한다면 자네는 전략을 짜내지 못할 거야."

무라가 믿음을 바꾸지 않았더라면, 과거가 미래를 결정했을 것이다. 하지만 무라는 믿음을 바꾼 덕에 전략을 세우고 결과를 바꿀 수 있었다. 그날 밤, 무라는 2안타 무실점으로 거의 완벽한 경기를 펼쳤다.[13]

무라는 크나큰 난관에 직면했지만, 넬슨과 마찬가지로 그 난관은 경기장이 아니라 그의 머릿속에 있었다. 나는 거의 모든 인생 영역에서도 그렇다고 본다. 로자문드 잰더Rosamund Stone Zander와 벤자민 잰더Benjamin Zander는 이렇게 말한다.

"일상생활에서 우리를 방해하는 것 같은 여러 상황은 우리가 평소에 세운 가정의 틀을 바탕으로 그렇게 하는 듯 보인다. 하지만 같은 상황에 다른 프레임을 갖다 대면 새로운 길이 보인다."[14]

탁월한 인생을 만드는 법

이와 비슷한 이야기는 차고 넘친다. 조종사들은 한때 시속 768마일, 즉 해수면 고도에서 소리의 속도보다 빨리 날 수 없다고 생각했다. 하지만 척 예거Chuck Yeager는 그럴 수 있다고 생각했고, 실제로 1947년 10월 14일에 음속 장벽을 공식적으로 돌파했다. 그 뒤로 비행기는 발전을 거듭했고, 요즘엔 조종사들이 음속보다 2배, 4배, 심지어 6배나 빠르게 운항한다.

1954년 전까지만 해도 달리기 선수들은 1마일(1.609미터)을 4분 이내로 주파할 수 없다고 생각했다. 그러다 로저 베니스터Roger Bannister가 3분 59초 만에 주파했다. 물론 그 기록은 다른 선수들에 의해 계속 깨지고 있다.

사람들은 수천 년 동안 인간 동력 비행기를 꿈꿔 왔다. 그러다 1977년에 누군가가 지속 비행이 가능한 무동력 비행기를 개발했다. 이 역시 시작에 불과했다. 1988년, 그리스의 사이클 챔피언 카넬로스 카넬로폴로스Kanellos Kanellopoulos가 페달을 밟아서 광활한 바다를 건너 70마일(112킬로미터) 이상 날아갔다.[15] 이러한 인간 동력기를 즐기는 사람은 카넬로스만이 아니다. 주말에 취미로 인간 동력기를 만들고 조종하는 사람이 꽤 많다.

또 다른 예도 있다. 1980년대 중반, 스케이트보더인 마이크 맥길Mike McGill이 처음으로 540도 회전을 선보였다. 한 바퀴하고도 반 바퀴를 더 돈 것이다. 그게 가능하리라고 누구도 생각하지 못했지만, 맥길이 "맥트위스트McTwist"에 성공하자 다른 스케이트보더도 하나둘 따라했다. 토니 호크Tony Hawk는 거기서 멈추지 않고 720도 회전에 성공했다. 그리고 2012년에 톰 샤^{Tom Shaar}는 겨우 열두 살 나이에 1,080도 회전에 성공했다. 공중에서 세 바퀴를 회전한 것이다! 샤가 ESPN에 한 말을 들어 보라.

"내가 했던 묘기 중 가장 어려운 거였어요. 하지만 생각보단 쉽더라고요."[16]

재즈 피아니스트 델로니어스 몽크^{Thelonious Monk}는 이렇게 말했다.

"당신이 할 수 없다고 생각하는 게 뭐든 누군가가 나타나 그걸 해낼 것이다."[17]

뭐든 처음에만 불가능해 보인다는 뜻이다. 예거, 베니스터, 카넬로폴로스, 맥길, 호크는 우리가 기존에 믿었던 것보다 더 많이 이룰 수 있음을 보여 주었다. 당신도 어린 톰 샤처럼 하늘 높이 도약해서 멋지게 해내고 싶지 않은가? 생각보다 어렵지 않다.

상상력의 실패

이루지 못한 목표와 개인적 성공 간의 주요한 차이점은 무엇보다도 그 목표를 달성할 수 있다는 믿음이다. 유명한 미래학자이자 SF작가이며 발명가인 아서 클라크^{Arthur C. Clarke}는 이렇게 말했다.

"저명한 노과학자가 어떤 것이 가능하다고 말하면, 그 말은 거의 확실히 옳다. 그가 어떤 것이 불가능하다고 말하면, 그 말은 거의 확실히 틀리다."

클라크의 말대로, 그것은 "상상력의 실패"이다.[18]

　그런데 상상력의 실패는 과학자에게만 국한되지 않고 운동선수, 부모, 지도자, 매니저, 교사 등 우리 모두에게 어느 정도 영향을 미친다. 다행히 거기에 휘둘리지 않을 방법이 있다. 인생을 바라보는 데는 크게 두 가지 방식이 있다. 한 방식은 바로 이 상상력의 실패를 초래한다. 하지만 다른 방식은 우리의 가능성을 되살리고 증폭시킬 수 있다. 다음 장에서 그 차이를 살펴볼 것이다.

어떤 믿음은 당신을 방해한다

> 우리의 시야는 참으로 좁다!
> 우리가 보는 것은 주로 우리가 좇는 것에 달려 있다.
>
> 존 러벅 경Sir John Lubbock, \<The Beauties of Nature\>

예전에 찰리라는 이름의 고객이 있었다. 물론 그의 본명은 아니지만 당사자를 보호하기 위해 그렇게 부르기로 하자. 찰리는 부당하게 이용당하고 핍박받는다는 생각을 떨치지 못했다. 매사에 불평불만을 늘어놨다. 자기 외엔 다 바보천치라서 뭐 하나 제대로 하는 사람이 없다고 생각했다. 찰리에겐 인생이 속임수의 연속이었다. 별로 내키진 않았지만 어쩌다 그와 점심을 함께 먹으면 찰리는 계산서를 집어 드는 일이 없었다. 자기가 먼저 만나자고 청했을 때도 내가 계산했다. 그와 만난 뒤엔 늘 진이 빠졌다.

나만 그런 게 아니었다. 찰리는 누구를 만나든 그런 식이었다. 작은 일에도 꽁하고 가진 것을 좀체 베풀지 않았다. 직원들과 친구들은 그가 곁에 있으면 눈치를 보고 돌아서면 눈을 흘겼다. 당연히, 그가 갈망하는 성공은 매번 손에 닿지 않는 듯했다.

찰리의 경우는 내가 결핍된 사고$^{scarcity\ thinking}$라 부르는 방식의 좋은 예이다.

자, 이번엔 찰리와 대비되는 친구를 한 명 살펴보자. 로버트는 대단히 너그러운 사람이다. 나를 만날 때면 늘 활짝 웃으며 안아 주고 격려의 말로 이야기를 시작한다. 그와 헤어질 땐 힘이 나고 내가 괜찮은 사람이라는 생각에 마음이 뿌듯하다. 로버트는 나한테만 그러는 게 아니다. 직원들한테는 물론이요, 거래처 직원과 예약 담당자, 출판업자 등 누구한테나 극진히 대한다. 그들이 성공하도록 아낌없이 투자하는데, 그러한 투자는 다양한 방식으로 그에게 되돌아온다. 로버트의 경우는 내가 풍족한 사고$^{abundance\ thinking}$라 부르는 방식의 좋은 예이다.

결핍 대 풍족
....

뭔가를 이루려면, 우리가 그 일을 감당할 수 있다고 믿어야 한다. 그렇다고 그 일이 쉽다거나, 그 일을 달성할 방법을 알고 있다는 뜻은 아니다. 오히려 모를 가능성이 크다. 다만 우리가 할 수 있음을, 그 일을 해낼 능력이 있음을 믿는다는 뜻이다. 그게 왜 중요한가? 어떤 목표에나 장애물이 있기 때문이다. 그러한 장애물을 넘는 데 애를 먹으면, 어떤 사람은 능력이 없다고 의심한다. 찰리처럼 생각하는 것이다. 하지만 다른 사람은 좀 더 노력하거나 문제를 다른 방향에서 접근하면 그 일을 해낼 거라고 확신한다. 로버트처럼 생각하는 것이다.

연구자들은 첫 번째 그룹을 실체 이론가^{entity theorists}라고 부른다. 이 그룹은 자신의 능력이 돌에 새겨진 것처럼 정해져 있다고 생각한다. 사람들이 "난 이러저러한 일에는 젬병이야."라고 말하는 소리를 들어봤을 것이다. 결핍된 사고를 하는 사람들이다.

연구자들은 두 번째 그룹을 증진 이론가^{incremental theorists}라고 부른다. 이 그룹은 장애물과 씨름할 때 문제에 접근할 새로운 방식을 찾는다. 그들은 계속 찾다 보면 결국 해결책이 나올 거라고 자신한다. 풍족한 사고를 하는 사람들이다.[19]

이 두 가지 사고방식 중에서 하나는 실패와 두려움과 불만으로 이어진다. 다른 하나는 성공과 기쁨과 성취로 이어진다. 주된 차이점은 무엇인가? 찰리처럼 결핍된 사고를 하는 사람은 제한적 믿음의

결핍된 사고를 하는 사람	풍족한 사고를 하는 사람
1. 불평불만을 달고 살며 걱정이 많다.	1. 감사할 줄 알고 자신감이 넘친다.
2. 항상 모자랄 거라고 믿는다.	2. 늘 더 많이 있을 거라고 믿는다.
3. 매사에 인색하고 매정하다.	3. 매사에 너그럽고 다정하다.
4. 그렇게 타고 났다고 생각한다.	4. 더 배우고 성장하고 발전할 수 있다고 생각한다.
5. 의심과 무관심이 기본 설정이다.	5. 신뢰와 솔직함이 기본 설정이다.
6. 경쟁은 파이를 작게 하고 자신을 약화시킨다고 믿기 때문에 싫어한다.	6. 경쟁은 파이를 키우고 자신을 강화시킨다고 믿기 때문에 환영한다.
7. 힘든 미래가 펼쳐질 거라 믿기 때문에 비관적이다.	7. 최고의 미래가 펼쳐질 거라 믿기 때문에 낙관적이다.
8. 난관을 장애물로 여긴다.	8. 난관을 기회로 여긴다.
9. 소심하게 생각하고 리스크를 회피한다.	9. 대범하게 생각하고 리스크를 감수한다.

탁월한 인생을 만드는 법

덫에 갇힌 채 세상과 타인과 자기 자신을 바라보고 움직인다. 반면, 로버트처럼 풍족한 사고를 하는 사람은 해방적 진실의 발판 위에서 움직인다.

자, 당신의 사고방식은 어느 쪽인가? 목표를 달성하려면 먼저 제한적 믿음과 해방적 진실 간의 차이를 확실히 알아야 한다.

제한적 믿음 세 가지

조금만 신경 쓰면 우리의 평소 생각에서 제한적 믿음을 금세 포착할 수 있다. 먼저 세상에 대해 우리가 내세우는 가정을 살펴보자.

"지금 당장은 새로운 사업을 시작할 수 없어. 시장이 형편없으니까."

"난 경영진을 믿지 못해. 틈만 나면 우리를 속이려 들거든."

"저놈의 정치인들이 경제를 망치려고 작정했나 봐. 이런 상황에서 내가 뭘 한들 좋아지겠어."

이러한 믿음이 뿌리 깊게 박혀 있을 수 있지만, 다 사실인 건 아니다. 설사 정말로 그렇게 보일 때라도 전적으로 맞는 경우는 극히 드물다. 우리는 그러한 믿음에 의문을 제기하고 심지어 묵살하는 법을 배워야 한다. 그러지 않으면 뭐라도 시도할 자유와 의욕이 약화될 것이다.

우리는 타인에 대해서도 제한된 믿음을 품고 산다.

"저 사람이 얼마나 바쁜데 나 같은 사람을 만나 주겠어. 부탁해 봤

제한적 믿음 세 가지

세상에 대한 믿음   타인에 대한 믿음   우리 자신에 대한 믿음

경계하라: 제한적 믿음은 세상과 타인, 심지어 우리 자신에 대한 관점을 왜곡한다.

자 내 입만 아플 거야."

"에이, 저 여자는 숫자 계산밖에 모르는 사람이야. 달리 뭘 알겠어?"

"그 사람한테서 아직도 반응이 없는 걸 보면, 나한테 진짜 화가 났나 봐."

"저렇게 멋진 여자가 나 같은 놈이랑 데이트하겠어?"

이러한 믿음은 대개 사실이 아니다. 오히려 우리가 휘둘리는 믿음일 뿐이다.

세 번째 유형의 제한적 믿음은 대다수 사람들의 정곡을 찌른다. 나는 지금 우리 자신에 대한 믿음을 말하는 것이다.

우리는 걸핏하면 이렇게 말한다.

"난 포기를 잘하는 사람이야. 뭘 끝까지 해 본 적이 없어."

"나도 어쩔 수 없어. 체력이 받쳐 주지 않는데 어떡하란 말이야."

"난 예전부터 늘 돈에 쪼들렸어. 앞으로도 나아질 것 같지 않아."

"난 원래 창의적인 사람이 아닌걸."

이러한 믿음은 흔히 사실이 아니다. 기껏해야 절반의 진실만 반영

탁월한 인생을 만드는 법

하고 있다. 그런데도 당신이 이루고 싶은 온갖 발전을 방해한다.

제한적 믿음의 덫에 빠진 걸 어떻게 알 수 있을까? 제레미 딘[Jeremy Dean]은 〈굿바이 작심삼일〉Making Habits, Breaking Habits(서현정 옮김, 위즈덤하우스, 2013년 12월)이라는 책에서 결정적 증거를 세 가지 제시한다:

- 흑백 사고[Black-and-white thinking]. 우리는 완벽하게 해내지 못하면 실패했다고 가정한다. 하지만 현실은 상황에 따라 차등해서 적용되는 슬라이딩 스케일[sliding scale]이지, on/off처럼 둘 중 하나만 선택하는 토글스위치가 아니다.
- 개인화[Personalizing]. 우리는 무작위로 벌어지는 부정적 상황에 매번 우리 자신을 탓한다.
- 파국화[Catastrophizing]. 우리는 사소한 단서만으로도 최악을 가정한다.[20]

우리는 이 세 가지 증거에 한 가지를 덧붙일 수 있다:

- 일반화[Universalizing]. 우리는 안 좋은 경험을 한 가지 하고선 전반적으로 다 나쁘다고 가정한다.

이러한 믿음은 도대체 어디서 오는 것일까?

"

현실은 상황에 따라 차등해서 적용되는
슬라이딩 스케일sliding scale이지,
on/off처럼 둘 중 하나만 선택하는
토글스위치가 아니다.

"

제한적 믿음의 출처

앞서 언급했듯이, 제한적 믿음 중 일부는 이전의 실패나 좌절에서 비롯된다. 반복된 좌절은 최악을 가정하도록 우리를 훈련시킬 수 있다. 아울러 가진 것을 비축하고 리스크를 회피하도록 길들일 수도 있다.

그런데 주의를 기울이면 다른 출처도 포착할 수 있다. 가령 뉴스 미디어는 부정 편향negativity bias이 매우 강하다. 톨킨J. R. R. Tolkien이 비꼬듯 말한 것처럼, 뉴스에는 온통 살인과 축구 얘기뿐이다.[21]

저널리스트인 마이클 그로소스Michael Grothaus는 이렇게 말한다.

"여러 연구에 따르면, 과도한 뉴스는 당신을 우울하고 불안하게 할 수 있으며, 대개 보고되는 내용에 변화를 주거나 영향력을 행사할 능력을 당신에게 제공하지도 못합니다."[22]

뉴스에 귀를 기울이면, 세상이 갈수록 험악해진다고 믿기 쉽다. 우리는 더 많은 범죄와 더 격렬한 폭력과 더 극심한 빈곤을 마주하게 된다. 끝없이 이어지는 사건, 사고 사이로 겁나는 질병에 관한 광고가 끼어든다. 뉴스 매체들이 이렇게 부정적 소식만 보여 주는 이유는, 공포심이 뇌의 원초적 부분을 자극해서 우리의 눈길을 사로잡기 때문이다. 하지만 자극이 반복되면 시청자의 관심도 시들해지는 법이다. 뉴스 산업이 쇠퇴기에 접어들자 언론사는 시청자의 눈을 광고주들에게 바치려고 점점 더 공포심에 호소한다.

소셜 미디어도 이러한 부정 편향을 반영할 수 있다. 선거만 했다하면 네거티브 성향의 뉴스가 끝없이 이어지는 것 같다. 하지만 그 와중에 긍정 편향positivity bias도 일부 감지되긴 한다.

페이스북을 들여다보면 남들은 죄다 매력적인 삶을 영위하는 것처럼 보인다. 행복한 아이들, 멋진 친구들, 호화로운 휴가, 만족스러운 직장. 그런 모습을 보는 순간, 우리는 거기에 미치지 못한다는 생각이 퍼뜩 스친다. 인스타그램에 올라온 사람들만큼 똑똑하거나 창의적이지 못하며, 가방끈도 짧고 성공하지도 못했다. 그들만큼 운도 따르지 않고 몸도 탄탄하지 않으며, 예술적 감각도 떨어진다. 도나 프레이타스Donna Freitas는 소셜 미디어와 관련해 대규모 설문조사를 실시하면서 십여 개 대학 재학생들을 직접 인터뷰했다. 그리고 그 결과를 〈나는 접속한다. 고로 행복하다〉The Happiness Effect (김성아 옮김, 동아엠엔비, 2018년 9월)라는 책에 실었다.

"페이스북은 늘 질투심을 유발한다. 누가 멋지고 누가 후지고 누가 성공했고 누가 실패했는지, CNN 채널처럼 24시간 내내 보여 준다. 당신이 바위처럼 단단한 자존감을 지니지 않았다면, 질투에 둔감하지 않다면, 남들이 소셜 미디어에 온갖 자랑거리를 올릴 때 실제론 뭘 하는지 (다시 말해, 허세와 과시라고) 판단할 탁월한 이성이 없다면, 거기에 휘둘리지 않을 수 없다."[23]

나는 소셜 미디어를 대단히 옹호하는 사람이지만, 페이스북을 들여다보면 우리 삶이 형편없게 느껴진다는 주장에 반박할 수가 없다.[24]

다음으로, 부정적 인간관계를 들 수 있다. 우리는 친구들과 동료들에서 가족이나 신앙 공동체에 이르기까지 누구하고나 부정적 관계를 맺는다. 흔히 어린 시절에 이러한 부정적 믿음이 싹트기 시작한다. 버지니아 대학 심리학부의 티모시 윌슨^{Timothy D. Wilson} 교수에 따르면, 그때 습득된 믿음이 우리 삶의 "핵심 서사^{core narratives}"로 자리 잡는다고 한다.[25] 이 핵심 서사의 상당 부분은 타당하고 유익하다. 하지만 일부는 그렇지 않으며, 쉽게 떨쳐 낼 수도 없다. 성인이 돼서는 교회나 대학이나 직장에서 제한적 믿음이 생기게 된다. 언제, 어디서 습득하든, 이러한 믿음은 우리가 세상을 바라보는 렌즈를 형성한다. 그 렌즈의 형태는 부정적 관계를 포함한 여러 관계에 영향받는다는 점을 명심해야 한다.

"당신이 삶과 사업에서 얼마나 좋은 성과를 내느냐는 당신이 무엇을 어떻게 하는지뿐만 아니라, 누가 당신과 함께 그 일을 해 주는지에 달려 있다. 이는 부정할 수 없는 사실이다."

심리학자인 헨리 클라우드^{Henry Cloud}가 〈타인의 힘〉^{The Power of the Other}(김성아 옮김, 한스미디어, 2017년 4월)이라는 책에서 한 말이다.[26] 찰리와 같은 사람들과 어울리면 세상을 찰리의 관점에서 바라보게 된다. 그 반대도 가능하다. 주변에 로버트 같은 사람이 많으면 세상이 긍정적으로 보이게 된다.

인생 최고의 해를 경험하고 싶다면, 먼저 어떤 사고방식이 우리를 지배하는지 인식한 다음, 풍족한 사고를 향해 힘차게 나아가야 한다. 제한적 믿음이 우리를 방해하도록 놔둘 이유가 없다.

선택은 당신에게 달려 있다

2011년, 스티브 잡스가 사망한 직후 가족과 친구들과 여러 지인들이 스탠퍼드 대학교 캠퍼스의 메모리얼 교회에 모였다. 초대받은 사람만 입장할 수 있는 추도식에 수백 명이 모여들었다. 그들은 선구적 혁신자이자 지도자에게 찬사와 존경과 사랑을 아낌없이 바쳤다. 브렌트 슐렌더Brent Schlender가 쓴 〈비커밍 스티브 잡스〉Becoming Steve Jobs(안진환 옮김, 혜윰, 2017년 4월)라는 책의 말미에서 당시 상황을 엿볼 수 있다.

보노, 조안 바에즈, 요요마가 공연했고, 오라클의 설립자인 래리 엘리슨과 애플의 선임 디자이너인 조너선 아이브가 추도사를 낭독했다. 그런데 슐렌더를 가장 감동시킨 사람은 잡스의 아내 로렌 파월Laurene Powell이었다.

로렌은 "스티브는 내게 세상을 어떻게 바라봐야 하는지 알려 줬습니다."라는 말로 남편에 대한 이야기를 시작했다:

> 그곳에 이미 있는 것, 즉 여러 장애물을 제거하고 '현실'을 또렷하게 보기란 무척 어렵습니다. 그런데 스티브에겐 그보다 훨씬 더 뛰어난 재능이 있었습니다. 그곳에 없는 것, 그곳에 있을 수 있는 것, 그곳에 있어야만 하는 것까지 똑똑히 보았거든요. 그의 마음은 결코 현실에 사로잡히지 않았습니다. 오히려 그 반대였죠. 현실에서 무엇이 부족한지 상상해서 그 부분을 개선해 나갔습니다.

탁월한 인생을 만드는 법

그 결과 잡스에겐 "어마어마한 가능성^{epic sense of possibility}"이 있었다는 말로 로렌은 이야기를 맺었다.[27]

당신의 세계에서 지금 이 순간 그곳에 있을 수 있고 또 있어야만 하는데 없는 것은 무엇인가? 당신의 인간관계나 건강이나 직업이나 신앙생활에서 당신만이 개선할 수 있는 부족한 점은 무엇인가? 인생 최고의 해를 설계해 나가기에 앞서, 우리는 먼저, 우리가 마주치는 대다수 장애물이 상상에 불과하다는 점을 인식해야 한다. 머릿속에 오만 가지 생각이 떠오를 때, 어떤 것을 믿을지는 우리가 선택한다. 아울러 제한적 믿음을 극복할 최고의 방법은 그것을 해방적 진실로 바꾸는 것이다. 믿음은 얼마든지 업그레이드할 수 있다.

믿음을 업그레이드할 수 있다

> 불가능, 그것은 사실이 아니라 의견일 뿐이다.
>
> 무함마드 알리Muhammad Ali

1954년, 마틴 루터 킹 주니어가 앨라배마주 몽고메리 소재 덱스터 에비뉴 침례교회의 목사직을 수락했다. 겨우 스물다섯 살 때였다. 킹은 그 뒤로 10년 동안 미국 사회를 송두리째 뒤엎는 놀라운 업적을 달성했다.

1955년, 로사 파크스Rosa Parks가 백인 승객에게 자리를 양보하라는 버스 기사의 요구를 거부했다. 그 일을 계기로 킹은 몽고메리 버스 보이콧을 이끌었다.

1956년, 연방법원은 보이콧에 참여한 사람들 편을 들어 주었다. 1년 뒤, 킹은 막 싹트기 시작한 인권운동의 체계를 잡고자 남부 그리스도교 지도자 회의Southern Christian Leaders Conference를 결성해 몸소 이끌었다. 아울러 처음으로 엄청난 군중 앞에서 연설을 했고 〈타임〉지의 표지를 장식했다. 하지만 그것은 시작에 불과했다.

킹의 조직적 시위는 50년대 후반에서 60년대 초반까지 이어졌다. 1963년엔 연좌 농성과 시위가 절정에 이르렀다. 그해 4월, 킹은 데모 금지법을 따르지 않았다는 이유로 버밍햄에서 체포되었다. 현지 목사들에게 맹비난을 받았을 때, 킹은 "버밍햄 감옥에서 보내는 편지"라는 기념할 만한 글로 대응하면서 자신의 열정을 고스란히 전했다. 몇 달 뒤, 킹은 워싱턴에서 20여 만 명이 참가한 행진을 이끌었다.

그날은 링컨 대통령의 노예 해방 100주년 기념일이었다. 킹은 링컨 기념관 계단에서 "나에게는 꿈이 있습니다."로 시작되는 명연설로 청중을 감동시켰다. 이 시위는 인권 운동에 대한 전국적 지지를 촉발시켰다. 그해 여름에 존 F. 케네디 대통령이 역대 가장 포괄적인 시민 입법을 제출했었는데, 워싱턴 대행진과 킹의 지지는 이듬해 법안 통과에 지대한 영향을 미쳤다.

아울러 〈타임〉지는 킹을 올해의 인물로 선정했고, 노벨 위원회는 킹을 최연소 노벨평화상 수상자로 선정했다. 할 일이 더 남아 있긴 했지만, 킹은 겨우 서른다섯 나이에 세상을 송두리째 뒤집어 놨다. 그 비결은 과연 무엇이었을까?

제한적 믿음의 덫에 걸리지 않기

버밍햄에서 킹을 비난한 목사들은 그의 행동이 "현명하지 못하고 시기상조"이며 "상식"에 어긋난다고 생각했다. 킹과 달리, 그들은 제한적 믿음에 갇혀 있었다. 극히 제한된 범위의 가능성만 바라보았던 것이다. 킹의 행동이 변화를 위한 길을 닦는 것이었지만, 그들은 오히려 역효과를 낳는다고 여겼다. 킹의 행동으로 자신들의 입지가 더 불리해질까 봐 우려했던 것이다. 이는 "상식"이 그저 "널리 퍼져 있는 오해"의 다른 표현임을 보여 주는 수많은 사례 중 하나일 뿐이다.

제한적 믿음은 미래를 속이는, 현재의 오해일 뿐이다. 킹은 다음과 같은 제한적 믿음에 온통 둘러싸여 있었다:

- 인권 운동은 너무 많은 걸 너무 급하게 요구한다.
- 인권 운동은 불필요한 문제를 야기한다.
- 비폭력으로는 상황을 바꾸지 못한다. 무력 저항이 필요하다.
- 백인은 바뀌지 않을 것이다. 인종 간 화합은 불가능하다.
- 인종차별은 문화에 뿌리 깊게 박혀 있다. 우린 법은 고사하고 그런 문화조차 바꾸지 못할 것이다.

인권운동 안팎에서 흑인과 백인 양쪽이 품었던 제한적 믿음은 그밖에도 무척 많았다. 하지만 킹은 그러한 믿음을 받아들이지 않았다. 바로 그 점에서 다른 사람들과 확연히 달랐다. 킹은 당장 긴급한 행동이 필요하다고 믿었고, 비폭력 시위가 유용하고 효과적이라고 믿었다. 아울러 인종 간 화합이 진정한 희망이며 사람의 마음을, 더 나아가 사회 전체를 진정으로 바꿀 수 있다고 믿었다.

탁월한 인생을 만드는 법

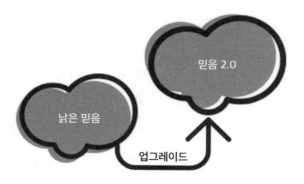

믿음은 우리를 옴짝달싹 못 하게 할 수 있다. 하지만 믿음을 업그레이드하면 덫에서 빠져나올 수 있다.

킹은 제한적 믿음 대신에 해방적 진실을 채택했다. 동일한 현실을 바라볼 때, 킹은 앞서 언급한 잰더 부부의 표현대로 다른 프레임을 갖다 댔다. "나에게는 꿈이 있습니다."라는 연설이 바로 그것이다. 남들이 뭐라 하든, 남들이 뭘 믿든 킹은 더 나은 미래를 볼 수 있었다. 남들과 다른 프레임을 사용한 덕분에 승리를 예견할 수 있었다. 제한적 믿음의 덫에 빠진 사람들과 달리, 킹은 이러한 해방적 진실을 등에 업고 누구보다 자유롭고 단호하게 행동할 수 있었다. 우리도 그렇게 할 수 있다.

프레임을 바꿔라

우리의 열망이 위대한 업적을 이룬 마틴 루터 킹 주니어만큼 대단하진 않겠지만, 그래도 한 번뿐인 우리 인생에선 매우 중요하다. 아울러 그 열망으로 우리를 둘러싼 주변 세계에는 중요한 영향을 미칠 수 있다.

제한적 믿음을 해방적 진실로 바꾼 사례 중에서 단연 으뜸은 알코올 중독자 갱생회Alcoholics Anonymous community를 꼽을 수 있다. 브라운 대학과 UC 버클리, 국립보건원의 연구원들이 합동으로 대규모 연구를 실시했다. 그 결과, 그들은 사람들을 술에 취하지 않게 해 주는 결정적 요인이 믿음이라는 사실을 알아냈다.

"난 술을 거부할 수 없어."라고 말하는 대신에, 알코올 중독자 갱생회에 나온 사람들은 실제로 술을 거부할 수 있다.

어째서? 이젠 "바뀔 수 있다"는 해방적 진실을 믿기 때문이다.

"난 맨정신으론 못 살아."라고 생각하는 대신에, 그들은 이제 "술을 마시지 않고도 인생의 난관을 헤치며 살아갈 수 있어."라는 해방적 진실을 떠올린다. [28]

내 친구인 돈 밀러Don Miller의 사례도 주목할 만하다. 돈은 베스트셀러 작가이자 성공한 기업가이다. 하지만 연애에는 젬병이었다. 매번 관계를 끝까지 이어 가지 못하자 돈은 혼자 살아갈 팔자라고 체념했다. 그러던 중 난데없이 밥 고프Bob Goff의 연락을 받았다.

"돈, 내가 자네한테 주목한 점이 뭔지 아나? 그건 바로 자네가 관계에 능하다는 거야."

돈은 자신이 관계에 서툴다고 확신했기 때문에 밥의 말을 곧이듣지 않았다. 하지만 밥은 돈에게 자꾸 그 반대라고 알려 주었다. 틈만 나면 연락해서 돈이 사람들과 유대감을 형성했던 사례를 들려주었

탁월한 인생을 만드는 법

다. 그 뒤로 몇 달 동안 밥의 단언과 돈의 확신 사이엔 엄청난 격차가 있었다. 하지만 돈은 밥의 끈질긴 설득에 조금씩 넘어갔다.

"밥은 배심원을 설득하는 법정 변호사처럼 나를 끈질기게 설득했어요. 몇 달 동안 그의 얘기를 듣다 보니, 격차가 조금씩 줄어들기 시작했어요."

결국 돈은 밥이 옳다고 인정했다. 그 점을 인정하면 할수록 그에 맞게 행동할 수 있었다. 새로운 믿음 덕분에 돈은 상처받을까 염려하지 않고 사람을 만나고 당당히 행동할 수 있었다. 알고 보니, 돈은 정말로 인간관계에 능한 사람이었다. 연애를 거듭한 끝에 결국 인생의 반려자를 찾았다.[29]

이번엔 내 사례를 몇 가지 들려주겠다. 나는 줄곧 성공하긴 글렀다고 생각했다. 가족에게 필요한 것도 채워 주지 못할 정도로 돈을 많이 못 벌었기 때문이다. 그런 생각이 제한적 믿음임을 깨달은 순간, 나는 그것을 해방적 진실로 교체하기로 단단히 마음먹었다. 그래서 이런 말을 줄곧 되뇌었다.

"나는 내 의무를 다하고 목표를 이루며 남들에게 베풀고 살 만큼 돈이 아주 많아."

처음엔 별로 실감 나지 않았다. 그래도 결핍된 사고를 버리고 풍족한 사고를 하겠다는 결심을 끝까지 고수했다. 마법처럼 순식간에 바뀌진 않았지만, 앞으로 나아갈 새로운 길이 열리기 시작했다. 내가 그 길에 들어서서 힘차게 나아가면 갈수록 내 상황을 개선할 자원을 속속 찾을 수 있었다.

다른 예를 하나 더 들어 보자.

나는 "당장은 그럴 기분이 아니야. 너무 지쳤어."라는 말도 자주 내뱉곤 했다. 활기가 넘치든 축 처져 있든, 내 에너지를 내가 통제할 수 있다고 생각하지 못했다. 그러다 문득 나한테 그렇게 할 원동력이 있다는 사실을 깨달았다. 나는 내가 경험하는 것에 영향을 미칠 수 있었다. 그래서 제한적 믿음을 다음과 같은 해방적 진실로 교체했다.

"나는 내가 맡은 과제를 완수할 에너지가 차고 넘쳐."

나는 지치고 피곤할 때마다 이 말을 되뇌었다. 얼마 지나지 않아서 현실이 그 말을 따라잡았다. 그렇다, 믿음을 바꿨더니 정말로 더 나은 결과를 이룰 수 있었다. 마법이 아니다. 당신은 당신 인생을 바꾸는 데 필요한 능력을 이미 가지고 있다.

저마다 처한 상황이 다르므로 우리가 시달리는 제한적 믿음이 똑같을 수는 없다. 하지만 수많은 코칭 과정에서 자주 접했던 제한적 믿음이 있다. 그중 두 가지만 살펴보겠다.

첫째, 우리에게는 주변 상황을 바꿀 힘이 없다.

둘째, 우리에게는 주변 상황을 바꿀 자원이 부족하다.

지금부터 이 둘을 찬찬히 살펴보도록 하겠다.

무력하다고 느낄 때

에린 그루웰Erin Gruwell은 캘리포니아 롱비치의 한 고등학교에서 처

탁월한 인생을 만드는 법

음 교편을 잡았다. 에린의 학급엔 위험에 처한 학생들로 가득했다. 일부는 비행 청소년들이라 온갖 말썽을 부리고 교사를 극도로 미워했다. 에린의 표현을 빌리면 이렇다.

"우리 교실은 강제 전학 조치를 당하거나 마약 중독 치료 중이거나 보호 관찰 대상인 아이들의 집합소였다."[30]

이들을 올바로 이끌겠다고 나서는 사람은 거의 없었다. 에린이라고 별수 있을 것 같지 않았다. 에린의 아버지조차 딸이 새로운 직장을 찾는 게 낫겠다고 생각했다. 하지만 학생들에게 천만다행히도 에린은 남들의 실패에 아랑곳하지 않고 그 아이들과 잘해낼 거라고 믿었다.

에린은 기존 교육 과정을 놔두고 〈안네의 일기〉 Diary of a Young Girl와 〈즐라타의 일기〉 Zlata's Diary: A Child's Life in Sarajevo (미래투자연구소, 1994년 3월) 등 "위기에 처한 10대와 관련된 책"을 집어 들었다. 에린은 이 두 책을 지침서 삼아 아이들에게 각자의 경험을 적게 했다.

힘겨운 과정을 이겨 내면서 아이들의 삶이 조금씩 바뀌었다. 에린은 온갖 역경을 무릅쓰고 150명의 학생들이 배우고 성장하고 졸업하도록 도왔다. 그들은 대부분 대학에 들어갔고 일부는 에린처럼 교사가 되었다.

우리에게는 스스로 인정하는 것보다 더 큰 힘이 있다. 스탠퍼드 대학교 심리학 교수인 앨버트 반두라 Albert Bandura에 따르면, 이러한 힘은 목표를 달성하도록 돕는 네 가지 속성으로 이루어져 있다.

첫 번째 속성은 의도이다. 우리는 우리가 현재 경험하는 것보다 더 나은 현실을 상상할 수 있으며, 그것을 실현하기 위해 각자의 상황에서 타인과 협력할 수 있다.

두 번째 속성은 사전 숙고이다. 우리는 미래를 떠올리면서 현재의 행동을 통제하고 각각의 활동에 목적과 의미를 부여할 수 있다.

세 번째 속성은 실행이다. 우리에게는 계획을 행동에 옮기며 의욕을 잃지 않고 끝까지 해낼 능력이 있다.

마지막 속성은 자기반성이다. 우리는 행동을 취할 뿐만 아니라 우리가 행동한다는 사실을 인식한다. 다시 말해서 우리가 어떻게 행동하는지 평가하고 조정하며, 더 나아가 계획을 수정할 수도 있다.[31]

에린 그루웰은 이를 모두 융합하여 수업에 활용했다. 아이들의 삶에 깊숙이 개입해서 변화를 이끌 수 있다고 확신했고, 자신의 의도를 달성하도록 도와줄 프로그램을 개발했다. 심사숙고 끝에 개발한 프로그램을 실행했고, 도중에 필요하면 궤도를 수정했다. 그러한 노력 덕분에 자신의 인생은 물론이요, 그냥 뒀더라면 뒤처지고 말았을 아이들의 인생까지 바꿔 놓았다.

현재 상황이 어떻든 간에 우리에게는 더 나은 미래를 구현할 힘이 있다. 혹자는 그 말을 곧이듣지 않는다. 그들은 모든 걸 통제할 수는 없다고 생각한다. 아니, 아무것도 통제할 수 없다고 생각한다. 하지만 그것은 제한적 믿음일 뿐이다. 우리는 마음만 먹으면 미래에 경험할 결과에 적극적으로 개입할 수 있다.

1956년 당시, 버스 보이콧이 어려움에 처한 마지막 몇 달 동안 킹은 신도들에게 참신한 활동으로 희망적인 삶을 살자고 설교했다. 그

탁월한 인생을 만드는 법

“

꿈을 이루고자 할 때 자원은
결코 중대한 난관이 아니다.

”

리고 이렇게 기도하라고 촉구했다.

"주여, 제 연장을 받아들이도록 도와주소서. 그 연장이 아무리 보잘 것 없더라도 받아들이도록 도와주소서. 주여, 제 연장을 받아들인 후엔 그것으로 할 수 있는 일을 시작하도록 도와주소서."[32]

킹은 우리의 보잘 것 없는 연장이 얼마나 강력한지 알려 주고자 모세의 사례를 들어 설명했다. 모세는 자신의 제한적 믿음을 버린 후 히브리 민족을 자유로 이끌었다. 앞에서 살펴봤듯이, 킹 역시 자기주장의 타당성을 몸소 입증했다.

자원이 문제라고?

에린 그루웰의 일화는 목표를 현재의 자원에 국한시키지 말라는 점을 상기해 준다. 꿈을 이루고자 할 때 자원은 결코 중대한 난관이 아니다. 실은 목표를 달성하는 데 필요한 자원이 모두 있다면, 그 목표는 대단한 게 아닐 것이다.

에린이 처음 시작했을 땐 책을 구입할 예산이 없었다. 하지만 계획을 실행하려면 학생들에게 특정한 책이 필요했다. 그래서 어떻게 해결했냐고? 부업으로 돈을 벌어서 기어이 책을 구입했다. 에린의 목표가 커질수록 필요한 자원도 점점 더 많아졌다. 학생들은 나치 치하에서 안네 가족을 숨겨 준 미프 히스Miep Gies를 학교로 초청해 강연을 듣고 싶어 했다. 하지만 학교엔 그럴 만한 예산이 없었다. 그래서 에린과 학생들은 일련의 모금 행사를 열어서 그 일을 성사시켰다. 거기서 멈추지 않고 그들은 또 기금을 모아서 즐라타 필리포빅을 미국에 초청하기도 했다.

그들이 일을 벌이면 벌일수록 필요한 자원도 자꾸 생겨났다. 그들의 굳은 의지가 결정적 요인으로 작용했다. 킹은 1964년 노벨상 수락 연설에서 이렇게 말했다.

"인간의 자원에는 부족한 게 없습니다. 부족한 건 인간의 의지입니다."

갖가지 자원이 필요하긴 하지만, 자원이 성공의 전제 조건은 아니다. 자원 부족은 오히려 득이 될 수 있다. 실제로 우리는 한계에 대처하는 과정에서 예기치 못한 이득을 얻을 수 있다. 가령 갖가지 위기에 처해서 수완을 발휘하고 목표를 이루려고 능력치를 최대한 발휘하게 된다. 손쉬운 자원을 얻을 때는 전력을 쏟을 필요가 없다. 경제학자인 줄리안 사이먼Julian Simon은 인간의 창의성을 궁극적 자원이라 칭했지만, 그 창의성을 촉발시키려면 흔히 한계가 필요하다. 자원 부족이 지혜를 짜내도록 자극하는 것이다. 제한된 자원은 또 회복력과 자신감을 키워 준다. 어려움을 극복하면 할수록 우리는 다음에 닥치는 어떠한 어려움도 극복할 수 있다.

요컨대, 외견상의 자원 부족은 우리가 지닌 가장 중요한 자원일 수 있다. 하지만 제한적 믿음 때문에 우리는 그 점을 알아차리지 못한다. 그래서 해방적 진실이 필요하다. 우리는 실로 풍족한 세상에 살고 있다. 우리의 인생 목표를 추구하는 데 필요한 자원이 가득하다.

그렇다고 당신에게 현재 없는 자원을 손쉽게 얻을 수 있다는 말은 아니다. 목표가 대단히 크다면, 아마 처음 시작할 때 예상한 자원보다 더 많은 자원이 필요할 것이다. 때로는 전혀 예기치 못한 자원도 필요할 것이다. 그래도 일단 시작하라. 자원 부족은 결코 손 놓고 있기 위한 핑곗거리가 아니다. 오히려 목표를 향해 한 발 더 나아가도록 이끌어 줄 자극제이다.

믿음을 수정하라

제한적 믿음의 덫에 빠져 옴짝달싹 못 한다고? 그럴 땐 제한적 믿음을 해방적 진실과 바꾸면 된다. 그렇게 하도록 도와줄 여섯 단계 과정을 제안하고자 한다. 이 과정을 제대로 익히려면 노트를 하나 준비하는 게 좋다.

첫째, 제한적 믿음을 인식하라. 앞장에서 몇 가지 예를 언급했다. 어떤 믿음이 흑백 사고를 반영한다면 필시 제한적 믿음일 수 있다. 개인화, 파국화, 보편화를 반영할 때도 마찬가지다. 그런 믿음은 과거 경험이나 미디어나 사교 모임에서 비롯됐을 수 있다. 내용이 뭐든 아무리 그럴듯하게 보이든, 그런 믿음은 현실에 대한 의견일 뿐임을, 그것도 십중팔구 틀린 의견일 뿐임을 인식해야 한다.

둘째, 믿음을 기록하라. 대개 이와 비슷할 것이다:

탁월한 인생을 만드는 법

- "난 경험이 부족해."
- "난 그 일에 적합한 경험을 못 해 봤어."
- "난 글을 잘 쓰지 못해."
- "난 뭘 끝까지 해 본 적이 없어."
- "난 창의적인 사람이 아니야."
- "난 뭘 해도 안 돼."
- "난 돈 버는 데 소질이 없어."
- "난 매사에 우유부단해."
- "난 기술 분야에 취약해."

뭐가 됐든 솔직해지자. 아무런 난관도 없는 사람이 어디 있겠는가. 『인생 최고의 해를 위한 5일 훈련』코스를 수료한 나탈리는 이 훈련을 처음 시작했을 때 두 아이의 엄마였다. 피곤에 찌든 상태에서 직장을 그만두었고, 아이들과 함께 낯선 도시로 막 이주했다.

"내 제한적 믿음 중 하나는 도무지 기운이 없다는 거예요."

나탈리가 내게 말했다.

"아이 둘을 먹여 살려야 하는데 자꾸 기운이 빠지니까 더 힘들어요."

나탈리의 제한적 믿음은 그게 다가 아니었다.

"아무래도 나는 시시한 인간으로, 평생 비천한 인간으로 살 팔자인가 봐요."

내 친구 하나는 50대 중반에 직장에서 내쫓겼다. 그를 그레그라고 부르겠다. 불황의 그림자가 짙게 드리워진 시절이라 그레그는 새로운 직장을 구하는 데 무척 애를 먹었다. 아무 소득도 없이 3년이라는 시간이 흐르자, 그레그의 생각에도 어두운 그림자가 침투했다.

"아무래도 난 나이가 너무 많아."

그레그는 석사 학위가 두 개나 있었다. 그런데 그 점이 또 다른 걱정거리로 작용했다.

"난 학력도 지나치게 높아."

그레그의 상황은 무척 힘들었다. 그 점은 의심의 여지가 없다. 하지만 문제는 그의 나이나 교육 수준이 아니었다. 나이와 교육에 대한 그의 믿음이었다.

당신의 제한적 믿음을 있는 그대로 적어 보라. 종이에 적어서 그것을 객관화하는 것이다. 그래야 거리낌 없이 자유롭게 평가할 수 있다.

셋째, 믿음을 검토하라. 우선, 그 믿음이 당신에게 어떤 권능을 부여하는지 평가하라. 최대한 객관적으로 평가해야 한다. 그 믿음은 당신이 원하는 결과를 성취할 수 있게 하는가? 아니면 성취하지 못하게 방해하는가? 솔직하게 평가하라.

"종이에 적힌 글을 보는 게 괴로웠어요. 그제야 내가 나 자신을 그렇게 생각한다는 걸 깨달았거든요."

나탈리는 당시에 솔직하게 털어놨다. 글로 적기 전까진 막연히 우울하고 힘들었다. 하지만 객관화한 뒤에는 무엇 때문에 힘든지 알았고, 거기에 제대로 맞설 수 있었다. 앞서 언급한 찰리처럼 사람들은 간혹 자신의 제한적 믿음에 중독되기도 한다. 그 점을 제대로 인식하지 못하면, 제한적 믿음에 빠져 놓고는 세상을 다 파악했다고 착각한다. 아울러 거기에서 그릇된 확신이나 엉뚱한 의미를 찾는다. 솔직한 평가야말로 그런 믿음에서 벗어날 열쇠이다.

넷째, **믿음을 거부하거나 재구성하라.** 제한적 믿음이 틀렸다면, 그냥 거부하면 된다. 때로는 위에서 언급했던 내 사례처럼 그 반대로 말하면 된다. 나탈리가 딱 그렇게 했다.

"나에 대해 적은 제한적 믿음을 마주한 순간, 그것들이 실로 암울한 곳에서 나왔음을 깨달았어요. 나는 원래 그런 사람이 아니었거든요. 그건 정말 나답지 않았어요. 그래서 그 반대를, 그러니까 해방적 진실을 적었더니 기분이 참 좋아지더군요. 나 자신을 긍정적으로 바라보니까 왠지 자신감이 생겼어요. 실제로 그렇게 되리라는 희망과 가능성이 엿보이기 시작했어요."

실제로 그렇게 되려면, 밥 고프가 돈 밀러에게 했던 것처럼 상황을 반대로 상정해야 할 것이다. 밥은 돈의 제한적 믿음("난 관계에 서툴러.")을 콕 집어서 해방적 진실("난 관계에 능해.")로 바꾸게 했고, 그 뒤로 구체적 사례를 들어 끈질기게 설득했다.

재구성은 다소 까다로울 수 있다. 제한적 믿음 중 상당수는 흔히 일말의 진실이 담겨 있다. 그 때문에 그럴듯하게 보이는 것이다. 하지만 그러한 믿음은 온전한 진실이 아니다. 설사 전적으로나 부분적으로 사실이라 하더라도 거기에 안주할 필요는 없다. 당신은 언제나 이야기를 다시 구성할 수 있다. 미디어를 예로 들어 보자. 나쁜 뉴스가 연일 쏟아지고 있지만, 그것은 전체 그림의 일부일 뿐이다. 뉴스 앵커가 줄곧 떠드는 얘기와 달리, 세상은 여러 분야에서 점점 더 좋아진다는 증거가 아주 많다:

- 연간 근무 시간이 계속 줄어들고 있다.
- 민주 국가의 수가 세계적으로 계속 증가하고 있다.
- 노예로 사는 사람의 수가 계속 줄어들고 있다.
- 강력 범죄 비율이 계속 떨어지고 있다.
- 전쟁 발발 횟수가 점점 줄어들고 있다.
- 기대 수명이 세계적으로 계속 늘어나고 있다.
- 여성의 보수와 학력이 계속 올라가고 있다.[33]

이와 같은 목록은 계속 늘어나고 있다.

그레그가 나이 때문에 재취업을 못 한다고 불평했을 때, 나이 든 근로자에겐 고용주가 탐낼 만한 강점이 있다는 사실을 지적해 주었다. 그들의 인생 경험과 지적 자본, 폭넓은 인맥은 기업을 운영하는 데 대단히 유용하기 때문이다. 듀크 대학교와 하버드 대학교의 연구진이 100만 달러 이상 소득을 올리는 스타트업을 조사했더니, 설립자의 중위 연령이 39세로 나왔다.

"25세 이하보다 50세 이상이 두 배나 많았습니다."

연구팀을 이끈 비벡 와드하Vivek Wadhwa 교수가 말했다.

"후속 프로젝트로, 우리는 고성장 산업 분야에서 성공한 기업 549

곳을 선정해 그 배경을 조사했습니다. 그 결과, 남성 설립자의 평균 연령과 중위 연령이 40세로 나왔고, 그중 상당수는 50세 이상이었습니다."[34]

결국 나이는 강점으로 작용할 수 있다.

실은 젊음도 마찬가지다. 사회 초년생 무렵, 나는 너무 젊어서 성공하기 힘들 거라고 생각했다. 그와 비슷한 소리가 계속 들리는 걸 보면 나만 그렇게 생각하는 건 아닌가 보다. 하지만 그런 말은 그럴듯한 핑계일 뿐이다. 내가 주최하는 생산성 향상 워크숍인 『Free to Focus™』에서, 대단히 열정적이고 유능한 중역들과 경영주들 중 일부는 20대와 30대이다. 나탈리 역시 그들과 같은 배를 타고 있다. 그녀의 창업 스토리는 나중에 다시 언급하겠다. 내가 아는 다른 친구는 서른 살도 안 됐는데 수백만 달러 가치의 온라인 사업체 외에 100개에 달하는 편의점과 주유소를 운영하고 있다. 나이가 문제라고 생각한다면, 이젠 그 생각을 재구성해야 한다.

틀린 것에 몰두하면 옳은 것을 놓치기 쉽다. 관점이 왜곡되어 주변에 널려 있는 기회를 못 보기 때문이다. 당신은 어쩌면 "난 꼼꼼한 사람이 아니야."라고 생각할지 모른다. 괜찮다. 누구나 다 꼼꼼해야 하는 건 아니니까. 당신은 그렇다고 인정하고 손 놓고 있을 수 있다. 아니면 그 점을 재구성해서 다음과 같이 말할 수 있다.

"난 꼼꼼한 사람이 아니야. 하지만 꼼꼼한 사람과 협력하거나 외부에 위탁하면 돼."

다섯째, **믿음을 수정하라.** 자, 여기서부터 점점 흥미로워진다. 단순히 말만 단정적으로 바꾸라는 뜻이 아니다. 물론 단정적 진술도 어느 정도는 유용할 수 있다. 하지만 거기서 그치지 않고 사고의 방향을 새로운 해방적 진실 쪽으로 확 돌려야 한다. 가령 "난 너무 늙어서 그 자리에 맞는 사람으로 고려되지 못할 거야."라고 생각한다면, "난 다른 후보들보다 경험이 많아."라고 말할 수 있다. 반대로, "난 그 자리를 맡기에 너무 젊어."라고 생각한다면, "난 다른 후보들보다 열정과 패기가 넘쳐."라고 말할 수 있다. 구직 인터뷰에서 관점이 미치는 차이를 상상해 보라. 낡은 "진실"은 당신을 방해한다. 반면, 새로운 진실은 전진에 필요한 발판을 제공한다. 이렇게 수정한 믿음 역시 기록하도록 하라.

여섯째, **새로운 믿음으로 다시 무장하라.** 이젠 새로운 해방적 진실의 관점에서 살아가도록 하라. 아직은 긴가민가할 것이다. 괜찮다. 계속 노력하면 된다. 처음엔 남의 옷을 입은 듯 어색하겠지만, 자꾸 되뇌다 보면 편하고 익숙해질 것이다. 낡은 믿음이 불쑥 튀어나올 때마다 거부하거나 재구성한 뒤 해방적 진실로 고쳐 말하라. 그 말이 진실인 양 살아가는 것이 비결이다. 그렇게 하면 할수록 우리의 경험은 우리의 기대에 점점 더 가까워질 것이다.

당신의 제한적 믿음은 무엇인가?

당신의 제한적 믿음은 무엇인가? 흔히 세상이나 타인이나 당신 자신에 대한 믿음일 수 있다. 당신이 원하는 삶을, 당신이 누려 마땅한 삶을 살지 못하게 방해하는 이야기와 기대는 무엇인가? 제한적 믿음을 아직 노트에 적지 않았다면 반드시 적어 보길 권한다. 세로로 줄을 하나 그어서 한쪽엔 제한적 믿음을, 다른 쪽엔 그에 상응하는 해방적 진실을 적으면 된다. 당신이 적은 해방적 진실은 목표 달성을 위한 선언문과 같다.

당신은 자질을 다 갖추고 있다. 인생 최고의 해를 경험하기 위한 첫 단계는 바로 믿음을 업그레이드하는 것이었다. 그렇다면 다음 단계는? 미래로 당당히 나아갈 수 있도록 과거를 잘 마무리하는 것이다.

1. 믿음의 힘을 인식하라

"생각이 인생을 결정한다."

세르비아 비토브니차의 수도원장인 타데오 원로Elder Thaddeus가 한 말이다. 당신의 믿음은 긍정적으로든 부정적으로든 당신의 인생 경험에 엄청난 영향을 미친다. 인생 최고의 해를 경험할 첫 단계는 바로 그 사실을 인식하는 것이다.

2. 제한적 믿음에 정면으로 맞서라

우리는 모두 세상과 타인과 우리 자신에 대한 제한적 믿음이 있다. 제한적 믿음의 덫에 빠졌음을 알려 주는 징표가 네 가지 있다.

- 흑백 사고
- 개인화
- 파국화
- 일반화

아울러 과거의 경험, 뉴스 미디어, 소셜 미디어, 부정적 인간관계 등 제한적 믿음의 출처를 파악하는 것도 중요하다.

3. 믿음을 업그레이드하라

노트나 종이를 꺼내 세로로 선을 하나 그어라. 제한적 믿음을 해방적 진실로 바꾸기 위한 여섯 단계 과정에서 이를 활용하라.

- **제한적 믿음을 인식하라.** 생각을 업그레이드하려면 먼저 현 상황을 인식해야 한다. 그러니 어떤 믿음이 당신을 방해하는지 곰곰이 생각해 보라.
- **믿음을 기록하라.** 왼쪽에 당신의 믿음을 기록하라. 일단 기록하면 그것을 객관적으로 바라볼 수 있다.
- **믿음을 검토하라.** 그 믿음이 당신에게 어떤 식으로 작용하는지 평가하라. 권능을 부여하는가? 목표를 달성하도록 돕는가?
- **믿음을 거부하거나 재구성하라.** 어떤 때는 제한적 믿음을 단순히 부정하면 된다. 또 어떤 때는 그와 반대되는 상황을 상정하거나 장애물을 더 나은 각도에서 바라보면 된다.
- **믿음을 수정하라.** 낡은 제한적 믿음에 상응하는, 새로운 해방적 진실을 오른쪽에 기록하라.
- **새로운 믿음으로 다시 무장하라.** 그게 진실인 양 믿고 살아가도록 하라.

STEP 1
가능성을
믿어라

STEP
|2|

과거를
잘 마무리하라

Complete the Past

STEP 3
미래를
설계하라

STEP 4
당신의 이유를
찾아라

STEP 5
실행에
옮겨라

영화 "나폴레옹 다이너마이트"에 등장하는 리코 삼촌을 기억하는가? 중년에 이른 리코는 내세울 만한 게 하나도 없었다. 그런데 우편으로 타임머신을 주문할 수 있다는 나폴레옹의 이야기를 듣고 은근히 탐을 낸다.

"하아, 시간을 되돌릴 수 있다면 얼마나 좋을까. 그럼 내가 득점을 올릴 수 있을 텐데."

리코는 고등학교 시절 미식축구 경기에서 이길 기회를 얻지 못했다고 평생 아쉬워했다.

"코치가 4쿼터에서 날 뛰게 해 줬더라면 우리가 주 챔피언이 됐을 거야. 말해 뭐 하겠어."[35]

사람들은 흔히 지난 일에 매여 산다. 정도의 차이는 있지만 우리도 예외는 아닐 것이다. 제한적 믿음 다음으로 우리가 툭하면 마주치는 장애물은 과거이다. 우리는 망가진 가구로 가득 찬 트레일러를 끌 듯이 과거를 끌고 다닌다. 과거에 연연하느라 미래를 제대로 생각하지 못한다.

나는 당신이 그렇게 살기를 바라지 않는다. 그렇게 살면, 인생 최고의 해를 결코 경험할 수 없다. 2단계에서 그에 대한 해결 방법을 설명할 것이다.

탁월한 인생을 만드는 법

과거를 반드시 돌아봐야 한다

뒤를 잘 봐야 미래로 나아간다.
마샬 맥루한Marshall McLuhan

나는 출판업에 종사하며 경력을 차곡차곡 쌓았다. 마케팅, 편집, 경영 등 갖가지 업무를 두루 경험했고, 한때는 문학 에이전트로 활동하며 아티스트 관리도 했다. 내 고객 중 한 명은 이미 여러 프로젝트에서 크게 성공한 작가였다. 동업자와 나는 그를 위해 새로운 거래를 성사시키려고 동분서주했다.

나는 거의 1년 동안 이 고객만을 위해서 뼈 빠지게 일했다. 그의 새 작품을 출판사에 보내기 전에 우리는 90일 동안 30개 도시를 돌았다. 북 투어는 대성황을 거두었다. 참가자가 매번 1,500명에서 2,000명에 이르렀다. 다 마쳤을 땐 그야말로 녹초가 됐다. 하지만 공들인 보람이 있었다. 고객이 기존에 거래하던 출판사에서 먼저 권당 백만 달러에 두 권을 계약하자고 제안했다. 와우! 동업자와 나는 뛸 듯이 기뻤다. 이 거래를 위해 쏟았던 노력과 투자의 결실이 눈앞에 어른거렸다.

우리는 고객에게 알리면서 열렬한 반응을 기대했다. 하지만 의외로 별다른 반응이 없었다. 몇 차례 연락해 달라는 요청에도 감감무소식이었다. 뭔가 이상했다. 그렇게 몇 주가 흐른 뒤 드디어 답변이 왔다. 난해한 법률 용어로 쓰여 있었지만 메시지는 분명했다. 역대 최고의 거래를 성사시키려던 찰나에 나는 그만 잘리고 말았다.

내가 고객을 위해 추진한 거래는 실로 엄청났다. 하지만 우리의 노력으로 몸값이 높아진 고객은 더 큰 물고기를 낚을 수 있다고 생각한 것 같았다. 그래서 더 좋은 조건을 약속한 에이전시와 계약해 버렸다. 1년간 공들인 투자가 허사로 끝나자 나는 나락으로 빠져들 것 같았다. 정신적으로 만신창이가 되었고, 경력도 다 끝났다고 느꼈다.

회고적 사고 Backward Thinking

더 나은 미래를 설계하려면 반드시 과거를 제대로 마무리해야 한다.

심리학자인 대니얼 카너먼 Daniel Kahneman과 데일 밀러 Dale T. Miller는 이렇게 말했다.

"추론 과정은 앞쪽으로만 향하지 않는다. 어떤 경험으로부터 그 경험이 상기해 주는 것이나 생각나게 해 주는 것까지 뒤쪽으로도 향

탁월한 인생을 만드는 법

한다.”

그들은 이것을 “회고적 사고의 힘”이라 칭한다.[36] 인생 최고의 해를 경험하고 싶다면, 우리는 회고적 사고의 힘을 십분 활용해야 한다. 왜?

우리는 이미 경험한 것을 인정해야 비로소 과거를 마무리할 수 있다. 어느 친구가 내게 말해 준 것처럼, “경험은 기억되기 전까진 완전하지 않다.” 경험을 무시하거나 그냥 사라지길 바랄 수는 없다. 지난 열두 달 동안 (혹은 더 오랫동안) 무슨 일을 겪었든 죄다 검토해야 한다. 없었던 일처럼 무시하더라도 불현듯 떠올라서 우리를 괴롭히기 때문이다. 어떻게? 우리는 말해 봤자 도움도 안 되는 이야기를 자꾸 되뇌거나 현재의 행동을 합리화하려고 과거의 특정한 경험을 들먹인다. 때로는 예전에 무시당한 경험 때문에 자신을 하찮게 생각하기도 한다. 이런 문제를 해결하지 않고 마음에 계속 담아 두면, 앞으로 나아가려고 아무리 노력해도 자꾸만 발목이 잡힐 것이다.

더 진행하기 전에 한 가지 짚고 넘어갈 점이 있다. 내가 앞으로 약

돌아보기
학습
인식
분석

내다보기
행동
가능성
발전

우리는 과거를 돌아볼 수도, 미래를 내다볼 수도 있다. 회고적 사고는 우리가 배우고 성장하도록 해 주며, 이는 미래에 더 크게 발전하도록 촉진한다.

술할 과정은 실패와 좌절에 대처하도록 설계되었지, 심각한 트라우마에 대처하도록 설계되지 않았다. 우리 중에는 엄청난 충격이나 크나큰 재해를 겪은 사람이 많다. 어쩌면 당신은 결혼 생활이 파탄 나거나 사랑하는 사람을 잃었을지 모른다. 사고를 당하거나 중병에 걸리거나 심각한 폭력에 시달리거나 사업에 실패했을지도 모른다. 그런 충격적 사건은 제대로 대처하지 않으면 당신의 미래에 악영향을 미칠 수 있으며, 심지어 대단히 해로운 방식으로 당신의 미래를 규정할 수도 있다.

내가 아래에서 제시하는 내용에는 한계가 있다. 필요하면, 전문 치료사 등 외부 전문가의 도움을 받도록 하라. 브레네 브라운Brene Brown 교수가 말했듯이, 자신의 취약성을 인정하고 도움을 청하는 것이야말로 "진정한 용기"이다.[37]

그밖에 나머지 사람들한테는 낙심한 사례를 열거하고 처리하는 정도로 충분할 것이다.

사후 검토 After-Action Review

미 육군에는 유용한 회고적 사고 방법이 있다. 사후 검토라고 불리는 이 방법은 1981년에 개발된 이래, 업무 수행력을 개선하는 데 꾸준히 활용되고 있다. 사후 검토의 목적은 무슨 일이 왜 벌어졌는지, 앞으로 어떻게 개선할지 알아내는 것이다. 여러 기업체에서도 이 과

탁월한 인생을 만드는 법

정을 활용하고 있으며, 우리도 활용할 수 있다. 미래를 설계하고 인생 최고의 해를 경험하려고 준비할 때, 이런 식의 회고적 사고가 최상의 정신 상태를 갖추도록 도와줄 것이다.

마릴린 달링Marilyn Darling과 찰스 패리Charles Parry, 조지프 무어Joseph Moore가 〈하버드 비즈니스 리뷰〉의 의뢰를 받아 사후 검토 과정을 연구했다. 그들은 캘리포니아 사막에서 이뤄지는 모의 전투를 사례로 제시한다. 나는 모의 전투를 벌이는 두 팀을 1팀과 2팀으로 부르겠다. 1팀은 대단히 뛰어나서 패한 적이 거의 없었다. 1팀의 임무는 실전 같은 시나리오를 적용해 2팀을 훈련시키는 것이었다. 그런데 이번 경우엔 2팀이 허를 찌르는 공격 계획으로 교관들을 놀라게 했다. 어이쿠! 결국 2팀이 1팀의 방어막을 뚫고 들어가 압승을 거뒀다.

자, 그렇다면 묻겠다. 1팀의 교관들은 패배했다고 고개를 숙이고 낙심했을까? 천만에. 그들은 바로 사후 검토에 들어갔다. 뭐가 잘못됐는지, 뭐가 제대로 돌아갔는지, 향후에 접근 방식을 어떻게 수정할지 연구했다. 실제로 1팀의 지휘관은 모의 전투를 가리켜 향후 교전을 위한 "멋진 예행연습"이라고 불렀다. 이러한 사후 검토가 왜 중요할까? 과거를 잘 마무리해야 미래로 나아갈 수 있기 때문이다. 〈하버드 비즈니스 리뷰〉의 연구진이 말했던 것처럼, 사회 검토는 "과거 경험과 미래 행동을 명쾌하게 연결하는, 생생하고도 포괄적인 과정이다."[38]

이러한 검토 과정을 네 가지 주요 단계로 나눠서 살펴볼 것이다. 나는 각 단계마다 몇 가지 질문을 던질 것이다. 이번에도 답변을 적을 노트를 준비하도록 하라. 글쓰기는 회고적 사고의 힘을 강화하는 데 매우 효과적이다. 캘리포니아 대학의 소냐 류보머스키[Sonja Lyubomirsky]와 로리 수자[Lorie Sousa], 르네 디커후프[Rene Dickerhoof]의 연구에 따르면, "부정적 경험을 글쓰기나 말하기로 정리한 참가자들은, (단순히) 생각만 한 참가자들에 비해 삶의 만족도가 개선되고 정신적, 육체적 건강도 향상되었다."[39] 자, 그럼 시작할 준비가 됐는가?

1단계 무슨 일이 벌어지길 원했는지 기술하라

군대에서는 매우 간단하다. 전투 계획이나 임무 목표를 생각하면 된다. 우리에게는 앞선 해에 세웠던 목표 목록일 수 있다. 어쩌면 희망이나 꿈, 막연한 기대일 수도 있다.

일단 한 해가 어떻게 흘러갔는지 자문해 보는 것으로 시작하라. 계획이나 꿈, 목표가 있었다면 구체적으로 무엇이었나? 한두 가지 분야에 치중하지 마라. 우리 인생은 신앙, 지식, 정서, 직업, 취미, 재정, 신체, 결혼, 양육, 사회 등 밀접하게 연결된 열 가지 영역으로 구성되었음을 기억하라. 각 영역에서 당신은 무슨 일이 벌어지길 원했는가? 그 점을 분명히 알아야 한다. 위에서 언급한 내 사례를 다시 살펴보자면, 나는 고객의 우수성을 널리 알려 몸값을 높인 후 역대 최고의 거래를 성사시키길 원했다.

『인생 최고의 해를 위한 5일 훈련』에 참여했던 블레이크는 뉴욕으로 이주해 새로운 직장을 구하고 여자친구와 본격적으로 사귀겠다는 계획을 세웠다. 그런데 막 시작하려던 시점에 변수가 생겼다. 그가 뉴욕에 방문해 이것저것 알아보던 중에 여자친구가 헤어지자고 요구했다. 그날이 월요일이었다. 수요일엔 이웃 사람이 뜬금없이 전화해서 나무가 그의 집 쪽으로 쓰러졌다고 알려 왔다.

"다행히 다친 사람은 없었죠."

블레이크가 말했다.

"하지만 당국에서 그 건물을 폐쇄했다더군요."

그거로도 모자라 이번엔 어머니가 전화해서 당신 집을 팔겠다고 말했다. 어머니 집은 그가 나고 자란 곳이라 애착이 컸기에 충격도 그만큼 컸다.

"뉴욕에 사는 여자친구와 본격적으로 연애도 하고 새로운 경력도 쌓으려 했는데, 결과적으론 여자친구에게 차이고, 살던 집도, 추억이 깃든 고향 집도 모두 없어져 버렸어요."

그해를 영화로 찍는다면, 블레이크는 제목을 "일이 그렇게 흘러갈 줄 미처 몰랐다"라고 지었을 거라고 말했다.

어쩌면 당신도 비슷한 경험담을 들려줄지 모르겠다. 인생의 각 영역을 찬찬히 돌아볼 때 불편한 마음이 들더라도 놀라지 마라. 이 과정을 먼저 거쳤던 사람들에게 들은 바, 전혀 예기치 못한 감정을 느낄 수 있다. 어떤 사람은 실망에 빠지고 다른 사람은 슬픔에 젖는다. 또 어떤 사람은 화가 치솟기도 한다.

『인생 최고의 해를 위한 5일 훈련』에 참여했던 레이는 이렇게 털어놓았다.

"목표 달성에 실패한 뒤 건강도 잃고 사람도 잃으면서 가슴에 응어리가 맺혔습니다. 과거를 마무리하는 훈련을 받기 전까지는 그 응어리를 도려낼 기회가 전혀 없었습니다."

물론 좋아서 흥분한 사람도 있다. 흔히 하는 말로, 마일리지는 사람마다 다르다. 혹시 별다른 감정을 느끼지 않더라도 놀라지 마라. 네 가지 단계를 거치면서 당신의 감정을 정확히 인식하는 게 중요하다.

2단계 실제로 벌어진 일을 인정하라

당신이 바랐던 일을 기술하면서 현실과의 격차를 인식했을 것이다. 당신은 로스앤젤레스에서 뉴저지까지 운전해 가려고 했다. 그런데 알칸사스를 지날 때 차가 고장 났다. 당신의 바람과 현실 간에 거리가 생겼다. 이렇듯 당신의 목표 중 일부, 어쩌면 상당수는 이뤄지지 않았을 것이다. 그렇다면 이렇게 자문해 보라.

"지난 1년 간 나는 어떤 실망이나 후회를 경험했는가?"

이러한 기억은 떠올려 봤자 마음만 아프기 때문에 그냥 떨쳐 버리거나 무시하라는 유혹이 찾아온다. 하지만 언론인인 카리나 초카노 Carina Chocano가 말한 것처럼, "후회는 과거를 바꾸려는 게 아니라 현재를 환히 밝히려는 것이다."[40] 당신은 문제를 미해결 상태로 놔두거나 아무래도 상관없다는 듯 제쳐 두고 싶지는 않다. 그런 식의 대처로는

탁월한 인생을 만드는 법

현재에 의미 있는 행동을 취하기 어렵기 때문이다. 후회와 관련된 주제는 다음 장에서 자세히 다룰 것이다. 아울러 당신이 개인적으로나 직업적으로 크게 성장하도록 도와줄 연구 결과도 소개할 것이다. 당장은 실망에 빠졌던 일을 기록하고 그에 대처할 방법을 살펴보는 것으로 충분하다.

자문해 볼 질문이 하나 더 있다.

"인정받았어야 했는데 그러지 못했을 때 당신은 어떤 기분을 느꼈는가?"

이 질문은 『인생 최고의 해를 위한 5일 훈련』에 참여했던 제임스에게 강력한 영향을 미쳤다.

"내 제한적 믿음 중 상당수는 과거에 겪었던 여러 실패에서 비롯되었습니다. 솔직히 엄청난 실패를 겪었던 건 아니에요. 하지만 당시엔 '난 글렀어. 난 정말 글러 먹었어'라는 식으로 생각했어요. 뭘 해도 제대로 인정받지 못했으니까. 그래서 걸핏하면 '거봐, 난 뭐 하나 제대로 하는 게 없어'라고 자책했던 거죠."

제임스는 그 점을 인식하고 나서야 자신을 바라보는 프레임을 바꿀 수 있었다.

"아니, 난 엉뚱한 곳에 있어서 제대로 인정받지 못했을 뿐이야."

그 뒤로 제임스는 자신감을 회복하고 진로를 획기적으로 바꿀 수 있었다.

이와 비슷한 일이 누구에게나 벌어진다는 사실을 직시하자. 어쩌면 당신은 혼자 고군분투하면서 아이들을 키우는 싱글 맘인지 모른

다. 아니면 갈라서고 싶은 마음이 굴뚝같지만 결혼 생활을 유지하고
자 굳게 결심했는지 모른다. 어쩌면 시간이 없어서 아침잠을 줄여 가
며 운동을 계속했는지 모른다. 뭐가 됐든, 당신은 남들이 그러한 노력
을 알아주고 칭찬해 주길 내심 기대했지만 인정받지 못했다. 그 점을
깨닫고 서운한 감정을 토로하기만 해도 왠지 마음이 풀린다.

거기서 멈추지 마라. 지난해에 가장 뿌듯하게 생각했던 일은 무엇
인가? 과거를 제대로 마무리하려면 실패와 실망 사례만 다뤄서는 안
된다. 성공 사례도 찾아내서 기념해야 한다. 뭐가 잘못됐는지 살피는
데서 그치지 말고 뭐가 잘됐는지, 당신의 믿음과 행동이 그러한 결과
에 어떻게 기여했는지도 꼼꼼히 따져 봐야 한다. 우리는 흔히 이 점을
대수롭지 않게 여기거나 아예 눈길조차 주지 않는다. 하지만 우리의
원동력을 인정하고 우리가 장애물을 어떻게 극복했는지 알아차리는
것은 무척 중요하다. 그래야 미래로 힘차게 나아갈 자신감이 생긴다.
가령 지난해에 10킬로미터 혹은 하프 마라톤 대회에 출전했을 수 있
다. 아니면 직장 생활이나 결혼 생활에서 중요한 이정표를 세웠는지
도 모른다. 어쩌면 학위를 땄거나 학자금 융자를 모두 갚았을 수도
있다. 어쩌면 새로운 사업을 시작하거나 판매 목표액을 크게 앞질렀
을 수 있다. 뭐가 됐든, 지난해에 당신이 달성한 일을 인정하는 게 중
요하다. 단언컨대, 당신은 그동안 자신에게 너무 박한 점수를 줬을
것이다.

1단계에서 소개했던 나탈리는 『인생 최고의 해를 위한 5일 훈련』
에 참여하면서 이 훈련이 "중추적 역할"을 했다고 말했다. 나탈리는

이전 직장에서 함께 일했던 사람들에게 자신이 미쳤던 긍정적 영향을 분석한 뒤 활기를 되찾았다.

"내가 생각해도 참 놀라운 일을 했더라고요. 그 점을 떠올리자 기분이 한결 좋아졌어요. 아울러 그곳을 떠나 일생일대의 변화를 시도한 것 역시 잘했다고 생각했어요. 좋아하던 일을 그만두긴 했지만, 그게 다 내 가족을 위한 일이었으니까. 그전까지 기운 없이 축 처져 있었는데 내가 했던 일을 긍정적으로 바라보니까 어깨가 활짝 펴졌어요."

이 단계를 마치기에 앞서 지난 1년의 테마를 뽑아 보는 것도 유용하다. 내세우고 싶은 테마를 두세 가지 꼽는다면 무엇인가? 한두 마디 단어로 표현해도 좋고 완벽한 문장으로 서술해도 좋다. 내 경우, 지난 1년은 다양한 시도를 감행하면서도 영업 이익을 지켜 낸 해였다. 책을 새로 출판했을 뿐만 아니라 온라인 코스도 개발하여 새로 출시했다. 그렇다고 일에만 매달렸던 건 아니다. 휴식을 취하고 원기를 회복하면서 그만한 생산성을 유지했다는 게 중요하다. 하여튼 나는 그랬다. 당신의 테마는 무엇인가? 어쩌면 어려운 경제 상황에서 과감한 결단을 내렸는지 모른다. 아니면 당신의 몸에 대한 부정적 믿음을 깨려고 노력했을 수 있다. 어쩌면 실패를 딛고 일어나 새로운 사업을 시작했거나 소원해진 관계를 회복하려고 애썼는지 모른다. 구체적 사례는 세상을 살아가는 사람 수만큼이나 다양할 것이다.

3단계 경험에서 배워라

이 장을 시작할 때 언급했던 이야기로 돌아가 보자. 역대 최고의 거래를 앞두고 고객에게 해고됐을 때 나는 어안이 벙벙했다. 그동안 일을 굉장히 잘했다고 생각했다. 게다가 우린 개인적으로 친분이 두터운 사이였다. 거의 1년 동안 나는 그 고객만을 위해 뼈 빠지게 일했다. 하지만 그는 내 노고를 대수롭지 않게 여겼다. 오히려 더 큰 보상을 바라면서 내 능력을 얕잡아 봤다. 결국 별다른 논의도 없이 나를 차 버렸다.

그 일은 결국 전화위복의 계기가 되었고, 내게 세 가지 중요한 교훈을 안겨 주었다.

첫째, 의뢰인과 고객은 변덕스러울 수 있다. 그러니 계란을 한 바구니에 다 담으면 안 된다. 리스크를 분산시키지 않으면 나는 또다시 심각한 문제에 봉착할 것이다.

둘째, 오늘의 승리가 기억되거나 인정받을 거라 기대할 수 없다. 그러니 기대치를 계속 높여야 한다.

마지막으로, 모든 관련 당사자들의 협조를 확보해야 한다. 알고 보니, 고객과 그의 직원은 나와 다른 생각을 품고 있었다.

이 세 가지 교훈은 이후 내 행보에 지대한 영향을 미쳤다.

당신은 어떤가? 지난해에 당신이 배운 인생 교훈은 무엇인가? 경험에서 배우지 않으면 성장할 수 없다.

"과거를 기억하지 않는 자는 과거의 잘못을 반복하기 마련이다."

탁월한 인생을 만드는 법

스페인 출신의 철학자 조지 산타야나$^{George\ Santayana}$가 남긴 명언이다. 혹시 과거 경험에서 핵심 교훈을 파악하는 데 어려움을 겪고 있다면, 그 일에서 성공하지 못한 이유가 무엇인지 자문해 보라. 어쩌면 전략적 계획이 부족했는지 모른다. 그렇다면 당신은 사업체를 운영할 때 좀 더 전략적으로 계획했더라면 좋았을 거라는 아쉬움이 있을 것이다. 돈을 더 모았더라면, 배우자와 시간을 더 많이 보냈더라면, 아이들과 더 많이 놀아 줬더라면, 안식년 휴가를 제대로 썼더라면, 책을 더 읽었더라면 등 다양한 아쉬움이 있을 것이다. 실망하거나 좌절하게 된 요인을 찾아 목록을 작성하면 뭐가 잘못됐는지, 앞으로 어떻게 해야 할지 효과적으로 파악할 수 있다.

산타야나는 또 "진보와 발전은 …… 잘 기억하는 것에 달려 있다."라고 했다.[41] 이러한 교훈을 잘 간직하기 위해 알아낸 사실을 간결하고 함축적으로 표현할 필요가 있다. 그게 바로 지식이 지혜로 바뀌는 과정이다. 그렇게 습득한 지혜가 미래로 나아가는 길을 안내해 줄 것이다. 일례로 내가 두어 해 전에 적었던 표현을 살펴보자.

"어떤 일에서든 그만두자니 그동안 들인 수고가 아깝고 더 하자니 너무 막막할 때가 있다. 그래도 끝까지 노력하면 기어이 종착점에 도달할 것이다."

이 말은 당시에 내가 배웠던 중요한 인생 교훈이었고, 요즘도 비슷한 상황에 처할 때마다 떠올린다. 다른 교훈도 살펴보자.

"결과에 대해 너무 생각하지 말고 눈앞에 닥친 일을 제대로 처리하라."

"

경험에서 얻은 교훈을 마음에 새겨
앞으로 나아갈 발판으로 활용하라.

"

"난 원하는 어떤 일이든 할 수 있어. 원하는 모든 일을 할 수 없을 뿐이지."

이 마지막 교훈은 아직도 열심히 익히고 있다! 당신도 경험에서 얻은 교훈을 마음에 새겨 앞으로 나아갈 발판으로 활용하길 진심으로 바란다.

4단계 행동을 수정하라

원했던 일과 실제 벌어진 일 사이의 격차에 당신의 믿음과 행동이 기여한 바가 있다면, 이젠 바꿔야 한다. 바꾸지 않으면 그 격차가 갈수록 넓어지고 악화될 것이다. 격차를 인식하는 것만으론 부족하다. 경험에서 교훈을 얻는 것만으로도 부족하다. 당신의 믿음과 그 믿음에 따른 행동을 바꾸지 않는다면, 처음 시작했을 때보다 더 나빠질 것이다.

내가 해고될 때 익힌 교훈에 따라 행동을 수정하지 않았더라면, 온갖 괴로움은 무위로 끝났을 것이다. 이후로도 계속 똑같은 상황에 처했을 것이다. 하지만 나는 그 교훈을 가슴에 새기고 경력을 차곡차곡 쌓았다. 그 덕분에 많은 어려움을 피할 수 있었다.

여러 기업체에서 실적을 개선하기 위해 사후 검토를 활용한다는 이야기를 앞에서 언급했다. 그런데 실적이 매번 개선되지는 않는다. 그렇지 않은가? 〈하버드 비즈니스 리뷰〉에 따르면, 그 이유가 조직

체에서 막판에 실수를 저지르기 때문이라고 한다. 그들은 흔히 사후 검토에서 얻은 교훈을 적용하지 않는다. 결국 애써 얻은 결과물이 선반에서 먼지만 쌓이거나 서버에 저장된 채 방치되는 것이다. 그런 일이 당신에게 벌어지지 않도록 하라.

앞으로 나아가기

레이는 처음엔 힘들어했지만 사후 검토를 마친 후엔 태도가 확 바뀌었다. 왜 그랬을까?

"저한테는 사후 검토가 제일 중요한 부분이었습니다. 그 과정을 마치고 나니까 막혔던 속이 뻥 뚫리는 것 같았거든요. 컴퓨터에 1,000개나 되는 작은 창들이 동시에 열려 있었는데, 그걸 죄다 클릭할 (닫을) 수 있었어요. 순식간에 해방된 거죠."

단언컨대, 당신도 그렇게 될 수 있다. 회고적 사고 덕분에 우리는 과거 경험에서 배우고 미래를 긍정적으로 건설할 수 있다. 네 단계로 이뤄진 사후 검토 과정은 과거를 마무리하는 데 유용하다. 그런데 크나큰 실망을 안겼던 일들이 훗날 크나큰 가능성을 열어 주기도 한다는 점을 인식하는 것도 똑같이 유용하다. 다음 장에서 이 점을 자세히 살펴볼 것이다.

탁월한 인생을 만드는 법

후회는 숨겨진 기회를 보여 준다

새로운 규칙: 일이 틀어질 때마다
더 좋은 일이 생길지 기다려 보라.
스콧 케언즈Scott Cairns, <Short Trip to the Edge>

출판업계에서 중역으로 일하던 시절, 나는 어떻게든 이름을 날리려고 밤낮없이 일했다. 내 시선은 오로지 책에 집중되었다. 그 일이 무척 좋았고, 하루빨리 성공하고 싶었다. 하지만 일은 내 삶의 일부일 뿐이었다. 게일과 결혼하고 몇 년 지나자 아이가 하나둘 태어났다. 10년도 안 가서 나는 딸을 다섯이나 둔 가장이 되었다. 당신이 상상하는 것 이상으로 하루하루가 정신없이 돌아갔다.

부양할 식구가 늘어나자 재정적으로 상당한 압박을 느꼈다. 거기에 타고난 야망까지 더해지자 누구도 나를 말릴 수 없었다. 하루빨리 승진하고 그에 따른 임금 인상을 기대하면서 늦게까지 일했다. 게다가 우리의 필요를 충족하고 재정적 기반을 마련하고자 없는 시간을 쪼개 부업까지 했다.

간단히 말하면, 나는 감당해야 할 온갖 일에 짓눌려 살았다. 가족과 시간을 많이 보내지 못해 죄책감을 느꼈지만 일에 치여 사느라 돌아볼 여유가 없었다. 업무에서 느끼는 압박이 너무 컸다. 하지만 가정에서 느끼는 압박은 그보다 더 컸다. 그런데도 일을 줄이지 않았다. 사업에서 몇 차례 심각한 위기도 겪었지만 어떻게든 버텨 나갔다. 정신을 차렸을 땐, 딸들과의 관계가 너무나 소원해져 있었고, 게일은 일에 빠진 남편 때문에 과부나 다름없었다. 싱글 맘처럼 딸 다섯을 혼자서 키워야 했다.

때로는 아슬아슬한 줄타기를 하는 것 같았다. 나 때문에 식구들이 치러야 했던 희생을 알아차렸을 때, 발밑에서 엄청난 후회의 폭탄이 터지는 것 같았다.

문신 바늘에는 자동 수정 기능이 없다

내가 어렸을 땐 폭주족과 범죄자와 선원 정도만 문신을 하고 다녔다. 그런데 지난 20년 사이에 엄청나게 바뀌었다. 내가 사는 테네시주 내슈빌 외곽만 해도 문신한 사람이 널려 있다. 정교하고 화려하게 디자인된 문신을 훤히 내보이는 사람도 있고, 셔츠 깃이나 소매, 바짓단 밖으로 보일 듯 말 듯 드러내는 사람도 있다. 이 동네만 그런 것도 아니다. 최근 실시된 해리스 여론 조사에 따르면, 요즘 미국 성인 중 거의 3분의 1이 문신을 한다.[42] 우리 집에선 그 비율이 더 높다. 다섯 딸 중 셋이 문신을 했다.

아직까지는 셋 다 자기 문신을 무척 좋아한다. 대부분 사람들이 자기 문신에 만족하지만, 후회하는 사람도 꽤 많다. 네 명 중 한 명은 자신의 결정을 깊이 후회한다. 아니, 왜? 문신은 한번 하면 무지무지 오래갈 수 있다. 아울러 잉크 총을 쥔 사람이 다 미켈란젤로는 아닌 데다가 문신 바늘에는 자동 수정 기능이 없다. 의도를 벗어난 예를 몇 가지 살펴보자:

- "Never Forget God isint Finished with me Yet" : isint는 is'nt의 오타. "하나님은 내게서 이루려던 일을 아직 끝내지 않으셨음을 잊지 마라."
- "Everything happends for a reason" : happends는 happens의 오타. "모든 일에는 그만한 이유가 있다."
- "Life Is a Gambee So Take the Chance" : Gambee은 Gamble의 오타. "인생은 도박이다. 그러니 기회를 잡아라."
- "No Dream Is To Big" : To는 Too의 오타. "이루지 못할 큰 꿈은 없다"
- "Regret Nohing" : Nohing은 Nothing의 오타. "후회하지 말고 당당히 살아라."

해리스 여론 조사에 따르면, 사람들이 문신을 후회하는 주된 이유 중 하나가 잘못된 결과 때문이다. 내가 확인한 어느 웹사이트엔 방금 제시한 사례를 포함해 잘못된 디자인 사례가 900개 넘게 올라와 있었다.[43] 문신 제거술이 세계적으로 급성장하는 성형 분야라는 게 놀랍지 않다.[44] 아울러 후회스러운 일 하면 단연 부적합한 문신이 꼽히는 것도 놀랍지 않다. 하지만 그건 단지 문제의 일부일 뿐이다.

브레네 브라운 교수가 〈라이징 스트롱〉Rising Strong(이영아 옮김, 이마, 2017년 4월)을 집필하기 위해 후회라는 주제를 연구할 때, 한 친구가 이와 비슷한 사례를 그녀에게 보내 주었다. 제니퍼 에니스톤이 나온 〈위 아 더 밀러스〉We're the Millers라는 영화에 "No Ragrets"라는 문신을 자랑스레 내보이는 남자가 등장한다는 것이다. 부모들이 자기 딸의 남자친구로는 최악이라고 여길 만한 남자였다.

"친구가 보내 준 사례는 정말 최고의 은유였다."

브라운이 말했다.

"전혀 후회하지 않는다면no regrets, 혹은 후회 없이 살겠다고 작정했다면, 당신은 후회의 참다운 가치를 놓치는 거라고 생각한다."[45]

가치라고? 과거를 마무리하는 과정에서 우리는 흔히 실패했다는 불안감에 시달리게 된다. 이것은 단순히 문신의 문제가 아니다. 오히려 존재와 관련된 문제이다. 당신이 여전히 숨을 쉬고 있다면, 기대에 미치지 못했다고 생각하는 일이 적어도 한 가지는 있을 것이다. 앞 장에서 살펴본 회고적 사고의 도움을 받는다면, 그 수는 수십, 심지어 수백 가지로 늘어날 수 있다. 정말 우울해질 수도 있다. 하지만 비극으로 치닫지는 않는다.

어떤 사람은 후회에 무슨 가치가 있느냐고 반문할 수도 있다. 우리 문화는 후회의 가치를 간과하는 경향이 있다. 물론 후회로 인한 아픔을 무시할 의도는 없다. 아픔이 실제로 존재하고, 또 극심할 수도 있다. 다만 우리가 너무 성급하게 그 아픔에서 멀어지려고만 하는 건 문제다. 그러다 보니 후회가 주는 장점을 전혀 누리지 못하게 된다. 크나큰 실수를 저지르는 것이다. 인생 최고의 해를 경험하고자 한다면, 후회를 지렛대 삼아 그동안 놓쳐 버린 기회를 포착해야 한다. 제대로 바라본다면 후회는 신이 주신 선물이다. 미시간 대학교 심리학 교수인 재닛 랜드먼Janet Landman은 후회를 주제로 한 책에서 이렇게 말했다.

"요는 당신이 그것을 어떻게 활용하느냐에 달려 있다."[46]

후회의 용도

후회의 장점을 알아보기 전에, 흔하지만 전혀 도움 되지 않는 용도부터 하나 살펴보자.

바로 자책이다. 브라운은 책에서 이렇게 말했다.

"'난 바보야'와 '난 바보 같은 짓을 저질렀어'라는 말은 별 차이가 없어 보이지만 실은 엄청난 차이가 있다."[47]

일의 성과가 아니라 우리 자신에게 초점을 맞추면, 다음에 더 잘할 방법을 고안해 내기 어렵다. 이유는 간단하다. 성과를 개선할 방법에 초점을 맞추지 않기 때문이다.

가령 당신이 자녀나 친구에게 화를 터뜨렸다고 하자. 또는 부실한 보고서 때문에 수익을 안겨 줄 새 고객을 놓쳤다고 하자. 당신은 자신이 인간적으로 얼마나 부족한 사람인지 계속 읊어 댈 수 있다. 그러면 당신 친구나 동료들에게 조금이나마 위안을 줄 수 있겠지만, 당신의 행동을 개선하는 데는 아무 소용도 없다. 반대로, 당신은 업무에서 놓친 부분을 알아볼 수도 있다. 그러면 당면 문제를 해결할 수 있을 뿐만 아니라 같은 실수를 반복하지 않을 수 있다.

자신에게 향하는 후회는 형사 법정에 잔뜩 쌓인 증거물처럼 우리 자신에 관한 제한적 믿음이 모두 사실임을 입증한다. 확증 편향confirmation bias 따위는 신경 쓰지 마라. 어차피 우리는 실수를 저지를 수밖에 없다. 그러니 '난 실패자야'라고 믿는다면, 증거물이 동날 수가 없을 것이다. 반면에 '난 실수를 저질렀어'라고 믿는다면, 업무 수행에서 부족한 점을 포착하고 시정할 수 있다. 당신은 실패자가 아니다. 다만 당신이 경험한 실패는, 당신의 관심을 끌고자 일어나는 불협화음일 뿐이다. 내가 일에 치여 사느라 가족과 멀어졌을 때 바로 이 불협화음이 일어났다. 나한테는 일보다 아내와 딸들이 더 소중했지만 행동은 그 반대로 했다. 그로 인한 불협화음은 내 접근방식을 바꾸게 해 주었고 가족과의 관계를 다시 수립하도록 해 주었다.

랜드먼이 소개한 후회의 장점 가운데 세 가지는 여기서도 언급할 가치가 있다.

첫째, 후회에는 가르침이 있다. 그 가르침은 사후 검토 과정의 세 번째 단계와 관련이 있다. 후회는 일종의 정보이며, 실수에 대한 반성

탁월한 인생을 만드는 법

은 차제에 그러한 실수를 피하는 데 매우 중요하다.

둘째, 후회에는 변화를 향한 욕구가 있다. 랜드먼이 말한 것처럼, "후회는 뭔가가 잘못됐음을 알려 줄 뿐만 아니라 그 잘못에 대해 어떤 조치를 취하도록 우리를 자극할 수도 있다." 나 역시 아내와 딸들에게 잘못했음을 깨닫고 그에 따라 조치를 취했다.

마지막으로, 후회에는 진실성이 있다. 그렇기에 우리의 마음속에서 도덕적 잣대로 작용하며 우리가 정도에서 벗어났을 때 신호를 보낸다.[48]

이 세 가지 이유만으로도 후회를 묵살하는 우리의 태도를 재고하기에 충분하다. 후회의 폭탄이 내 인생에 떨어졌을 때, 나는 우선순위를 다시 평가하고 방향을 틀었다. 가장 소중한 관계를 회복하는 게 쉽진 않았지만, 후회가 없었더라면 불가능했을 것이다. 어쩌면 관계를 회복하려고 시도할 필요성을 느끼지 못했거나 고생하는 나를 식구들이 알아주지 않는다고 분개했을지도 모른다. 하지만 후회는 실패에 대한 내 책임을 인정하고 수정하게 해 주었다. 그 덕분에 요즘엔 딸들과의 관계가 어느 때보다 좋다. 하지만 아직은 갈 길이 멀다.

기회 원칙 Opportunity Principle

몇 년 전, 일리노이 대학의 두 연구원이 인생에서 가장 후회하는 일에 순위를 매긴 적이 있다. 닐 로스Neal J. Roese와 에이미 서머빌Amy

Summerville은 여러 연구 결과를 결합하여 새롭게 분석한 뒤, 자신들의 연구를 추가로 수행했다. 어느 목록에나 가족과 재정과 건강이 들어갔다. 하지만 사람들이 가장 후회하는 일 여섯 가지를 순서대로 꼽자면 교육, 직업, 연애, 육아, 자기계발, 여가다. 상위에 꼽힌 분야들이 내가 앞에서 약술한 열 가지 인생 영역과 얼마나 밀접하게 관련되어 있는지 주목하라. 당신의 인생점수가 특정 영역에서 유난히 낮더라도 걱정하지 마라. 당신만 그런 게 아니다.

로스와 서머빌은 실행, 결과, 회상의 3단계 과정으로 나눠 설명했다. 처음에 우리는 목표를 향해 전진한다. 다음엔 노력의 결과를 경험한다. 성공하지 못한 경우 흔히 후회의 감정이 일어난다. 흥미로운 부분은 바로 세 번째 단계인 회상이다. 연구자들은 "시정할 기회가 가장 뚜렷한 지점에서 불만과 실망의 감정이 가장 강하게 일어난다."는 사실을 알아냈다.[49] 다시 말해서, 후회는 꽉 막힌 하수관처럼 역류하면서 과거의 안 좋은 경험을 떠올리게도 하지만, 콸콸 흘러가면서 새롭고 희망적인 가능성을 열어 주기도 한다. 그들은 이러한 결과를 "기회 원칙"이라고 불렀는데, 우리가 흔히 추정하는 바와 거의 180도 달랐다.

그들의 연구에 따르면, 후회는 행동을 수정하도록 우리를 들들 볶는다. 아울러 개선할 가능성이 가장 클 때 가장 심하게 후회하는 경향이 있다. 하지만 극심한 후회 속에서 잘해내는 사람은 없다. 다행히, 상황을 해결할 가능성이 거의 없을 땐 부담감을 덜기 위해 재구성 같은 자연스러운 과정을 거친다. 우리는 그 점을 진작부터 알고 있었다. 그래서 예전부터 "시간이 가면 다 해결된다."라고 말했던 것이다.

하지만 우리가 몰랐던 게 있다. 후회가 상황을 개선할 기회를 암시한다는 바로 그 이유 때문에 때로는 우리 뒤를 졸졸 따라다닌다는 점은 미처 몰랐다. 로스와 서머빌은 이렇게 말했다.

"후회는 긍정적 행동을 위한 기회가 여전히 높은 상황일 때 더 집요하게 따라온다."

그런 이유로 랜드먼은 자신의 책에 "가능성의 집요함"이라는 부재를 달았던 것이다.

장애물이 아닌 표지판

"기회 원칙"은 게임 체인저, 즉 흐름의 판도를 뒤바꿔 놓을 중요한 요소이다. 당신의 인생점수를 생각해 보라. (검사를 아직 받지 않았다면 BestYearEver. me/lifescore에서 지금이라도 받아 보도록 하라.) 어떤 영역에서 가장 낮은 점수를 기록했나? 어쩌면 사회생활이나 취미생활이나 신앙생활일 수 있다. 아니면 직장생활이나 재정 건전성일 수 있다. 어떤 영역이든, 이젠 후회를 다른 측면에서 바라봐야 할 때다. 진로를 막는 장애물이 아니라 앞으로 나아갈 길을 가리키는 표지판이라고 생각하라.

이러한 후회의 긍정적 측면은 우리의 신경생물학에 이미 반영되어 있다. 뇌 스캔으로 포착한 후회의 감정은 눈 위쪽인 내측안와전두피질medial orbitofrontal cortex에서 이루어진다. 뇌에서 이 부분이 손상되면,

환자는 후회의 감정이 부족할 뿐만 아니라 건강한 사람에게서 후회를 유발하는 행동을 수정할 수도 없다.[50] 다시 말해서, 후회를 느낀다는 사실은 아무리 끔찍한 상황에서라도 그 상황을 긍정적으로 바꾸는 데 필요한 것이 우리에게 이미 있다는 증거다. 희망이 없는 사람은 바로 후회가 없는 사람이다.

과거에 겪었던 쓰디쓴 좌절이 실은 앞으로 맛볼 엄청난 승리의 일부를 가리키는 거라면? 후회가 우리에게 불가능한 일을 알려 주는 게 아니라 가능한 일을 향해 나아가도록 알려 주는 거라면? 그렇다면 우리는 후회를 성장하고 개선할 기회를 막는 장애물로 보지 않고 우리가 간절히 바라는 성장과 개선의 방향을 가리키는 표지판으로 볼 수 있다. 제한적 믿음을 해방적 진실과 맞바꾼 것이다!

인생 최고의 해를 향한 여정의 다음 단계로 나아갈 때, 나는 당신이 가능성의 프레임에 계속 머물러 있기를 바란다. 그 방법을 한 가지 더 알려 주고자 한다.

장애물		표지판
진로를 방해한다	VS	새로운 기회를 보여 준다

후회는 진로를 방해하는 장애물로 여겨질 수도 있지만, 더 나은 미래로 가는 길을 알려 주는 표지판으로 여겨질 수도 있다.

탁월한 인생을 만드는 법

> "
> 희망이 없는 사람은
> 바로 후회가 없는 사람이다.
> "

범사에 감사해야 한다

> 감사와 함께할 때만 인생이 풍요로워진다.
>
> 디트리히 본회퍼Dietrich Bonhoeffer, <옥중서간>
> (Letters and Papers from Prison, 대한기독교서회, 2000년 3월)

듀크 대학의 마이크 슈셉스키Mike Krzyzewski(일명 코치 K)는 대학 농구에서 최다 우승을 기록한 코치 중 한 명이다. 그가 지도한 선수들은 1,000경기 이상 승리했고 전국대회에서 다섯 번이나 우승했다. 나는 그의 비결을 알고 있다. 2015년 토너먼트를 앞두고, 코치 K를 비롯한 지도자들과 선수들은 고마운 사람들의 이름을 공에 일일이 적었다.

"선수들에게 말했죠. '이 공을 토너먼트가 끝날 때까지 가져갈 것이다. 그러니까 너희를 지금 이 자리에 있도록 도와준 사람들, 너희에게 의미가 있는 사람들의 이름을 공에 적어 줬으면 한다.'"

코치 K가 저널리스트인 던 예거Don Yaeger와 했던 인터뷰에서 공개한 내용이다.

선수들은 어디에 가든 그 공을 들고 다녔다.

탁월한 인생을 만드는 법

"선수들이 사방 천지에 공을 갖고 다니더군요. 팀 회식 자리에, 비행기에, 연습할 때, 라커룸에……."

코치 K가 말했다.

"어떤 녀석들은 심지어 공을 끼고 잤습니다. 방에도 들고 갔다는 얘기죠."

팀이 우승한 뒤, 공에 이름이 적힌 사람들은 모두 다음과 같은 쪽지를 받았다.

"챔피언으로 가는 걸음걸음마다 함께해 주셔서 고맙습니다."[51]

그 공은 선수들이 경기하는 내내 감사하는 마음을 간직하게 했고, 결국엔 우승까지 이끌어 냈다.

감사 어드밴티지Gratitude Advantage

연구자들은 오래전부터 중요한 목표를 이루기 위한 우리의 노력과 감사 간의 관련성에 의문을 제기했다. 감사는 흔히 사람들을 현실에 안주하게 할 거라는 가정이 널리 퍼져 있었기 때문이다.

'이미 충분히 갖추고 있는데 굳이 뭘 더 성취할 필요가 있겠어.'

이런 생각이 팽배하면 사람들은 목표를 세우거나 추구하지 않을 것이다. 지금 이대로 좋은데 뭐 하러 새로운 목표를 세운단 말인가? 하지만 로버트 에몬스Robert A. Emmons와 안잘리 미스라Anjali Mishra에겐 그 말이 곧이들리지 않았다.

에몬스와 미스라는 감사가 포함된 목표 추구와 감사가 빠진 목표 추구를 비교하는 연구를 고안했다. 두 사람은 참가자들에게 감사 일기를 작성하게 하고, 앞으로 두 달간 그들이 달성하고자 하는 목표 목록을 제출하게 했다. 10주 후 확인했더니, 고마운 마음으로 목표를 추구한 그룹이 그렇지 않은 그룹보다 목표치에 훨씬 더 근접했다. 에몬스와 미스라는 그 결과를 놓고 다음과 같이 말했다.

"감사는 우리를 현실에 안주하게 하지 않는다. 오히려 목표를 더 열심히 추구하도록 이끌어 준다."[52]

여기에는 몇 가지 이유가 있는데, 모두 회복탄력성과 관련된다. 당신은 어떤지 모르겠지만, 나는 회복탄력성 없이 오랫동안 여러 분야에서 성공했다는 사람을 만나 보지 못했다. 이러한 복합적 이유를 나는 "감사 어드밴티지Gratitude Advantage"라고 부른다. 감사 어드밴티지는 농구 선수뿐만 아니라 지도자, 변호사, 기업가, 부모, 목회자, 목사 등 누구에게나 적용될 수 있다.

감사가 우리의 회복탄력성을 높여 주는 첫 번째 방식은, 계속해서 희망을 품게 한다는 점이다. 상황이 별로 좋지 않은데, 어느 순간 그

👍 감사는

👉 계속해서 희망을 품게 한다.　　👉 참을성을 길러 준다.

👉 우리에게 원동력이 있음을 상기해 준다.　👉 가능한 대응 방식을 넓혀 준다.

감사에는 다양한 장점이 있지만, 우리의 회복탄력성을 높여 준다는 점은 흔히 간과되었다.

탁월한 인생을 만드는 법

상황을 개선할 만한 일이 벌어진다. 두 상황 간의 차이를 알아차릴 때 감사가 등장한다. 우리에게 갑자기 감사할 일이 생긴 것이다. 그 과정에서 우리는 중요한 인생 교훈을 배운다. 바로 우리의 처지가 아무리 나쁘더라도 언제든 좋아질 수 있다는 점이다. 우리의 인생 스토리가 그 점을 거듭해서 입증해 준다. 감사는 우리를 긍정적이고 낙관적으로 살아가게 해 주며, 그 과정에서 부딪치는 온갖 장애물을 이겨 내도록 해 준다.

다음으로, 감사는 우리에게 원동력이 있음을 상기해 준다. 앞에서 논의한 것처럼, 우리에게는 삶을 변화시킬 힘이 있다. 그런데 감사는 타인이 우리에게 베푼 일에 고마움을 표하는 것이라서 언뜻 납득이 안 갈 수도 있다. 하지만 개봉하지 않는 선물이 무슨 소용이 있겠는가. 타인이 베푼 호의를 고맙게 받아서 더 발전하도록 우리의 원동력을 활용하지 않는다면, 우리는 아무런 이득도 취하지 못할 것이다. 코치 K와 선수들이 공에 이름을 적지 않았더라면 토너먼트 결승에 진출하지 못했겠지만, 그래도 여전히 블로킹과 슈팅과 리바운드를 했을 것이다. 그런데 기존에 하던 일에 타인의 선물까지 보태졌으니, 그들은 더 자신 있게 블로킹과 슈팅과 리바운드를 계속해 우승까지 할 수 있었다.

감사는 참을성도 길러 준다. 우리가 걸핏하면 쉬운 길을 택하는 이유는 참을성이 부족하기 때문이다. 원대한 목표를 이루려면 시간과 노력을 들여야 하는데, 난관에 부딪칠 때마다 대충 넘어가거나 꼼수를 부리려 한다. 다행히, 감사는 계속해서 공정하게 경기를 펼치도록 우리를 채찍질한다.

노스웨스턴 대학교의 데이비드 데스테노$^{David DeSteno}$는 한 연구에서, 참가자들에게 감사함이나 행복감, 또는 중립적 감정에 얽힌 일화를 떠올린 후 종이에 적어 보라고 요청했다. 참가자들은 해당 일화를 적은 뒤, 자신의 기분을 보고하고 재정과 관련된 결정을 내렸다. 그들은 실험을 마친 직후에 현금 보상을 받을 수도 있고, 나중에 더 큰 금액을 수표로 받을 수도 있었다. 감사함을 느낀 그룹은 흔쾌히 기다렸다가 더 큰 금액을 받겠다고 선택했다.

"평균적으로, 우리는 사람들의 재정적 인내력을 약 12%까지 증가시켰습니다."

데스테노가 말했다.

"사람들의 저축액을 그만큼 높일 수 있다고 상상해 보세요."[53]

마지막으로, 감사는 가능한 대응 방식을 넓혀 준다. 감사는 우리를 풍족한 사고 속으로 인도하여, 더 슬기롭고 창의적이고 너그럽고 낙관적이며 친절한 사람이 되도록 해 준다. 하지만 결핍된 사고로 살아간다면, 우리는 더 보수적이고 완고하고 인색하고 비관적이며 심지어 비열한 사람이 될 가능성이 크다. 연구진에 따르면, 감사와 같은 긍정적 감정은 "사고-행위의 선택 가능성$^{thought-action repertoire}$을 넓혀서 마음속에 떠오르는 인식과 행동의 범위를 넓혀 준다. 이렇게 확장된 사고방식은 결과적으로 개인의 신체적, 지적, 사회적 자원을 구축한다."[54] 다시 말해서, 감사는 우리의 회복탄력성을 키워 주는 것이다. 연구진은 이것을 "확장-구축 이론$^{broaden-and-build theory}$"이라고 부른다. 그

탁월한 인생을 만드는 법

"

감사는 우리 인생에서 좋은 점을
증폭시킬 잠재력을 지니고 있다.

"

런데 단순히 이론에 그치지 않고 우리 중 대다수는 실생활에서 이를 자주 경험한다. 감사할 때 기분이 좋아지고 성과도 좋아지며 인생의 온갖 기복에 더 잘 대응하지 않은가.

에몬스와 미스라는 감사와 관련된 여러 연구를 살펴본 뒤 이렇게 결론 내렸다.

"이러한 증거는 감사가 개인의 적응력과 성장성을 높인다는 가정을 강력히 뒷받침한다."[55]

감사 훈련

현재 처한 상황이 어떠하든, 우리는 저마다 타고난 강점과 축복과 재능이 있다. 물론 우리에게 없는 것이 무척 많다. 하지만 있는 것 역시 무척 많다. 감사의 렌즈를 통해 바라본다면, 과거가 어떠했든 우리의 현재는 우리가 요청하거나 상상할 수 있는 것 이상으로 풍요롭다. 감사는 우리 인생에서 좋은 점을 증폭시킬 잠재력을 지니고 있다. 장담컨대, 감사는 결핍된 사고의 고통을 치료할 최고의 해법이자 풍족한 사고를 배양할 최고의 방법이다.

잘나가는 사업가들과 사상가들에게 다가오는 해의 목표 달성을 위해 어떻게 준비하느냐고 물었을 때, 몇 사람은 감사가 그들에게 유리한 기회를 제공한다고 대답했다. 그들은 시간을 따로 내서 자신이 경험한 온갖 긍정적인 일에 감사를 표했다. 유명한 팟캐스터인 에릭

탁월한 인생을 만드는 법

피셔Erik Fisher는 내게 이렇게 말했다.

"나는 추수감사절 연휴 동안 한 해를 돌아보면서 긍정적으로 느꼈던 일들에 감사를 표합니다. 아울러 부정적인 일들을 바라보는 내 시각을 긍정적으로 바꿀 방법을 고심합니다."

앤디 앤드루스Andy Andrews의 브랜드 관리를 맡고 있는 로버트 스미스Robert D. Smith는 이렇게 말했다.

"나는 감사하고 싶은 일 50가지를 기록하는 것으로 신나고 멋진 해를 준비합니다. 내가 누리는 축복을 찬찬히 헤아리다 보면 타인을 돕고, 지난해보다 훨씬 더 많이 성취하는 데 온전히 집중할 수 있습니다."[56]

그동안 읽은 여러 자료와 개인적 경험을 놓고 볼 때, 감사는 확실히 목표를 달성하기 위한 기본 토대이다. 베스트셀러 〈에너지 버스〉The Energy Bus(최정임 옮김, 쌤앤파커스, 2008년 9월)의 저자인 존 고든Jon Gordon이 내게 이렇게 말했다.

"날마다 감사를 실천한다면, 당신은 엄청난 혜택과 삶의 중요한 변화를 알아차릴 것입니다."[57] 나는 일상생활에서 감사 어드밴티지를 강화하기 위해 다음과 같은 세 가지 훈련을 채택했다:

1. 나는 하루를 기도로 열고 기도로 닫는다. 내가 이루지 못한 것(그게 수면이든 성과든 뭐든 간에)으로 하루를 열고 닫는 대신에 내가 받은 축복에 집중하고 그것에 감사하는 기도를 드린다.
2. 나는 범사에 감사하며 산다. 끝없는 비교의 덫에 빠지기 전에,

내가 지닌 재능에 감사를 표한다. 개인적으로, 감사하는 삶을 사는 데 하루 세 번씩 드리는 식전 기도가 유용한 것 같다.

3. 나는 감사 일기를 적는다. 일기는 여러 가지 면에서 유용한데, 특히 고마운 마음을 표하고 기르는 데 그만이다. 지금 당장 내가 누리는 좋은 점에 집중할 수 있을 뿐만 아니라 나중에, 특히 일이 잘 풀리지 않는다고 느낄 때 일기를 뒤적이며 힘을 얻을 수도 있다.

그렇긴 해도 이러한 감사 훈련이 모든 사람에게 늘 효과가 있는 것은 아니다. 마음 깊은 곳에서 감사가 우러나오지 않는 걸 어쩌겠는가? 그렇더라도 크게 문제될 것은 없다. 적어도 두 가지 이유로 정상이라고 볼 수 있다. 가령 언쟁을 벌이는 상황이나 화가 치솟는 상태에서는 고마운 마음이 들기 어렵다. 그럴 땐 당면 문제를 먼저 해결하라. 아니면 그런 감정에서 벗어나 감사를 표할 만한 일을 찾도록 하라.

우리 삶에서 감사를 찾기 어려운 또 다른 이유는, 놀랍고 신비한 일이 어느 순간 당연한 일로 바뀌기 때문이다. 한때 우리를 기쁘고 놀라게 했던 일이 나중엔 지루하고 예측 가능한 일로 느껴질 수 있다. 심리학자 티모시 윌슨Timothy D. Wilson은 이를 쾌락의 역설pleasure paradox이라고 부른다. 놀라운 일을 경험하면 그 경험을 더 자주 하기 위해 자세히 알아보려 하지만, 일단 알아내고 나면 놀라움이 사라지는 법이다. 쾌락의 역설과 관련하여, 윌슨은 자신이 명명한 "조지 베일리 기법George Bailey technique"을 들어 설명한다.

"멋진 인생It's a Wonderful Life"이라는 영화에서, 주인공 조지 베일리는 자기가 사라져야 세상이 더 좋아질 거라며 자살하려 한다. 그 순간, 클래런스라는 천사가 나타나 중재를 시도한다. 클래런스는 베일리가 정말로 사라지고 없는 세상을 보여 준다. 그런데 이 대체 시나리오에 선 상황이 지금보다 훨씬 더 나쁘다. 그렇다면 영화가 아닌 현실에선 이 기법을 어떻게 적용할까?

"실험에 들어갈 때, 우리는 사람들에게 인생에서 소중히 여기는 것이 없어졌다고 생각하라고 요청한다."

윌슨과 동료들은 한 그룹에겐 현재의 배우자를 만난 적도 없고 당연히 연애도, 결혼도 안 했다고 상상하도록 지시하고, 다른 그룹에겐 현재의 배우자를 어떻게 만나서 연애하고 결혼했는지 말해 보라고 지시한 다음, 두 그룹을 비교했다.

"조지 베일리와 같은 상황에 처했다고 상상하도록 지시받은 사람들은 단순히 배우자와 어떻게 만났는지 들려주라고 지시받은 사람들보다 부부 관계가 더 행복하다고 보고했다."

두 그룹의 차이는 대체 시나리오를 생각해 봤는지 여부밖에 없었다. 뭔가 좋은 것이 없어졌다고 상상하면, "그게 다시 놀랍고 특별해 보이는 것 같다. 심지어 신비롭게 보이기도 한다."[56]

미래는 밝다

당신은 지금 가진 것에 감사해야 원하는 걸 더 많이 갖게 될 것이다. 우리가 사는 결핍의 문화에선 고마움을 모른다면 온갖 폐단이 생긴다. 하지만 과도할 정도의 풍요로움에 감사를 표한다면 이따금 경험하는 두려움과 실패와 불만의 감정에 대한 면역력이 생기고 성공과 기쁨과 성취로 가는 길이 열린다.

나는 당신이 결핍된 사고에 갇혀 생각하거나 계획하길 바라지 않는다. 그 대신, 감사로 가득 찬 상태에서 한 해를 시작하길 바란다. 앞에서 "역사는 그대로 반복되지 않지만 흐름은 반복된다"는 말로 1단계를 시작했다. 역사의 흐름을 바꾸려면, 먼저 우리의 믿음을 업그레이드하고 과거를 잘 마무리하며 깊은 감사에서 우러난 기대와 희망으로 미래를 바라봐야 한다. 그래야 새롭게 미래를 설계할 수 있다.

당신은 미래를 설계할 준비가 됐는가?

탁월한 인생을 만드는 법

실행 계획

1. 사후 검토를 실시하라

사후 검토를 시행하려면, 네 단계를 거쳐야 한다.

첫째, 무슨 일이 벌어지길 원했는지 기술하라.

둘째, 실제로 벌어진 일을 인정하라.

셋째, 경험에서 배워라.

넷째, 행동을 수정하라.

아래 제시하는 일곱 가지 질문에 답한다면 네 가지 단계를 효과적으로 밟을 수 있다:

① 지난 1년이 어떻게 지나갔다고 보는가?

② 당신이 설계한 계획과 꿈과 구체적 목표는 무엇이었는가?

③ 지난해에 경험한 실망이나 후회는 무엇이었는가?

④ 인정받았어야 했는데 그러지 못했을 때 당신은 어떤 기분을 느꼈는가?

⑤ 지난해에 가장 뿌듯하게 생각했던 일은 무엇인가?

⑥ 머리에서 떠나지 않는 일을 두세 가지 꼽는다면 무엇인가?

⑦ 지난해에 당신이 배운 인생 교훈은 무엇인가?

2. 후회 속에 가려진 기회를 찾아라

위의 세 번째 질문인 "지난해에 경험한 실망이나 후회는 무엇인가?"로 돌아가 보라. 우리는 흔히 개선할 기회가 가장 클 때 가장 강하게 후회한다. 그러니 후회가 드러내는 기회가 무엇인지 자문해 보라.

3. 감사 훈련을 시작하라

감사는 저절로 떠오르는 감정일 뿐만 아니라 열심히 익혀야 하는 습관이기도 하다. 세 가지 훈련이 감사를 습관화하는 데 도움이 될 수 있다.

• 하루를 기도로 시작해서 기도로 마감하라.
• 타고난 재능에 감사를 표하는 등 범사에 감사하라.
• 감사 일기를 적어라.

이러한 훈련으로도 진척이 없다면, "조지 베일리 기법George Bailey technique"을 시도해 보라. 당신 인생에서 좋은 점을 생각한 다음, 그게 없으면 인생이 어떻게 될지 상상해 보라.

STEP 1
가능성을
믿어라

STEP 2
과거를
잘 마무리하라

STEP

|3|

미래를
설계하라

Design Your Future

STEP 4
당신의 이유를
찾아라

STEP 5
실행에
옮겨라

예수님은 누가 봐도 구조나 치유가 필요한 사람에게 다가가 물었다.

"내가 어떻게 해 주길 바라느냐?"

흥미롭게도 복음서엔 이런 장면이 세 번이나 나온다. 기독교 관점에서 볼 때, 예수님은 그들에게 무엇이 필요한지 알았을 뿐만 아니라 즉시 해결해 줄 수도 있었다. 하지만 그러지 않았다. 오히려 무엇을 원하는지 말해 달라고 그들에게 요구했다. 눈에 보이는 곤경은 그들이 처한 가장 큰 곤경이 아니었던 것 같다. 그렇다! 그들에겐 치유보다 명료성clarity이 더 필요했다. 아울러 그들이 원하는 것을 분명히 파악하기 전까진 예수님은 그들의 육체적 곤경을 해결해 줄 마음이 없었다. 그 대신, 그들에게 먼저 자신들의 욕구를 말로 표현하라고 촉구했다.

멋진 결과는 저절로 일어나지 않는다. 당신은 표류하듯 떠돌다 우연히 목적지에 도달하지 않는다. 오히려 원하는 게 뭔지, 그게 왜 중요한지 분명히 파악한 다음 목표를 달성할 실행 계획을 세우고 적극적으로 추진해야 한다. 3단계는 당신이 필요한 명료성을 찾는 데 도움을 주도록 설계되었다.

자, 지금부터 정말로 흥미로운 내용이 펼쳐진다.

07

중요한 인생 목표에는
일곱 가지 속성이 있다

2002년, 제너럴 모터스GM가 미국 자동차 시장에서 점유율을 29%
까지 끌어올리기로 결정했다. 1999년 이후 한 번도 달성하지 못한
수치였다. 그래선지 GM은 그 수치에 굉장히 집착했다. 판매를 촉진
하려고 무이자 대출 같은, 말도 안 되는 구매 인센티브를 제공했다.
임원들은 목표치를 최우선에 두려고 29라는 숫자가 적힌 핀을 웃깃
에 달고 다니기까지 했다. 그런데도 그들은 목표를 달성하지 못했
다. 왜?

GM은 경쟁사, 특히 한국 자동차 회사를 비난했다. 한 임원은 공
개적으로 불만을 터뜨렸다.

"경쟁이 좀 더 공정하게 이뤄진다면 목표치를 달성하고도 남을 텐
데……."

하지만 전문가들은 의견이 달랐다. GM이 그 목표에 너무 집착한 나머지 제품 가격을 경쟁적으로 내렸다고 분석했다. 결국 목표를 달성하고자 이뤄진 무모한 결정 때문에 GM은 몇 년 뒤에 부도가 났고, 살아남기 위해 연방정부의 구제금융에 의존하게 되었다.[59]

그런데 이것은 GM만의 문제가 아니다. 다른 기업들도 비슷한 함정에 빠졌다. 엔론Enron을 기억하는가? (엔론은 "미국에서 가장 혁신적인 기업"으로 극찬받았지만 회계부정이 드러나 파산했다_역자 주) 이런 유의 이야기에 정신을 팔다 보면 목표 달성이 오히려 역효과를 내며 심지어 파멸을 초래한다는 결론에 이를 수도 있다.[60] 하지만 나는 그렇게 보지 않는다.

워낙 오랫동안 목표 설정을 실천하고 가르치다 보니 나는 그런 시각에 휘둘리지 않는다. 게다가 그런 말을 믿기엔 성공 사례도 워낙 많이 접했다. 우리는 위험을 쉽게 극복할 수 있을 뿐만 아니라 처음부터 피해 갈 수 있게 목표를 설계할 수도 있다. 아울러 막연한 상태의 결심과 포부와 꿈을 강력하고 설득력 있는 서면 목표로 전환할 수 있다. 네모 칸 일곱 개를 체크하는 서면 목표를 소개하기 전에, 목표를 왜 굳이 글로 적어야 하는지 설명하고자 한다. 서면 목표는 인생 최고의 해를 구축하는 데 토대가 되기 때문에 부연해서 설명할 가치가 있다.

"

목표를 기록하면
저항을 극복하는 데 도움이 된다.

"

서면 목표의 중요성

⋯⋯⋯⋯⋯⋯⋯⋯⋯⋯⋯⋯⋯⋯⋯⋯⋯⋯⋯⋯⋯

목표를 적으면 성취하는 데 도움을 준다면서 흔히 인용하는 아이비리그 연구가 있다. 문제는 이게 가짜라는 데 있다. 사람들은 그 사실을 알고 나서 목표 기록의 장점도 가짜라고 생각한다.[61] 하지만 그렇지 않다.

캘리포니아 도미니칸 대학교Dominican University of California의 게일 매튜스Gail Matthews 교수가 얼마 전에 직접 연구를 실시해 목표 기록의 효과를 확인했다. 매튜스 교수는 기업가, 임원, 예술가, 의료 전문가, 교육자, 변호사 등 여러 나라 출신의 전문가들 267명을 모집한 뒤, 다섯 개 그룹으로 나눠 몇 주에 걸쳐 추적 조사했다. 그 결과, 목표를 기록하는 단순한 행동으로 성취가 42%나 올라갔다는 사실을 알아냈다.[62] 이러한 결과는 나와 내가 가르치는 사람들의 경험과도 딱 들어맞는다.

물론 목표를 기록한다고 다 되진 않는다. 하지만 적어도 다섯 가지 이유로 성공을 위한 토대를 쌓을 수는 있다.

첫째, **당신이 원하는 것을 명확히 알게 한다.** 특별한 목적지를 정하지 않고 여행을 떠난다고 상상해 보라. 가방은 어떻게 쌀 것인가? 어느 도로로 갈 것인가? 도착했는지 어떻게 알아차릴 것인가? 도무지 종잡을 수가 없다. 그래서 우리는 먼저 목적지를 고른다. 명료성은 글쓰기를 위한 전제 조건이다. (집필 장애를 겪는 작가에게 물어보라. 그들은 뭘 쓰려는지 명확하지 않기 때문에 못 쓰는 것이다.)

탁월한 인생을 만드는 법

둘째, **저항을 극복하도록 돕는다.** 목표를 명확히 밝히고 기록하는 행위는 막연히 꿈만 꾸는 것과 다르다. 그 과정에서 우리의 지력을 십분 활용하게 된다. 생각을 정리하고 자가 점검하고 분석한다. 우리가 중요하게 생각하는 의도나 목표나 꿈은 늘 저항에 부딪친다. 목표를 세우는 순간부터 그것을 느끼게 된다. 하지만 명확히 밝히고 기록하면 우리는 목표와 동질감을 느껴 결심을 굳건히 다질 수 있다. 이와 관련해서는 4단계에서 더 자세히 다룰 것이다.

셋째, **행동에 옮기도록 자극한다.** 목표 기록은 시작에 불과하다. 의도를 분명히 표현하는 게 중요하지만 그것만으론 부족하다. 주먹을 불끈 쥐고 실행에 옮겨야 한다. 아울러 목표를 기록하고 수시로 점검하면, 다음에 취할 중요한 행동을 포착하고 실행하는 데도 매우 유용하다.

넷째, **다른 기회를 걸러낸다.** 성공하면 할수록 기회도 많아진다. 그런데 이 새로운 기회들이 당신의 주의력을 흩트리는 방해물로 작용할 수 있다. 그래서 목표를 일목요연하게 기록해 둬야 한다. 이러한 서면 목표 목록은 새로운 기회를 평가하고 걸러 낸다. 우선순위를 미리 정해 놓았으니, 이른바 "반짝이는 물체 증후군shiny object syndrome"에 휘둘리지 않는 것이다.

다섯째, **진행 상황을 확인해서 기념하게 한다.** 진행 상황을 모르면 애가 탄다. 죽어라 노력하지만 성과를 확인할 수 없기 때문이다. 하지만 서면 목표는 고속도로에 세워진 마일 표지판처럼 얼마나 멀리 왔는지, 앞으로 얼마나 더 가야 하는지 알려 준다. 아울러 당신이 원하던 지점에 도착했을 때 기념할 기회도 제공한다. 세 번째, 네 번째, 다섯 번째 이유와 관련해서는 5단계에서 자세히 살펴볼 것이다.

그런데 서면 목표를 최대한 활용하려면, 앞에서 언급했듯이 정해진 네모 칸을 체크하면서 세심하게 표현해야 한다. 드디어 내가 고안한 일곱 가지 속성을 소개할 때가 왔다. 아마 스마트 목표SMART Goals에 대해서는 다들 들어 봤을 것이다. 다섯 가지 속성을 지닌 SMART는 Specific(명확한), Measurable(측정 가능한), Action-oriented(활동 지향적), Realistic(실현 가능한), Time-bound(시간 제약이 따르는)의 머리글자를 모은 것이다. 나도 대니얼 하카비Daniel Harkavy와 공동 저술한 〈인생 계획〉Living Forward(소하영 옮김, 에스파스, 2016년 12월)에서 이것을 활용했다. 제너럴일렉트릭General Electric은 1980년대 초에 일찌감치 이 접근법을 도입했다. 그 뒤로, 여러 사람들이 수년에 걸쳐서 이것을 수정하고 확장

SMARTER 목표

☑ Specific : 명확성

☑ Measurable : 측정 가능성

☑ Actionable : 활동성

☑ Risky : 위험성

☑ Time-keyed : 시간 기준

☑ Exciting : 흥미진진함

☑ Relevant : 적절성

해당 네모 칸에 부합하도록 목표를 설정해야 더 쉽게 달성할 수 있다. 명확성, 측정 가능성, 활동성, 위험성, 시간 기준, 흥미진진함, 적절성을 체크해 가며 목표를 기록하라.

탁월한 인생을 만드는 법

해 왔다. 나 역시 그 대열에 동참했다. 역대 최고의 목표-성취 연구에서 얻은 통찰을 기반으로, 나는 기존 시스템을 수정해 최고의 결과를 유도하도록 다시 설계하였다. 자, 지금부터 내가 고안한 스마터 시스템SMARTER System의 일곱 가지 속성을 살펴보도록 하자.

속성 1 명확성Specific

SMARTER 목표의 첫 번째 속성은 명확성이다. 집중력이 곧 힘이다. 같은 양의 물을 파이프 두 개로 공급할 때, 한 파이프의 지름을 줄이면 더 큰 힘을 낼 수 있다. 목표를 좁힐 때도 비슷한 효과를 낼 수 있다. 여러 연구에 따르면, 목표가 어렵고 명확할수록 우리는 집중력과 창의성, 지력과 끈기를 더 발휘한다. 막연한 목표는 우리를 자극하지 못한다. 우리가 투자하려는 노력과 창의성을 어디에 쏟아야 하는지 알려 주지도 못한다. 반면에 명확한 목표는 우리의 문제 해결력과 노력 등을 쏟아야 할 방향을 확실히 보여 준다. [63]

SMARTER 목표를 표현하려면, 일단 뭘 달성하고 싶은지 정확히 파악해야 한다. 가령 "책을 써라"라고 말하면 너무 막연하다. 구체적으로 어떤 책을 쓰고 싶은가? 내 경우엔 "〈프리 투 포커스〉Free to Focus의 집필을 마무리하라"라고 말하는 게 더 낫다. 이는 온라인 생산성 향상 코스의 제목이자, 내가 현재 작업하는 책의 가제假題이다. 다른 예로 "사진술을 배워라"를 들어 보자. 이 목표가 명확하게 들리는가?

천만에. 구체적으로 어떤 측면의 사진술을 배우고 싶은가? 동영상 강의 사이트로 유명한 "린다 닷컴^{Lynda.com}의 사진술 101 코스를 수료하라"처럼 표현하는 게 낫다. 이게 더 명확하다.

속성 2 측정 가능성^{Measurable}

SMARTER 목표의 두 번째 속성은 측정 가능성이다. 이는 성패를 판단할 기준이 목표에 내장되어 있다는 뜻이다. 이러한 내적 기준은 두 가지 이유로 중요하다. 첫 번째 이유는 누가 봐도 쉽게 판단할 수 있다는 점이다. 일반적으로 목표에 도달했는지 어떻게 알아차리는가? 가령 올해엔 작년보다 돈을 더 벌고 싶다고 말한다면, 별로 도움이 되지 않는다. 구체적으로 얼마나 더 많이 벌고 싶은가? 물가 상승에 맞춰 더 번다는 것과 수수료 수입을 30%까지 올린다는 것 간에는 큰 차이가 있다. 몸매 관리도 마찬가지이다. 더 자주 운동하고 싶다고 말한다면 너무 막연하다. 이런 목표는 객관적으로 판단하기 어렵다. 반면에 주 4회 운동하러 가겠다고 말한다면, 측정 가능하기 때문에 성공을 판단할 기준이 생긴다.

두 번째 이유는 목표에 대한 성공 정도를 스스로 가늠해 볼 수 있어야 한다는 점이다. 달성 수준을 객관적으로 나타낼 수 있는 목표는 도중에 표식과 이정표를 세울 수 있다. 당신의 진행 상황을 도표로 나타낼 수 있다는 뜻이다. 실은 진행 상황을 지켜보는 것도 굉장히 즐거

운 경험이다. 심리학자인 티모시 파이킬Timothy A. Pychyl 교수는 이렇게 말한다. [64]

"우리는 가장 어려운 목표에서 진전을 보일 때 긍정적 반응을 가장 강하게 경험한다."

경제학자인 리처드 레이어드Richard Layard 교수는 또 이렇게 말한다. [65]

"행복한 사람을 아무나 붙잡고 확인해 보라. 분명히 어떤 프로젝트를 진행하고 있을 것이다."

속성 3 활동성Actionable

SMARTER 목표의 세 번째 속성은 활동성이다. 목표는 기본적으로 당신이 하려는 것과 관련된다. 따라서 목표를 말할 때 주로 어떤 활동을 할 것인지 분명히 드러내야 한다. 어떻게?

단순하게 들릴지 모르지만, 당신이 취하고 싶은 활동을 촉진하기 위해 강력한 동사를 활용하는 게 좋다.

"이다, 있다am, be, have" 같은 상태 동사로 막연하게 표현하는 것보다 "뛰다, 끝내다, 제거하다run, finish, eliminate" 같은 행위 동사로 단호하게 표현해야 한다.

몇 가지 예를 살펴보자.

"블로그 관리에 좀 더 일관성을 유지하라Be more consistent in blogging ."

이런 목표가 활동성을 부추기는가? 천만에. 단순히 어떠한 상태를

"

목표는 기본적으로
당신이 하려는 것과 관련된다.

"

나타낼 뿐이다.

그에 비해, "일주일에 두 편씩 블로그 기사를 써라Write two blog posts a week" 같은 목표는 활동을 부추긴다. 이 목표는 일단 행위 동사write로 시작하고, 취해야 할 행동을 명확하게 지시한다. 다른 예를 하나 더 살펴보자.

"건강에 좀 더 유의하라Be more health conscious."

이 목표가 활동성을 조장하는가? 딱히 그렇다고 말하기 어렵다. 차라리 "주 5회 30분씩 걸어라Walk for thirty minutes five times a week"라고 말하는 게 더 낫다.

속성 4 위험성Risky

SMARTER 목표의 네 번째 속성은 위험성이다. 내 말을 끝까지 들어 보라. 우리는 흔히 실현 가능한Realistic 목표를 세우라고 말한다. SMART의 R이 나타내는 것도 바로 그것이다. 그런데 실현 가능한지를 따지기 시작하면, 기준을 너무 낮게 잡기 쉽다.

앞에서 언급한 제임스는 『인생 최고의 해를 위한 5일 훈련』과정에 처음 참여했을 때 억대 연봉을 받고 있었다. 하지만 자신의 업무에서 성취감을 느끼지 못했다. 왠지 조직 안에서 자신의 기여도를 인정받지 못하는 것 같았고, 그 일이 천직이라는 생각도 더 이상 들지 않았다. 뭔가 변화가 필요했다. 그에 대한 반응으로, 제임스는 안전한 목표를 세울 수 있었다. 가령 고용주에게 가서 자신의 고민을 털어놓는 것이다. 하지만 그렇게 하지 않았다.

"더 이상은 안 된다고 판단했습니다."

제임스가 당시를 회상하며 말했다.

"그래서 다짜고짜 고용주에게 가서 말했죠. '정규직 명단에서 날 빼 주세요'라고."

그 뒤로, 제임스는 자기 사업을 시작하겠다는 목표를 세웠다. 결혼해서 다섯 살 미만인 아이가 둘이나 있었지만 주저하지 않았다. 잘해낼 자신이 있었고 실제로도 잘해냈다. 직장을 그만둘 때 생긴 빚 3만 달러도 금세 갚았다.

위험을 감수했더니 오히려 좋은 결과가 나온 것이다. 제임스가 안전한 길을 택했더라면 그보다 훨씬 낮은 성과를 거뒀을 것이다. 왜? 목표 이론가들인 에드윈 로크Edwin A. Locke와 게리 레이섬Gary P. Latham은 이렇게 말한다.

"목표 난이도와 수행 간에는 선형 관계linear relationship가 존재한다."

그들은 400개에 달하는 연구 결과를 조사한 뒤 다음과 같은 결론에 이르렀다.

"가장 높은 목표를 지닌 참가자들의 성과가 가장 낮은 목표를 지닌 참가자들의 성과보다 250% 이상 높았다."[66]

우리는 난관에 부딪히면 불끈 일어서지만 쉬운 상황에선 긴장을 푼다. 그런데도 안전한 목표에 대한 유혹은 우리를 늘 따라다닌다. 심리학자인 대니얼 카너먼Daniel Kahneman은 위험 회피에 관한 선구적 연

　　　　　　　　　탁월한 인생을 만드는 법

구를 실시했다.

"우리는 이득을 얻는 것보다 손실을 회피하려는 성향이 더 강하다. 목표에 도달하지 못하는 것, 즉 실패에 대한 반감이 목표를 성취하려는 욕구보다 훨씬 더 강하기 때문이다."[67]

이런 성향이 유난히 강한 사람이 있다. 좋게 말하면, 안전을 추구하기 때문에 곤경에 빠질 일은 별로 없다. 하지만 목표 설정과 관련해선 생각지도 못한 손해를 입는다. 그들은 실패를 손실로 받아들이기 때문에 "실현 가능하다"는 이유로 쉽게 도달할 만한 목표만 세운다. 아울러 자잘한 목표를 이룬 뒤엔 금세 게으름을 부리기 쉽다.

물론 누구나 직장을 그만둬야 한다거나 (멕시코를 정복한 코르테스처럼) 배를 불사르라는 말이 아니다. 하지만 실현 가능성에만 초점을 맞추면, 무심코 손실을 회피하려는 충동이 일어서 우리가 실제로 이룰 수 있는 성과보다 못한 결과를 얻게 될 것이다. 그렇다고 터무니없이 큰 목표를 세워야 한다는 말은 아니다. 우리의 능력을 한껏 펼칠 만한 도전적 목표를 세워야 한다는 말이다. 이와 관련해서는 9장에서 다 자세히 다룰 것이다.

속성 5 시간 기준[Time-keyed]

SMARTER 목표의 다섯 번째 속성은 시간 기준이다. 시간 기준은 최종 시한[deadline](이하 데드라인)일 수도 있고, 빈도나 시간 지침[time]

trigger(이하 시간 트리거)일 수도 있다. 내가 가령 "더 많이 읽어라"라는 목표를 세운다면, 절박감이 전혀 없다. 향후 10년에 걸쳐 천천히 하거나 심지어 20년 뒤에 해도 뭐라 할 수 없다. 새해 결심으로 세운 목표라면 시간 기준이 올 한 해를 뜻한다. 그래도 여전히 너무 막연하다. 내내 미루다가 어느 순간 잊어버릴 것이다. 하지만 내가 매달 두 권씩 읽고 싶다고 말하면, 도전의식과 집중력을 불러일으킬 수 있다. 데드라인은 그만큼 관심을 집중시키고 행동을 촉구한다. 시간이 째깍째깍 흘러가기 때문에 나는 얼른 행동을 취하게 된다.

다른 예를 하나 더 살펴보자.

"새로운 디자인 고객을 다섯 명 더 확보하라."

언제까지?

"12월 31일까지 새로운 디자인 고객을 다섯 명 더 확보하라."

흠, 이게 낫다. 하지만 여기에도 주의할 점이 있다. 데드라인을 죄다 12월 31일로 정하면 곤란하다.

데드라인이 한참 남아 있으면 의욕이 떨어진다.

'시간이 아직 많이 남아 있잖아. 앞으로 열 달, 아니 열두 달은 놀아도 되겠어.'

이런 생각에 헛되이 시간을 보낸다. 반면에 기한이 촉박하면 노력을 집중하게 된다. 따라서 데드라인에 임박할수록 생산성이 높아질 수 있다. 로크와 레이섬이 실시한 연구에서, 현장 실험에 참가한 근로자들은 시간을 40%까지 단축해도 생산성을 100% 유지할 수 있었다.[68] 새로운 데드라인이 생산성을 엄청나게 향상시켰던 것이다. 개인의 삶에서도 단기 목표를 세울 때 이와 같은 효과를 거둘 수 있다. 아울러 남는 시간에 다른 일을 시도할 수도 있다.

다만 이때 당신의 능력 범위를 고려해야 한다. 1년에 일곱 개에서 열 개 정도의 목표를 정하되, 데드라인은 분기당 두세 개 정도로 잡는 게 좋다. 그보다 많으면, 집중력이 흐트러져 결과를 담보할 수 없다.

데드라인은 성취 목표achievement goals에서 특히 중요하다. 그렇다면 습관 목표habit goals에서는? 다음 장에서 두 종류의 목표에 대해 더 자세히 설명할 것이다. 당장은 시간 기준에 집중하도록 하자. 행동을 유발하는 시간 기준이 데드라인만 있는 것은 아니다. 빈도와 시간 트리거를 사용하면, 우리가 기르고 싶은 습관이 실제로 몸에 밸 때까지 몰아붙일 수 있다. 가령 "올해엔 운동을 더 많이 하라"는 말은 무위로 끝나기 쉽다. 반면에, "평일 아침 7시에 공원에서 30분씩 뛰어라"는 말은 당신에게 뿌듯한 성과를 안겨 줄 수 있다. 이러한 목표는 어떤 운동을 어디서 얼마나 할지 알려 줄 뿐만 아니라 언제 해야 하는지도 정확히 알려 준다.

습관 목표를 위한 시간 기준은 행동을 유발하는 외부 신호를 생성한다. 실제로 효과가 있다는 것도 입증되었다. 영국에서 실시한 한 연구에서, 연구진은 참가자들에게 심장병의 위험을 알린 뒤 예방을 위해 운동을 권장했다. 참가자들은 각자 알아서 운동하기로 마음먹었지만, 대체로 그 결심을 끝까지 유지하지 못했다. 성공률이 40%에도 미치지 못했다. 뭐, 그럴 수 있다. 다들 사는 게 바쁠 테니까. 그런데 참가자들 중 일부는 목표를 세울 때 시간 기준을 정하라고 요구받

았다. 그들의 성공률은 90% 이상이었다.[69] 시간 기준은 그들이 보고
싶어 한 행동을 계속하도록 몰아붙였다. 5단계에서 이러한 활성화 유
인책을 어떻게 활용할지 소개할 것이다.

속성 6 홍미진진함 Exciting

SMARTER 목표의 여섯 번째 속성은 홍미진진함이다. 홍미진진한
목표는 우리에게 힘을 내도록 격려하고 용기를 북돋운다. 연구진에
따르면, 내적 동기가 있을 때 목표를 달성할 가능성이 더 크다고 한
다. 외적 동기도 한동안 효과가 있지만, 목표에 내재된 본질을 포착하
지 못한다면 우리는 곧 홍미를 잃을 것이다.

제임스가 이전 직장에서 경험했던 난관이 바로 그 점이었다. 그가
추구할 목표를 매번 다른 사람들이 정해 줬다.

"나한테는 그 점이 무척 거슬렸습니다. 내 목표를 설계해 주는 사
람들한테 줄곧 휘둘렸거든요. 시간을 들여서 내가 직접 설계해 본 적
이 없었습니다."

결국 자기 운명은 자기 손으로 결정하겠다고 마음먹었을 때, 제임
스는 획기적 전환점을 맞이했다.

"가장 큰 차이는 목표가 더 이상 나를 압박하지 않았다는 점입니
다. 오히려 나를 자극했습니다. 자극을 받으니까 뭐라도 하고픈 욕심
이 마구 샘솟더군요."

탁월한 인생을 만드는 법

그러한 변화를 초래한 원인은 한 가지였다. 바로 자신을 흥분시키는 목표를 자신이 직접 세웠다는 것이다.

　　『인생 최고의 해를 위한 5일 훈련』과정에 참여했던 다른 수강생은 소규모 사업체를 운영하면서 자신이 세운 목표와 씨름해야 했다. 중요한 목표였나? 물론이다. 흥미진진한 목표였나? 그녀에겐 아니다. 그 결과, 그녀는 추진력을 유지하려고 무척 고심해야 했다. 우리모두 그렇다.

　　시카고 대학 부스Booth 경영대학원의 아일릿 피시바흐Ayelet Fishbach와케이틀린 울리Kaitlin Woolley는 새해 결심을 조사했다. 그들은 먼저 참가자들에게 자기들이 세운 계획을 얼마나 즐겁게 생각하는지 평가하라고 요구했다. 그리고 두세 달 후에 그들을 추적했더니, 즐거움이 성공의 주요 예측 변수로 드러났다. 하지만 사람들은 흔히 전혀 다른 변수를 근거로 목표를 세웠다.

　　엘리스 월턴Alice G. Walton은 〈시카고 부스 리뷰〉Chicago Booth Review에다음과 같은 논문을 발표했다.

　　"즐거움은 사람들이 목표를 선택할 때 주로 고려하는 변수가 아니다. 사람들은 중요하다고 생각하는 목표를 선택한다. 그래서 피시바흐는 중요하다고 생각하는 목표를 설정하되 즐거움을 완전히 배제하지는 말라고 조언한다. '즐겁게 수행하기 어려운 새해 결심은 선택하지 마라. 실패로 가는 지름길이다.'" 월턴은 "그 대신 내적 동기를 십분 활용하라"고 강조한다.[70]

　　당신을 흥분시키는 일에 도전하라. 목표가 전혀 흥미롭지 않다면,

힘들거나 싫증났을 때 끝까지 밀고 나갈 의욕이 생기지 않는다. 지금은 당신 자신에게 솔직해져야 한다.

"이 목표가 나를 자극하는가?"

"이 목표가 내 심장을 뛰게 하는가? 이 일을 기어이 성사시키겠다는 열의가 나한테 있는가?"

그 일이 재미있느냐고 물어볼 수도 있다. 나는 해마다 일부 목표에 이 질문을 던진다. 이러한 질문은 모두 내가 다음 단계, 즉 "이유를 찾아라"에서 다루는 내용과 연결된다. 목표에는 위험성이 따른다는 사실을 잊지 마라. 목표를 추구하다 어느 시점에선 그만두고 싶은 유혹을 받을 것이다. 흥미진진한 목표만이 끝까지 밀고 나가는 데 필요한 내적 동기를 활용할 수 있다.

속성 7 적절성Relevant

SMARTER 목표의 일곱 번째 속성은 적절성이다. 효과적인 목표는 당신의 인생과 적절히 어우러져야 한다. 여러 목표를 가지런하게 정렬하는 것이다. 이 속성이 목록의 맨 마지막에 오는 이유는 실행에 옮기기 전에 마지막으로 점검하는 단계이기 때문이다. 솔직히 말해서, GM이 실책한 부분이 바로 이 지점이다. 주의를 기울이지 않으면 우리도 이 지점에서 삐끗할 수 있다.

성공하려면, 우리 삶의 합당한 요구와 니즈에 부합하는 목표를 세워야 한다. 어린 아이들을 키우는 맞벌이 부부라면, 자식들을 출가시킨 사람이나 자식이 없는 사람과 목표가 같을 수 없다. 당신의 처지를 고려한다면 이제 와서 의대에 들어갈 엄두를 내지는 못할 것이다. 주말 시간을 홀랑 잡아먹는 취미를 즐기려 한다면, 남은 가족에게 달갑잖은 부담을 안길 것이다. 따라서 당신의 현재 상황과 관심사를 모두 고려해서 적절한 목표를 세워야 한다.

아울러 우리의 가치에 부합하는 목표를 세워야 한다. 너무 당연한 말이다. 하지만 우리는 간혹 의사에 반하는 목표를 세우라는 외부 압력을 받기도 한다. 압력의 출처는 사회나 직장 등 다양하다. 그러나 그러한 요구에 맞추려는 유혹을 느끼더라도, 특히 그 요구가 당신의 가치에 어긋날 때는 과감히 뿌리쳐야 한다.

마지막으로, 다른 목표하고도 잘 부합하는 목표를 세워야 한다. 전체적으로 조화가 잘 맞아야 한다. 상충되는 목표는 마찰을 일으키고 좌절감을 안길 뿐이다. 아무리 노력해도 진전은커녕 속앓이만 하게 될 것이다. 너무 많은 목표를 세웠을 때도 대체로 그렇다.

언론인 마이크 게일Mike Gayle은 〈할 일 목록〉The To-Do List(국내 미출간)이라는 회고록을 쓰면서 그간의 삶을 찬찬히 돌아봤다. 서른여섯 살 생일, 게일은 자신이 이룬 게 하나도 없다는 생각에 몹시 괴로웠다. 그래서 목표를 세웠다. 그 수가 자그마치 1,277개였다. 게일은 그중에 1,269개를 달성해 냈다. 게일의 성과를 대단하다고 감탄하기 전에 그 과정에서 게일의 아내가 겪었을 고초를 생각해 보라.[71] 책에서야 재미있게 풀어놨지만 직접 겪었다면 무척 힘들었을 것이다. 너무 많

새로운 목표는 당신의 인생 절기, 가치,
다른 목표들에 부합해야 한다.

인생 절기   가치   다른 목표들

새로운 목표가 우리의 인생 절기와 개인적 가치, 다른 목표들에 적절히 어우러질 때, 성공할 가능성이 크다.

은 목표로 주변 사람을 힘들게 하지 말고, 당신의 인생과 가치와 야망에 부합되는 목표를 일곱 개에서 열 개 정도로 제한하도록 하라.

당신 자신의 목표

요약하면, SMARTER 목표는 명확성, 측정 가능성, 활동성, 위험성, 시간 기준, 흥미진진함, 적절성을 갖추고 있다. 자, 이젠 당신 자신의 목표를 설계할 준비가 됐다. 어떻게 시작할 것인가? 권하건대, 당신의 "인생점수 검사LifeScore Assessment" 결과지를 살펴보는 것으로 시작하라. 아직 검사를 받지 않았다면 잠시 시간을 내서 받아 보도록 하라. BestYearEver.me/lifescore에 들어가서 10분 정도만 할애하면 된다. 당신의 인생점수는 당신의 성장 경로에 부합하는 목표를 세우는데 유용할 것이다.

목표는 일곱 개에서 열 개 정도가 적당하다. 그보다 많으면 신경이 분산되어 집중하기 어렵다. 그보다 적으면 능력을 충분히 발휘하지 못한다. 아울러 한 해 동안 고르게 노력을 기울일 수 있도록 분기당 몇 개씩 적절히 배분하도록 하라.

앞에서 언급했듯이, 당신은 인생의 여러 영역에서 목표를 세우고 싶을 것이다. 그런데 흔히 직업과 관련된 목표는 능숙하게 세우지만 다른 영역에선 잘 세우지 못한다. 그 결과, 다른 영역은 파국에 이를 정도로 방치되곤 한다. 당신이 모든 영역에서 목표를 세울 수 있도록 열 가지 인생 영역 각각에 해당하는 사례를 세 개씩 들어 보겠다:

신앙

- 1월 1일부터 주 6회 아침마다 15분씩 성경을 읽고 기도를 드린다.
- 2월 1일부터 주 4회 30분씩 명상한다.
- 매일 하루를 마감하면서 적어도 5분간 일기를 적는다.

지식

- 1월부터 매달 두 권씩 책을 읽는다.
- 참석할 학회를 두 곳 선정해 2월 15일까지 등록한다.
- 외국어 학습 프로그램을 구입해 11월 1일까지 스페인어를 배운다.

정서

- 올봄부터 텃밭 가꾸기를 재개한다. 4월 15일까지 밭에 토마토, 고추, 오이, 애호박, 허브를 심는다.
- 3월 1일까지 치료사/상담사를 알아보고 매달 상담을 받는다.
- 2월 15일까지 사무실을 정리해서 새로 꾸민다.

신체

- 주중에 점심으로 패스트푸드 대신 몸에 좋은 도시락을 준비한다.
- 주4회 아침 6시 30분부터 30분 동안 달린다.
- 취침 시간을 선택한 후, 1월 1일부터 90일 동안 정해진 시간에 여덟 시간씩 잔다.

부부

- 5월부터 주1회 야간 데이트를 위해 넷플릭스에서 영화 20편을 선정해 "데이트 나이트 프로필date-night profile"을 만들어 둔다.
- 월 2회 데이트하는 날을 정해 1월 15일까지 달력에 표시한다.
- 배우자가 규칙적으로 하되 즐기지 않는 일을 세 가지 고른다. 4월 1일부터 매주 한 가지씩 대신 해 준다.

양육

- 1월부터 가족과 저녁 식사를 함께하고 아이들과 놀아 주기 위해 5시 전에 퇴근한다.

탁월한 인생을 만드는 법

- 아이들에게 좋아하는 음식 스물다섯 가지를 선정하게 한 뒤, 2월부터 매주 한 가지 이상 요리해 준다.
- 가족이 좋아하는 장소에서 일주일간 휴가를 보내기로 한다. 3월 15일까지 스케줄을 잡는다.

사회

- 새로운 사람들을 만나기 위해 2월 1일까지 스포츠클럽/훈련 그룹에 가입한다.
- 7월 1일까지 해비타트 운동Habitat for Humanity 본부에 가입해 집짓기 봉사를 시작한다.
- 새로운 사람들을 만나기 위해 8월 1일까지 그림 그리기/와인 시음 교실에 등록한다.

직업

- 3월 30일까지 신제품을 출시한다.
- 6월 15일까지 이메일 구독자를 5,000명 추가한다.
- 10월 1일까지 직장을 그만두고 새로운 사업을 시작한다.

취미

- 3월부터 도시 재생을 위한 봉사 활동을 시작한다.
- 매달 새로운 레스토랑을 두 군데 방문한다. 1월 30일까지 레스토랑 명단을 작성한다.

- 최고의 액션 영화/코미디 영화 열두 편을 선정해 1월부터 매달 한 편씩 본다.

재정
- 자동차 할부금 8,000달러를 8월 25일까지 청산한다.
- 1월부터 외식을 주 1회로 줄인다.
- 신용카드 대금 5,000달러를 3월 1일까지 상환한다.

위에 제시한 사례 중 일부는 성취 목표이고 일부는 습관 목표임을 알아차렸을 것이다. 다음 장에서 이 둘의 차이를 어떻게 활용할지 알려 줄 것이다.

당신 자신의 목표를 세우도록 돕기 위해, SMARTER 시스템의 일곱 가지 속성을 모두 아우르는 목표 설정 템플릿도 소개하겠다. 먼저 빈칸으로 된 템플릿을 제시하고, 이어서 구체적 사례로 성취 목표 세 가지와 습관 목표 한 가지를 제시했다. 이러한 템플릿은 SMARTER 시스템의 네모 칸 일곱 개를 모두 체크하도록 고안되었다. 책 뒤편에 첨부한 목표 템플릿 샘플을 참고하면 아이디어를 더 얻을 수 있다. 이러한 템플릿은 원래 "풀 포커스 플래너Full Focus Planner"라는 일정 계획표를 위해 고안되었다. 여기엔 인생 최고의 해를 맞을 수 있도록 목표 달성의 주요 측면이 모두 담겨 있다.

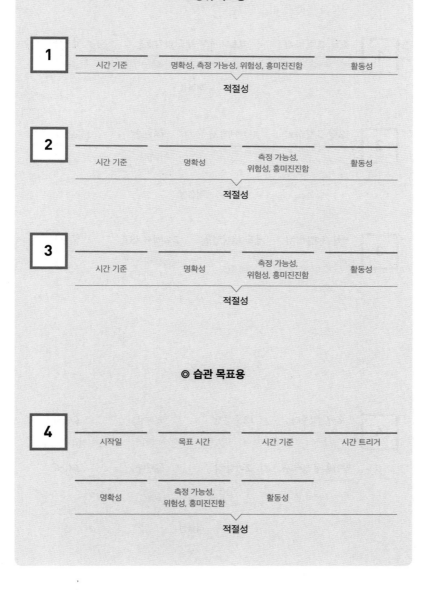

SMARTER 목표 설정 템플릿
◎ 성취 목표용

1 _____

　　시간 기준　　　　명확성, 측정 가능성, 위험성, 흥미진진함　　　　활동성

　　　　　　　　　　　　　　적절성

2 _____

　　시간 기준　　　　명확성　　　　측정 가능성,　　　　활동성
　　　　　　　　　　　　　　위험성, 흥미진진함

　　　　　　　　　　　　　　적절성

3 _____

　　시간 기준　　　　명확성　　　　측정 가능성,　　　　활동성
　　　　　　　　　　　　　　위험성, 흥미진진함

　　　　　　　　　　　　　　적절성

◎ 습관 목표용

4 _____

　　시작일　　　　목표 시간　　　　시간 기준　　　　시간 트리거

　　명확성　　　측정 가능성,　　　활동성
　　　　　　　　위험성, 흥미진진함

　　　　　　　　적절성

SMARTER 목표 설정 템플릿
◎ 성취 목표용

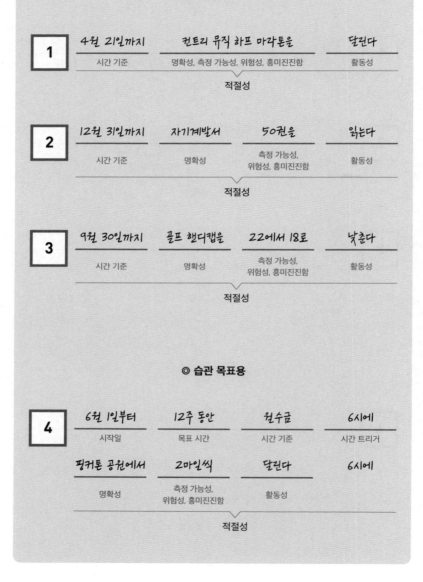

1

4월 21일까지	컨트리 뮤직 하프 마라톤을	달린다
시간 기준	명확성, 측정 가능성, 위험성, 흥미진진함	활동성

적절성

2

12월 31일까지	자기계발서	50권을	읽는다
시간 기준	명확성	측정 가능성, 위험성, 흥미진진함	활동성

적절성

3

9월 30일까지	골프 핸디캡을	22에서 18로	낮춘다
시간 기준	명확성	측정 가능성, 위험성, 흥미진진함	활동성

적절성

◎ 습관 목표용

4

6월 1일부터	12주 동안	월수금	6시에
시작일	목표 시간	시간 기준	시간 트리거

핑커톤 공원에서	2마일씩	달린다	6시에
명확성	측정 가능성, 위험성, 흥미진진함	활동성	

적절성

　　　　　　　　　　　　　　탁월한 인생을 만드는 법

성취와 습관은 함께 간다

사람들이 대부분 목표에 도달하지 못하는 이유는
목표를 명확하게 정하지 않기 때문이다.

데니스 웨이틀리Denis Watley

수잔은 살면서 지금보다 좋았던 적이 없을 만큼 건강하다. 30대에
달리기를 시작해서 몇 년 만에 마라톤을 완주했다. 40세가 됐을 때
뭔가 도전적인 목표를 찾다가 50세 생일까지 50개 주에서 마라톤을
50회 완주하기로 결심했다. "50/50×50 도전"이라 이름 붙인 뒤, 지금
까지 꾸준히 해 오고 있다. 43세인 수잔은 이미 20개 주에서 도전에
성공했다.

리처드는 5년 전 공군에서 퇴역한 뒤로 지방의 한 전문대학에서
역사를 가르치고 있다. 그런데 학생들 사이에서 리더십에 필요한 비
판적 사고와 사회성 기술이 떨어진다는 점에 주목했다. 리처드가 자
문 위원회에 그 문제를 제기하자 자문 위원회는 필요성을 인식하고
리처드에게 가을 학기에 맞춰 리더십 과정을 새로 개설해 달라고 부

탁했다. 리처드는 안식년 휴가를 받아 여름까지 교육 과정을 개발해 예정대로 새로운 코스를 가르치고 있다.

톰이 인테리어 사업을 위해 컬러 페어링 시스템color-pairing system(조색 調色 시스템, 원색의 도료를 혼합해 원하는 색상으로 조합하는 작업_역자 주)을 독자 개발했을 때, 그의 파트너인 이사벨에게 괜찮은 아이디어가 떠올랐다. 컬러를 맞춰서 팔레트를 구성하는 옵션을 제안하기 위해 휴대폰이나 태블릿 카메라용 모바일 앱을 개발하는 것이었다. 앱 개발자의 도움을 받아 진행하는 과정에서 자잘한 문제가 발생했지만 몇 달 만에 모두 해결했다. 그들은 베타 유저들의 리뷰를 받은 후 3월 1일을 출시일로 정했다. 그마저도 두 주나 앞당길 정도로 일이 순조롭게 진행되고 있다.

50/50×50 도전, 리더십 커리큘럼, 앱 출시 등의 가상 사례는 모두 일회성 성취를 나타낸다. 딱 보면 주요한 특징을 알 수 있을 것이다. 목표 달성을 위해 명확한 범위와 기간이 있다. 이러한 사례는 성취 목표라고 불린다. 그런데 고려해야 할 목표가 한 종류 더 있다.

빌과 낸시 부부는 그야말로 천생연분이다. 운 좋게 제 짝을 만났기 때문만은 아니다. 두 사람은 부부의 정을 돈독히 쌓기 위해 의도적으로 노력한다. 20년 넘는 세월 동안 매주 한 차례씩 어떻게든 짬을 내서 야간 데이트를 즐긴다. 이러한 습관 덕분에 두 사람은 중요한 일이 있을 때마다 속내를 털어놓고 의논할 수 있다.

스펜서는 몸이 건강하고 탄탄하다. 매년 건강검진을 받으러 갈 때마다 담당 의사가 감탄을 거듭한다. 그도 그럴 것이 스펜서의 건강은

탁월한 인생을 만드는 법

"

성취 목표와 습관 목표 둘 다
우리가 원하는 미래를
설계하는 데 도움이 된다.

"

지난 5년 동안 지속적으로 좋아졌다. 올해로 만 60세인 스펜서가 이렇게 건강한 것은 결코 우연이 아니다. 일주일에 네 차례씩 근력운동을 하는 습관을 기른 덕분이다.

라리사는 3년 만에 연간 백만 달러 이상을 버는 사업체를 일궈 냈다. 어쩌면 라리사가 우연히 멋진 아이디어를 냈는데 때를 잘 만나 성공했을 거라며 평가절하하고 싶을지도 모르겠다. 물론 그런 점도 없잖아 있다. 하지만 라리사에게 성공 비결을 묻는다면, 매주 다섯 군데씩 방문 상담하는 습관을 한 주도 거르지 않은 덕분이라고 말할 것이다.

앞서 제시한 세 사례와 달리 뒤의 세 사례는 지정된 범위나 기간 제한이 없다. 오히려 지속적으로 이뤄지는 활동을 나타낸다. 이러한 사례는 습관 목표라고 불린다. 두 목표를 적절히 배치하고 차이점을 잘 활용한다면, 성취 목표와 습관 목표 둘 다 우리가 원하는 미래를 설계하는 데 도움이 된다.

차이점에 따른 구분

위 사례에서 알 수 있듯이, 성취 목표는 일회성 성과에 초점을 맞춘다. 가령 신용카드 대금을 청산하거나 금융거래지표를 마련하거나 소설 집필을 끝내는 것을 예로 들 수 있다. 이러한 성취 목표에는 반드시 데드라인이 있어야 한다.

반면에, 습관 목표는 주기적으로 계속 이뤄지는 활동과 관련된다.

탁월한 인생을 만드는 법

가령 매일 명상을 수행하거나 친구와 매달 커피 데이트를 하거나 점심 식사 후에 매일 걷는 것이다. 한 번 하고 마는 게 아니라서 시작하는 날짜만 있고 데드라인은 따로 없다. 일단 시작한 뒤에 꾸준히 실천하면서 습관을 들이는 것이다. 두 목표를 간단히 비교하기 위해 해당 목표의 사례를 세 가지씩 살펴보자.

성취 목표	습관 목표
· 6월 1일까지 첫 하프 마라톤을 달린다. · 3분기 말까지 매출액을 20% 늘린다. · 12월 31일까지 책을 50권 읽는다.	· 1월 15일부터 평일 7시에 3마일(약 5킬로미터)씩 달린다. · 3월 1일부터 매주 잠재 고객 네 명에게 연락한다. · 오늘부터 매일 저녁 8시에 45분간 독서한다.

위에 제시한 성취 목표는 SMARTER 속성에 따라 명확하고 측정 가능하며 시간 기준이 있다. 집중력과 노력을 기울일 수밖에 없다. 데드라인이 다가오면, 목표 성취 여부를 바로 알 수 있다.

위에 제시한 습관 목표도 SMARTER 속성을 따른다. 그 덕에 우리가 지속적으로 유지하려는 활동이 무엇이며 바람직한 빈도가 어느 정도인지 알 수 있다. 습관 목표에는 데드라인이 없지만, 가장 효과적인 습관 목표에는 네 가지 시간 기준이 담겨 있다:

1. **시작일.** 어떤 습관을 들이기로 작정한 뒤 처음 시작하는 날이다.
2. **빈도.** 그 행동을 얼마나 자주 수행할지 알려 준다. 날마다 할 수

도 있고, 특정 요일에만 할 수도 있다. 매주 혹은 매월 몇 회씩
할 수도 있다.

3. **시간 트리거**. 그 행동을 언제 하고 싶은지 알려 준다. 매일, 매주
   혹은 매달 정해진 시간이 될 수 있다. 늘 같은 시간에 수행한다
   면 습관을 들이기가 훨씬 쉽다.

4. **목표 기간**. 습관이 들기까지, 다시 말해 제2의 천성이 될 때까지
   얼마 동안 그 행동을 반복해야 하는지 알려 준다. 습관 목표는
   흔히 일단 몸에 배면 신경 쓰지 않아도 된다.

몸에 밸 때까지 꾸준히 유지하는 게 관건이다. 그런데 그 기간이
처음 생각했던 것보다 길어질 수 있다. 이와 관련해서는 4단계에서

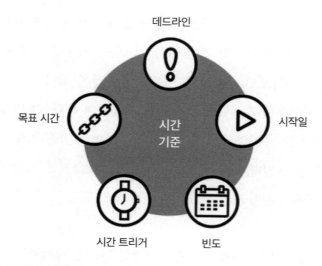

시간 기준은 목표 성취에 매우 중요하다. 성취 목표에는 데드라인이 적합하다. 습관 목표에는 시작일과 빈
도, 시간 트리거, 목표 기간을 적절히 결합하는 게 좋다.

탁월한 인생을 만드는 법

다시 살펴볼 것이다. 책 뒤편에 샘플로 제시한 습관 목표 템플릿에는 시간 기준뿐만 아니라 진행 상황을 체크할 일람표도 나와 있다.

어느 목표가 적합할까?

일곱 개에서 열 개 정도의 목표를 세운다면, 당신은 성취 목표와 습관 목표를 적절히 혼합해야 할 것이다. 두 목표를 언제, 어떻게 활용할지 아는 게 요령이다. 성취 목표는 정할 수 있는 범위나 제한된 기간이 있는 프로젝트에 적합하다. 가령 수입을 늘리고 싶다고 하자. 당신은 목표치를 결정하고 데드라인을 설정할 수 있다. 가령 이런 식이다.

"회계 연도가 끝날 때까지 판매 수수료를 20%까지 인상한다."

또 새로운 사업을 출시할 경우엔 성취 목표를 이런 식으로 세울 수 있다.

"6월 1일까지 컨설팅 사업을 출시한다."

한편, 습관 목표는 확정 가능한 범위나 제한된 기간이 없는 소망에 적합하다. 가령 하나님에게 더 가까이 다가가거나 더 영적인 존재가 되고 싶다고 하자. 이런 소망은 단발로 끝나는 게 아니라 계속되는 현실을 반영한다. 따라서 습관 목표는 이런 식으로 세울 수 있다.

"1월 1일부터 70일 동안 평일 아침 6시에 20분씩 성경을 읽고 기도를 드린다."

또 배우자와의 친밀감을 강화하고 싶을 경우엔 습관 목표를 이런 식으로 세울 수 있다.

"3월 1일부터 52주 동안 매주 금요일 저녁 6시에 배우자와 외식하면서 대화를 나눈다."

습관 목표는 성취 목표를 달성하는 수단으로 활용되기도 한다. 가령 6월 30일까지 5만 단어짜리 책을 쓰고 싶다고 하자. 당신은 다음 단계에 필요한 조치를 파악할 수도 있지만, 단순히 쓰기 습관을 들이는 데 초점을 맞출 수도 있다.

"2월 1일부터 100일 동안 계속해서 평일 오전 6시에 500단어씩 쓴다."

또는 연말 전까지 수익을 30%까지 늘리고 싶다고 하자. 다음 단계에 필요한 조치를 몇 가지 파악해도 되지만, 단순히 습관을 들이는 데 초점을 맞출 수도 있다. 라리사의 사례를 기억하는가? 성취 목표에 도달하기 위해, 당신은 다음과 같은 습관 목표를 세울 수 있다.

"1월 1일부터 52주 동안 가능성이 높은 거래처를 매주 다섯 군데씩 방문 상담한다."

사람마다 적합한 목표가 다르므로 당신의 감정적, 신체적 니즈에 맞춰 시간과 노력을 투입하면 된다. 건강과 관련된 성취 목표가 전혀 필요 없는 사람도 있지만 그게 급선무인 사람도 있다. 일단 당신에게 적합한 게 무엇인지 파악해야 한다. 적합한 경로를 쉽게 찾을 수도 있지만, 두 목표를 모두 시험해 보고 나서야 찾을 수도 있다.

당신에게 맞게 배치하기

당신은 성취 목표와 습관 목표를 적절히 배치하고 싶을 것이다. 다음 단계로 넘어가서 오랫동안 의욕을 잃지 않는 비결을 논의하기 전에, 위험성과 관련된 주제를 한 번 더 언급하고자 한다. 목표에 도달하기 위해 리스크 속성을 어떻게 활용할지 살펴보자.

리스크는 당신 편이다. 진짜로!

> 우리는 불가능해 보이는 일에 도전했다가
> 실제로 불가능한 일을 해내기도 한다.
> 설사 성공을 거두지 못하더라도
> 도전하지 않았을 때보다 훨씬 더 많이 이뤄 낸다.
> 잭 웰치|Wack Welch

마라톤의 유래에 대해서 다들 들어 봤을 것이다. 기원전 490년 마라톤 전투에서 아테네가 페르시아 침략군을 물리친 후, 한 전령이 26마일(약 42킬로미터)을 달려가 기쁜 소식을 전했다고 한다. 울트라마라토너인 딘 카르나제스Dean Karnazes가 〈스파르타로 가는 길〉The Road to Sparta(국내 미출간)에서 실제 이야기를 들려준다. 그런데 그간에 알던 이야기보다 훨씬 더 흥미진진하다. 페이디피데스Pheidippides라는 이름의 전령이 실제로는 아테네에서 스파르타까지 150마일(약 241킬로미터)을 달려갔다가 전투 시작 전에 다시 돌아왔다는 것이다. 카르나제스에 따르면, 마라톤에서 승리를 거둔 후에 같은 전령이 다시 아테네까지 달려가서 승전보를 전했을 거란다. 그렇다면 페이디피데스는 결국 325마일(약 523킬로미터)을 달렸던 것이다!

터무니없는 이야기로 비칠까 봐, 카르나제스는 존 포든John Foden이라는 이름의 영국 공군 사령관의 이야기를 들려준다. 1982년, 포든 사령관은 장교 몇 명과 함께 아테네에서 스파르타까지 서른다섯 시간 이내에 완주했다. 1년 뒤, 포든 사령관은 페이디피데스의 발자취를 따라가는 153마일(246킬로미터) 레이스를 정식으로 개최했다. 이 레이스는 스파르타틀론Spartathalon이라 불린다.

카르나제스는 2014년에 이 레이스에 참여했다. 울트라마라토너인 그는 이미 350마일(약 563킬로미터)을 쉬지 않고 달렸던 사람이다. 하지만 스파르타틀론은 그에게도 엄청난 도전이었다. 페이디피데스가 당시에 먹었을 법한 음식, 즉 올리브와 무화과, 절인 고기만 먹으면서 달리기로 결심했기 때문이다.[72] 왜 굳이 그렇게까지 하려고 했을까? 카르나제스는 〈아웃사이드〉Outside라는 잡지와 한 인터뷰에서 이렇게 말했다.

"서양 문화는 요즘 왠지 거꾸로 흘러가는 것 같습니다. 우리는 세상의 안락함을 모두 누리면 행복할 거라고 생각합니다. 안락함을 행복과 동일시하는 것이죠. 그런데 우리는 지금 지금 너무나 안락한데 오히려 비참합니다. 우리 삶엔 투쟁이 없습니다. 모험심이라곤 눈 씻고 찾아봐도 없습니다."[73]

이 말은 우리의 삶 전반에, 특히 우리의 목표에 고스란히 적용된다. 의미 있는 성취에 관해서라면, 안락함은 지루함이나 낮은 몰입도와 동일시된다.

몇 년 전 카르나제스의 이야기를 처음 들었을 때, 나는 크게 고무

되어 난생처음 하프 마라톤에 도전하기로 마음먹었다. 그 뒤로 여러 차례 마라톤을 했지만, 쉬웠던 적은 한 번도 없다. 그래도 뛰고 나면 무척 좋다. 우리가 일부러 불편한 일을 선택하든, 불편한 일이 우리에게 우연히 벌어지든, 당신과 나는 적어도 세 가지 이유로 불편함을 받아들여야 한다. 첫째, 안락함은 과대평가되어 왔다. 우리를 행복으로 이끄는 게 아니라 흔히 자기 몰두와 불만으로 이끈다.

둘째, 불편함은 성장을 위한 촉매제이다. 더 많은 것을 동경하게 하고, 우리를 어떻게든 변하고 성장하고 적응하도록 이끈다.

셋째, 불편함은 전진을 암시한다. 성장을 위해 노력하는 과정에서 불편함을 경험하겠지만, 고통 없이는 아무것도 얻을 수 없다.

의미 있으면서도 위험한 목표를 향해 질주할 때 개인적 몰입과 만족과 행복이 따라온다. 그러한 목표는 가령 신제품을 출시하거나 대학에 복학하거나 소원해진 관계를 회복하는 것일 수 있다. 크나큰 목표를 세웠는데 왠지 마음이 불안하다면, 당신은 올바른 방향으로 나아가고 있다. 그걸 어떻게 단정할 수 있느냐고? 나는 사람들의 목표가 세 가지 특정 지대 중 어디에 속하는지 알아보는 걸 좋아한다. 내 자신의 목표를 평가할 때도 이 기법을 즐겨 사용한다. 세 지대는 바로 안전 지대, 불안 지대, 망상 지대이다.

탁월한 인생을 만드는 법

66

의미 있는 성취에 관해서라면,
안락함은 지루함이나
낮은 몰입도와 동일시된다.

99

안전 지대^{Comfort Zone}

우리는 모두 더 나은 미래를 꿈꾼다. 건강을 개선하고 가족이나 친구들과의 유대를 강화하며, 재정을 안정시키고 업무를 활기차게 수행하는 등 다양한 목표를 세운다. 하지만 미래를 꿈꾸기 시작하는 순간, 우리의 염원이 너무 허술하고 너무 막연한 것 같다고 느낀다. 시작도 하기 전에 그런 목표를 어떻게 달성할지 걱정이 앞선다. 결국 방법이 내용에 어두운 그림자를 드리우는 바람에 우리는 아예 염원을 낮춰 잡는다. 더 크게 성취할 방법이 보이지 않으니, "적당하거나 실현 가능한" 목표를 세우는 식으로 눈높이를 낮춘다. 작은 것에 안주하는 것이다. 그렇게 해서 우리의 기대는 우리의 새로운 현실이 된다.

그런데 옛말에 "도전하지 않으면 아무것도 얻을 수 없다"는 말이 있다. 건축가인 다니엘 번햄^{Daniel Burnham}은 1907년에 그 말을 이런 식으로 표현했다.

"계획을 작게 세우지 마라. 자잘한 계획은 사람의 피를 끓게 할 마력이 없어서 제대로 실현되기 어렵다. 계획을 크게 세우고 원대한 포부로 힘차게 나아가라."[74]

번햄의 말은 과학적으로 입증되었다. 목표 연구자들은 목표의 난이도와 달성 가능성 간에 강력하고도 직접적인 연관성이 있음을 밝혀냈다. 어려운 목표일수록 의욕과 창의성과 만족도 역시 높았음은 말할 것도 없다.

탁월한 인생을 만드는 법

중요한 목표라면, 우리의 능력을 최대한 발휘할 수 있게 해야 한다. 이 말은 곧 목표가 안전 지대 밖에 있어야 한다는 뜻이다. 목표를 달성할 방법이 정확히 보인다면 당신은 분명히 안전 지대에서 얼마 벗어나지 않았을 것이다. 최근에 아마추어 울트라마라토너에 관한 다큐멘터리를 시청했는데, 그들은 사막 네 곳을 횡단해서 총 600마일 (약 965킬로미터) 이상 달렸다.[75] 주자들 중 한 명은 그때까지 작은 레이스에서 몇 차례 뛴 경험밖에 없던 사람이다. 그는 왜 그토록 힘든 레이스를 뛰었을까? 그의 얘기를 빌리면, 한 번도 시도해 본 적은 없지만 일단 저지르면 해낼 줄 알았다고 했다. 그렇다고 우리도 세계에서 가장 살기 힘든 지역만 골라 수백 마일을 달려야 할까? 물론 아니다. 하지만 당신이 당면 목표를 달성하는 데 필요한 재정적, 정서적, 신체적 자원을 모두 갖추고 있다면, 다시 말해 눈앞의 도전을 쉽사리 완수할 수 있다고 생각한다면, 틀림없이 대단한 도전은 아닐 것이다.

　　목표에 수반되는 위험성을 이겨 내면 엄청난 성취감을 맛볼 수 있다. 챈슬러 대학Chancellor University의 스티브 커Steve Kerr와 더글라스 르펠리Douglas LePelley는 이렇게 말한다.

　　"목표를 너무 낮게 책정하면, 사람들은 흔히 달성하긴 하지만 의욕과 에너지 수준이 낮기 때문에 목표치를 크게 상회하지 못한다. 반면에 어려운 목표는 지속적인 열정과 높은 수준의 성과를 낼 가능성이 훨씬 더 크다."[76]

　　다시 말해서, 투입한 게 많으면 얻는 것도 많다는 얘기다. 당신이 가령 소규모 제조 공장의 영업부장이라고 하자. 그간 매년 5%씩 성장해 왔는데, 금년엔 성장률 목표를 6%로 잡으려고 한다. 그 목표가 성과를 높이거나 창의성과 열정을 한껏 발휘하게 하는가? 천만에. 작은 목표는 열정을 확 끌어올리지 못한다. 이기고 싶으면, 안전하게 가려는 충동을 억눌러야 한다. 안전 지대에서 벗어나 위험한 목표를 세워야 한다. 자, 이번엔 성장률 목표를 20% 이상으로 잡았다고 상상해 보라. 그러한 결과를 가져오려면, 당신이 현재 구사하는 영업 방법보다 더 많이 알아야 한다. 당연히 그 과정에서 한층 더 성장할 수 있다.

이번엔 업무와 관련된 사례 말고 개인적 사례를 살펴보자. 당신이 5킬로미터를 뛰었는데 앞으로 10킬로미터를 뛰고 싶어 한다면, 딱히 최고의 목표라고 하긴 어렵다. 목표를 하프 마라톤으로 잡아 보면 어떨까? 위험한 목표를 수립하면 안전 지대에서 벗어나 불안 지대로 뛰어드는 것이다. 당연히 안전하게 갈 때보다 더 높은 성과를 거두게 될 것이다.

불안 지대 The Discomfort Zone

당신은 이미 불안 지대의 장점을 경험해 봤을 것이다. 새로운 기술을 익히거나 새로운 사람을 만나거나 한 번도 해 보지 못한 일에 도전해 본 적이 있을 테니까. 그런 일을 하고 있을 땐 흔히 즐기지 못한다. 하지만 나중에 회상할 땐 인생에서 진짜로 중요한 일은 안전 지대 밖에서 이뤄진다며 흐뭇해한다. 바로 그 지점에서 우리는 성장을 이

탁월한 인생을 만드는 법

뤄 내고 해결책을 찾아내며 성취감을 맛본다. 그런데 굳이 소급해 보지 않고도 위험성이 큰 목표를 의도적으로 수용함으로써 이러한 경험을 유도할 수 있다.

잭 웰치는 이를 "탄환 열차 사고방식^{bullet train thinking}"이라고 부른다. 일본의 운송 혁명에서 따온 이름이다. 예전엔 기차로 도쿄에서 오사카까지 가는데 여섯 시간 넘게 걸렸다. 그 때문에 영업 이익이 줄어들자 임원들은 시간을 단축하고 싶어 했다. 그들은 이동 시간을 여섯 시간 이하로 줄이자는 식의 "실현 가능한" 목표를 세우지 않았다. 오히려 절반으로 단축하겠다고 했다. 그 목표를 달성하기 위해, 기술자들은 기존 방식을 버리고 문제를 완전히 새로운 각도에서 바라보기 시작했다. 그 과정에서 결국 운송 혁명을 이뤄 냈다.[77]

의미심장한 목표라면, 성과가 불안 지대에서 나타나야 한다. 두려움, 불확실성, 의심 등 우리가 흔히 부정적으로 생각하는 감정이 느껴진다면 당신은 불안 지대에 있는 것이다. 이러한 부정적 감정은 우리가 불안 지대에 도착했음을 알려 주는 표시등과 같다. 앞길이 훤히 보이지 않거나 목표에 도달하기 위해 뭐가 필요한지 확신이 들지 않는다면, 우리는 노력할 가치가 있는 목표에 점점 다가가는 것이다.

물론 사람마다 보는 관점이 다를 수 있다. 나는 얼마 전부터 개인 트레이너와 함께 꾸준히 운동하고 있다. 일전에 새로운 프로젝트의 동영상을 찍던 날도 아침 일찍 운동을 했다. 한데 그날따라 트레이너가 다리 운동을 유난히 심하게 시켰다. 카메라 앞에 서 있는데 다리가 후들거릴 지경이었다. 그런데 솔직히 말하면 기분이 무척 좋았다. 그런 불편함은 곧 내가 발전하고 있음을, 더 강해지고 있음을 나타내기 때문이다. 불편하다고 움츠러드는 대신, 나는 성취로 가는 과정이라고 생각했다. 사람들은 흔히 부정적 감정을 느끼면 움츠러든다. 이젠 그러지 마라. 당신이 올바른 길로 가고 있음을 알려 주는 신호일 수 있다.

그런데 이 시점에서 판단을 잘해야 한다. 가령 비즈니스 환경에서 거창한 목표를 설정하는 것과 그 목표를 제대로 관리하는 것 간에는 크나큰 차이가 있다. 때로는 목표 목록에 있는 특정 목표를 지나치게 앞세우는 게 현명한 처사가 아닐 수 있다. 안전 지대 너머에 도전적 목표를 세우고 공식적인 숫자까지 부여하는 게 뭐가 문제겠는가. 하지만 당신의 목표가 도전 의식을 북돋우는지, 아니면 터무니없는 숫자놀음인지 어떻게 알겠는가? 불안과 망상 간에도 차이가 있다.

망상 지대 Delusional Zone

제너럴 모터스가 29% 목표를 떠벌리다 회사의 존립 자체를 훼손했을 때, 많은 사람이 이를 목표 설정의 위험성에 대한 경고로 활용했다. 그들은 목표 설정이 무익하다고 주장하거나, 심지어 문제를 해결하기보다는 오히려 더 많은 문제를 초래한다고 경고했다. 하지만 GM은 도전적인 목표를 설정해서 실패한 게 아니라 망상 지대에서 헤맸기 때문에 실패했다.

탁월한 인생을 만드는 법

GM은 목표에 집착한 나머지 편협한 사고와 무모한 전략을 일삼았다. 29% 수치에만 신경 쓰느라 다른 부분은 죄다 간과했고, 궁극적으로 재정 건전성을 약화시키는 전략까지 동원해 목표를 이루려고 했다. SMARTER 체계에서 논의했듯이, 적절성은 이런 식의 자멸적 목표 추구를 예방할 수 있다. 어떤 목표는 정말로 불가능해서 나머지 우선순위들과 도저히 부합할 수 없다. 그런 목표는 성과가 아니라 실패를 조장한다.

주의하지 않으면 누구나 망상 지대로 들어갈 수 있다. 내가 가령 PGA 시니어 투어에서 골프를 치겠다고 한다면? 그건 순전히 망상이다. 나와 골프를 쳐 본 사람에게 물어보면 얼마나 허무맹랑한 소린지 바로 알 수 있다. 그렇다면 사막 네 군데를 질주하겠다고 결심한 남자는 어떤가? 그 사람도 망상에 빠진 것인가? 그가 이미 강인한 체력의 소유자이고 의지가 남달리 굳으며, 힘을 주는 동료들과 함께 달린다는 사실을 고려하지 않는다면 그렇게 볼 수 있다.

당신은 어떤가? 엉뚱한 곳에 발을 들여놨는지 어떻게 알 수 있을까? 때로는 간단한 산수만으로 알 수 있다. 예전에 데이브 램지Dave Ramsey가 안트러리더십EntreLeadership 1일 특강에서 했던 말이 기억난다. 램지는 특정 기간 동안 새로운 거래처를 다수 확보하겠다는 목표를 세운 한 영업사원을 언급했다. 램지가 그에게 과감한 결단을 내렸다고 칭찬했을까? 천만에. 목표를 달성할 시간이 충분치 않다는 점을 지적하면서, 오히려 그를 한심하다고 꾸짖었다. 그 영업사원은 불안 지대를 지나 망상 지대로 돌진했던 것이다.

때로는 배우자나 지인이 도움을 주기도 한다. 그들은 당신이 놓치는 부분을 포착할 수 있다. 당신이 적절하다고 생각한 목표가 얼마나 부적절한지 알아차리는 것이다.

이 시점에서 경계해야 할 게 있다. 당신이 한 번에 훌쩍 망상 지대로 뛰어드는 게 아닐 수 있다. 때로는 여러 목표에서 주는 누적된 부담 때문에 그곳으로 흘러들어갈 수 있다. 흔히 중요한 데드라인을 동시에 잡거나 프로젝트를 연이어 수행할 때 그런 일이 벌어진다. 그러다 결국 어떻게 되는지 당신은 잘 알고 있다. 열차가 탈선하듯 줄줄이 궤도에서 벗어난다.

불안 지대에서 세운 목표는 우리의 도전 의식을 북돋우고 능력을 한껏 발휘하게 한다. 반면에 망상 지대에서 세운 목표는 패배를 초래하고 우리에게 좌절과 실망을 남길 뿐이다. 나는 그래서 망상에 가까운 목표를 세운 다음 욕심을 살짝 줄이는 방법을 즐겨 쓴다. 그러면 나의 불안 지대 어딘가에 안착한다.

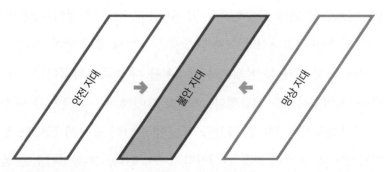

목표에는 위험성이 뒤따라야 한다. 이 말은 곧 불편함이 긍정적 신호라는 뜻이다. 목표를 설정할 때 당신의 안전 지대에 머물지 않도록 하라. 물론 망상 지대도 피해야 한다.

탁월한 인생을 만드는 법

여정에 대비하기

·······························

『인생 최고의 해를 위한 5일 훈련』에 참여했던 나탈리의 이야기로 돌아가 보자. 나탈리는 온라인 브랜딩 및 마케팅 상담 사업을 시작하고 얼마 있다가 가족을 데리고 새로운 도시로 이사했다. 아울러 예전에 운영하다 그만둔 사업도 다시 시작하려고 준비했다.

나탈리는 전 직장의 인맥을 동원해 첫 번째 고객을 유치할 수 있었다.

"나는 누구 밑에서 일하는 것보다 내 사업을 하고 싶었고, 일단 시작한 뒤로는 크게 키우고 싶었습니다."

하지만 거처를 새로 옮긴 데다 어린 아이들까지 홀로 키워야 했기에 생각보다 쉽지 않았다. 갖가지 난관과 불확실성을 무릅쓰고서 나탈리는 2년 전에 사업을 하겠다는 목표를 세웠었다. 도중에 우여곡절이 많았지만 하나씩 해결해 가면서 고객을 여섯 명까지 확보했다.

"내 사업을 하는 게 정말 좋습니다. 누구한테 얽매이지 않고 꿈꾸던 일을 할 수 있으니, 세상을 다 얻은 것 같아요. 과감하게 도전해서 이만큼 해낸 나 자신이 참으로 대견합니다."

사업체 운영은 처음엔 한낱 꿈이었다. 그러다 힘겨운 도전이자 목표가 되었고, 결국엔 본업이 되었다. 금년에 나탈리는 월 매출 목표를 10,000달러로 잡았다. 나탈리 생각에도 망상 지대에 가깝다고 생각할 만큼 무리한 목표였다.

"12월은 돼야 이룰까 말까 싶었습니다."

웬걸, 나탈리는 실제로 3월 말에 그 목표를 이뤄 냈다.

"정말 기절하는 줄 알았어요. 제한적 믿음이 순식간에 박살난 거죠."

나탈리는 도전적 목표 덕분에 높은 성과를 거둘 수 있었다. 당신도 똑같이 할 수 있다. 당신 인생에서 최고의 해는 안전 지대 너머에 있다. 그게 사실이라면 (나는 물론 사실이라고 믿지만), 목표를 향해 나아가는 도중에 맞닥뜨릴 부정적 감정을 어떻게 다스릴 것인가? 그에 잘 대비할 수 있도록 네 가지 방법을 제안하겠다.

첫째, **가치를 인정하라**. 우리는 흔히 좋게 생각하는 쪽으로 움직인다. 그러니 안전 지대에서 벗어나는 게 좋다는 사실을 인정하라. 당신의 제한적 믿음을 해방적 진실로 바꾸는 것이다. 필요하면 큰 소리로 외쳐 보라.

"안전 지대에서 벗어나는 게 나한테 좋아!"

그렇게 하지 않으면, 당신이 원하는 성장이나 당신이 필요한 해결책이나 당신이 꿈꾸는 성취를 맛보지 못할 것이다. 안전하게 가는 것이 그리 안전하지 않다.

둘째, **부정적 경험을 받아들이라**. 사람들은 흔히 고통을 느낄 때마다 움츠러든다. 문제는 그게 습관으로 굳어질 수 있다는 것이다. 더 나쁘게는 삶의 방식으로 굳어질 수도 있다. 이젠 불편함을 받아들이고, 그쪽으로 나아가라.

"아픔을 무릅쓰고 힘껏 나아갈 때보다, 높은 성과를 위해 고군분투할 때보다 더 살아 있음을 느낀 적이 없습니다."

울트라마라토너인 딘 카르나제스가 말했다.

탁월한 인생을 만드는 법

"치열한 투쟁 가운데 신비한 힘이 있다고 생각합니다."[78]

이것은 의미심장한 목표를 이루려면 반드시 거쳐야 하는 단계이다. 당신이 원하는 인생은 불편한 지역을 통과해야 누릴 수 있다.

셋째, 당신이 느끼는 두려움에 주목하라. 앞날이 불안하거나 불확실하다고 느낀다면 지극히 정상이다. 하지만 그런 감정에 휘둘릴 필요는 없다. 두려움은 물론 위험 신호일 수도 있지만, 당신이 돌파구를 향해 나아간다는 신호일 수도 있다. 몇 년 전에 스위스에서 베이스 점퍼BASE jumper를 만난 적이 있다. 건물이나 다리 등 높은 곳에서 낙하산을 타고 내려오는 스포츠를 즐기는 사람이다. 그런데 그는 점프할 때마다 견디기 힘든 두려움을 느낀다고 했다. 고공에서 발이 떨어지고 몇 초 후 낙하산이 펴질 때까지 매번 공포에 휩싸인다는 것이다. 아니, 왜?

"어쩌면 오늘 낙하산이 안 펴질지 모른다는 생각이 들기 때문이죠."

그런데도 왜 굳이 뛰어내릴까? 보상이 걱정보다 더 크기 때문이다. 부정적 감정이 떠오를 때 (어찌 그렇지 않겠는가), 그는 자신을 그 감정에서 분리하고 오로지 점프에 집중한 뒤 뛰어 내린다. 일반적으로, 성공하는 사람과 실패하는 사람을 가르는 유일한 기준은 바로 두려움을 물리치는 능력이다.

넷째, 너무 많이 생각하지 마라. 나한테는 이게 가장 큰 유혹이다. 나는 시작할 때부터 전체 경로를 알고 싶어 한다. 목적지까지 가는 지도를 손에 넣고 싶어 한다. 하지만 좀체 구하지 못한다. 그래도 괜찮다. 다음 단계를 보기 위한 명료성만 있으면 되니까. 다음 단계로 나

"

안전하게 가는 게
그리 안전하지 않다.

"

아가는 데 필요한 불빛이 비칠 거라고 믿으면 자신 있게 발걸음을 뗄 수 있다.

성장해 가는 과정

인생에서 의미심장한 성과를 거두고 싶다면, 안전 지대 밖에서 오랜 시간을 보내야 한다. 그곳에서 최대한의 성과를 거두는 게 좋다. 편하고 익숙한 상태에서 정체될 것인가, 아니면 박차고 나가서 불편을 감수하고 성장할 것인가? 편안함이 행복을 안겨 줄 거라고 생각한다면 오산이다. 행복은 당신이 애써 이뤄 낸 성장에서 나온다.

위험한 목표를 세우고자 할 때, 애초에 그 목표를 왜 세우는지 기억하고 있어야 한다. 그야 물론 일을 추진하기 위한 것이지만, 그게 다가 아니다. 목표는 당신이 성취하려는 것일 뿐만 아니라 당신이 되려는 것이기도 하다. 목표는 곧 성장을 의미한다. 좋은 목표는 우리를 성장하고 성숙하게 한다. 목표가 최종 목적지에 영향을 미치는 것 이상으로, 그 목적지까지 가는 여정에도 영향을 미치기 때문이다. 그렇기 때문에 안전 지대 밖에서 목표를 설정하는 게 중요한 것이다.

1. 목표를 세워라

한 해 동안 달성할 목표를 일곱 개에서 열 개 정도 설정하라. 그 목표에 SMARTER 속성을 부여하라:

- 명확성
- 활동성
- 시간 기준
- 적절성
- 측정 가능성
- 위험성
- 흥미진진함

개선이 필요한 인생 영역에 초점을 맞추도록 하라. 목표를 분기별로 고르게 배분하라. 그래야 주의를 집중하면서 1년 내내 꾸준히 나아갈 수 있다.

2. 성취 목표와 습관 목표를 적절히 배분하라

성취 목표는 일회성 성과를 나타낸다. 습관 목표는 주기적이고 지속적으로 하는 활동을 나타낸다. 둘 다 인생 최고의 해를 설계하는 데 도움이 되지만, 각자 상황에 따라 적절히 배분해야 한다. 당신에게 맞는 답이 유일한 정답이다.

3. 불안 지대에서 목표를 세워라

살면서 가장 멋진 일은 흔히 우리가 도전하고 성장할 때 일어난다. 인생 최고의 해를 설계할 때도 당연히 과감한 도전이 필요하다. 그런데 이러한 도전은 흔히 우리의 본능에 반한다. 그렇지 않은가? 반발을 억누르기 위해 다음에 제시한 네 단계를 따르도록 하라.

① 안전 지대에서 벗어나는 것의 가치를 인정하라. 일단 생각을 바꾸는 것으로 시작하라. 불편함의 가치를 받아들이면 앞으로 나아가기가 한결 쉬워진다.
② 부정적 경험을 받아들이라. 반발은 흔히 우리 마음속에서 일어난다. 하지만 생각만 바꾼다고 반발심이 가라앉지는 않는다. 온전히 받아들여야 우리의 마음도 바뀐다.
③ 두려움에 주목하라. 안전한 곳에서 벗어나면 당연히 부정적 감정이 떠오른다. 그런 감정을 무시하지 마라. 오히려 객관화해서 당신이 성취한 뒤에 맛볼 감정과 비교하라. 보상이 두려움보다 크지 않은가?
④ 너무 많이 생각하지 마라. 분석 마비Analysis paralysis라는 말이 있다. 분석을 하면 할수록 정신이 흐릿해진다는 뜻이다. 처음부터 전체 경로를 알거나 목표가 어떻게 펼쳐질지 정확히 알 필요는 없다. 그냥 다음 단계를 위한 명료성만 있으면 된다.

STEP 1
가능성을
믿어라

STEP 2
과거를
잘 마무리하라

STEP 3
미래를
설계하라

STEP

|4|

당신의 이유를
찾아라

Find Your Why

STEP 5
실행에
옮겨라

〈천 년 동안 백만 마일〉A Million Miles in a Thousand Years(윤종석 옮김, IVP, 2010년 10월)이라는 책에서 도널드 밀러는 물을 건너는 이치를 들려준다. 단순히 해안을 떠나 다른 편에 도착하는 방법뿐만 아니라 "중간에 겪는 고난"에 대해서도 낱낱이 알려 준다.[79]

이러한 고난은 우리가 떠맡는 온갖 중요한 일들을 상징한다. 물살을 가르면서 출발할 땐 벅찬 감동과 기대가 밀려온다. 하지만 진행 속도가 점점 느려지면서 기대도 흐릿해진다. 그러다 우리는 험난한 중간 지대에 이른다. 이젠 반대편까지 헤쳐 나갈 힘이 있는지 의심하거나 애초에 이 길을 왜 나섰는지 후회하게 된다.

앞 단계에서 강력하고 효과적인 목표를 쓰기 위한 SMARTER 속성 일곱 가지를 살펴봤다. 어떤 목표든 명확하고 측정 가능하며 활동적이고 위험성도 약간 있어야 한다. 아울러 시간 기준이 있고 흥미진진하며 당신의 실제 상황에 적절히 부합해야 한다. 4단계에서는 각목표에 대한 동기를 파악하고 계속 되새기는 것이 왜 중요한지 살펴볼 것이다.

당신도 어쩔 수 없이 그런 험난한 중간 지대에 이르게 될 것이다. 모든 원대한 꿈과 목표를 이루기 위한 과정이자, 개선을 이루기 위한 모든 노력의 일환이기 때문이다. 우리는 간혹 계획을 잘 세우면 일이 술술 풀릴 거라 생각한다. 하지만 그런 일은 거의 일어나지 않는다. 해결책은 당신의 동기를 지렛대로 활용하는 것이다. 동기가 강하면 힘들어서 그만두고 싶을 때 끝까지 밀고 나갈 투지와 끈기가 발동할 것이다.

이걸 왜 하지?

> 결국 동기가 가장 중요하다.
> 진정으로 뭔가를 해 보고 싶다면,
> 온 마음을 다해 노력할 것이다.
>
> 에드먼드 힐러리 경Sir Edmund Hillary

하루에도 몇 번씩 딱 그만두고 싶을 때가 있다. 며칠 전에도 달리기를 하는데 그런 마음이 들었다. 1마일쯤 뛰었는데 머릿속에서 문득 이런 목소리가 들렸다.

"그냥 걸어가는 게 어때?"

숨이 차오를수록 그 소리가 점점 더 커졌다. 실은 달릴 때만 그런 게 아니다. 결혼 생활, 사업, 친구 관계, 심지어 신앙생활에서도 그런 마음이 들 때가 있다. 인간의 본성이 원래 그래서, 그만두라는 유혹은 끊이지 않는다. 머릿속 목소리만으로는 부족한지, 문화 안에서도 온갖 목소리로 우리를 충동질한다.

"수건을 던져서 패배를 인정하라."

"그쯤해서 안 되면 변화를 모색하라."

"자신에게 좀 더 관대하라."

하지만 이러한 목소리가 당신에게 알려 주지 못하는 게 있다. 바로 꿈과 그 꿈을 이루는 데 필요한 노력 사이에 차이가 있다는 사실이다.

"시작할 땐 누구나 좋아 보인다 Everybody looks good at the starting line."

미국 가수 폴 쏜Paul Thorn이 부른 노래 제목이다. 시작은 쉽다. 하지만 앞으로 나아가는 과정은 결코 쉽지 않다. 경사가 생각보다 가파르고, 길이 예상보다 길다. 끝까지 갈 수 있을까, 의구심이 밀려온다. 나 역시 이런 상황을 여러 번 경험했다. 하프 마라톤은 할 때마다 중간에 그만두고 싶은 마음이 굴뚝같다. 직장 생활을 할 때도, 기업가로 활동할 때도 그런 마음이 들 때가 있다. 결혼 생활 중에도, 부모 노릇을 할 때도 그렇다. 부모 노릇을 할 때는 유난히 더 그렇다.

프로젝트를 시작할 때는 열정이 마구 샘솟는다. 새로운 경험을 앞두고 능력을 한껏 발휘할 생각에 신이 난다. 하지만 그런 흥분은 시동액starting fluid이지 여정을 끝낼 때까지 쓸 연료가 아니다. 그렇기 때문에 대부분의 새해 결심이 몇 주 못 가서 흐지부지되는 것이다. 우리의 목표를 끝까지 완수하려면 좀 더 강한 게 필요하다.

쉽고 재미있고 빠르면 장땡인가

뭔가 중요한 것은 쉽게 손에 넣을 수 없다. 때로는 꿈을 실현하기까지 기나긴 시간과 노력과 자원이 필요하다. 그런 현실을 선뜻 받아들이는 사람도 있지만 대다수는 그러지 못한다. 〈불완전함의 선물〉 The Gifts of Imperfection(장세현 옮김, 청하, 2011년 8월)에서 브레네 브라운은 쉽고 재미있고 빠른 것을 좋아하는 우리의 문화를 탓한다. [80] 우리는 결과가 당장, 늦어도 내일까진 나오길 바란다. 노력을 많이 쏟아야 하는 일엔 좀체 나서려 하지 않는다. 그리고 무슨 일이든 일단 재미있어야 한다. 그렇지 않으면 얼른 다른 데로 눈길을 돌린다. 하지만 어쩌다 운 좋게 만난 경우를 제외하면, 순식간에 결실을 맺는 일은 거의 없다.

순식간에 성공하고픈 기대가 어긋나면, 우리는 금세 낙담하고 포기해 버린다. 나는 그런 상황을 수없이 목격했다:

- 결혼 생활 몇 년 만에 너무 지쳐서 떠나려는 배우자
- 말썽만 부리는 10대 자녀와 씨름하다 아예 방치해 버리는 부모
- 수개월, 어쩌면 수년을 투자해도 성과가 없어 낙심한 기업가
- 참신한 아이디어로 신나게 써 내려가다 4개월 만에 진이 빠진 작가
- 목표 수익을 달성하지 못하고 그만둘 궁리만 하는 직원
- 사업부서의 체질을 개선하려 애쓰다 결국 포기해 버리는 임원

내 개인적인 사례도 많다. 아마 당신도 적지 않을 것이다. 사실, 뭔가 의미나 가치가 있는 일은 별로 재미있지 않다. 거의 언제나 빨리 끝나지도 않고, 쉽지도 않다. 체력 단련을 예로 들어 보자. 나는 몸의

균형과 지구력을 키우기 위해 코어 운동을 해야 했다. 인생 후반기를 잘 버텨 내려면 복부가 탄탄해야 하니까. 그런데 별 진전이 없었다. 시작했다가 중간에 그만둔 것만 대여섯 번이었다. 결국 트레이너를 고용했다. 그는 어찌나 지독한지, 나를 안전 지대에서 끊임없이 몰아낸다. 그런데도 내 나이에는 복근이 좀체 생기지 않는 것 같다.

초반엔 그만두고 싶은 적이 많았다. 하지만 꾹 참고 견딜 수 있었던 건 다섯 가지 요소를 잘 활용했기 때문이다.

첫 번째 요소는 **균형 잡힌 시각**이다. 훌륭한 지도자나 혁신가나 운동선수를 보라. 그중에 한 번도 좌절하지 않고 순식간에 정상에 오른 사람이 있는가? 보통은 그렇지 않다. 그들도 성공하기까지 수많은 장애물을 만나 좌절하고 실패했다. 누구나 다 그렇다. 우리라고 예외일 수 없다. 우린 예외일 거라는 환상이야말로 우리가 직면한 문제보다 더 우리를 좌절과 실망에 이르게 한다.

두 번째 요소는 **새로운 프레임**이다. 앞에서 언급했듯이, 기대가 우리의 경험을 구현한다. 새로운 각도에서 바라보면 걸림돌을 앞으로 나아갈 디딤돌로 삼을 수 있다. 나는 최악의 상황을 상정하는 대신, 당면한 어려움을 이겨 내도록 힘을 실어 줄 만한 질문을 던진다. 가령 이 장애물을 어떻게 활용할 수 있을까? 이 상황에서 어떻게 하면 성장할 수 있을까? 이 난관을 헤쳐 가면서 내가 배워야 할 점은 무엇인가?

세 번째 요소는 **자기 연민**이다. 완벽주의와 자책은 확실히 우리를 망친다.

탁월한 인생을 만드는 법

"어떤 일이 할 만한 가치가 있다면, 그 일은 나쁘게 할 가치가 있다."("If a thing is worth doing, it's worth doing badly."를 번역한 문장. "Whatever is worth doing at all, is worth doing well." 즉 "할 만한 가치가 있는 일은 뭐든 잘할 가치가 있다."는 말을 체스터튼이 살짝 비틀어 표현했다. 정확한 의도는 "The things worth doing are worth doing always-whether we do them 'badly' or not."이다. 즉 "할 만한 가치가 있는 일은 늘 할 만한 가치가 있다. 설사 나쁘게라도."라는 뜻이다_역자 주)

역설의 대가인 체스터튼G. K. Chesterton이 한 말이다. 이 말을 들으면 나는 늘 웃음이 나온다. 하지만 이 말엔 중요한 진실이 담겨 있다. 완벽하게 못하더라도 일단은 하는 게 더 낫다는 뜻이다. 그러니 잠시 숨을 돌린 후 하던 일을 계속하라.

네 번째 요소는 원동력原動力, agency이다. 이 점을 절대로 잊지 마라. 브라운이 말하는 것처럼, 권리權利, entitlement는 가만히 있어도 마땅히 성공할 자격이 있다고 느끼는 것이다. 원동력은 정반대 개념으로, 성공은 반드시 우리가 노력해서 이뤄 내야 한다는 것이다. 원동력은 장애물을 만나면 "난 이것을 극복할 수 있어."라고 말하는 반면, 권리는 아직 이뤄지지 않았다고 불평한다. 원동력을 잘 유지한다면, 우리의 꿈이 재미있거나 빠르거나 쉽지 않을 때도 끝까지 버틸 수 있다.

다섯 번째 요소는 당신의 이유이다. 이 장의 나머지를 전부 할애하고 싶을 만큼 중요한 요소이다. 어떤 상황에서도 나를 계속 나아가게 하는 질문이 있다.

"내가 애초에 이걸 왜 하고 있지?"

이 질문에 대답한 뒤, 나는 처음 품었던 꿈과 비전을 기억하려고

"

완벽하게 못 하더라도
일단은 하는 게 낫다.

"

노력한다. 그 꿈과 비전을 되새기면, 일이 힘들 때도 계속 나아갈 수 있기 때문이다. 불안 지대 너머에 있는 것을 진정으로 원하지 않는다면, 목표에 도달하기 위해 험난한 중간 지대를 건널 이유가 없다. 자녀 양육이나 체력 단련이나 사업상 중요한 목표를 생각해 보라. 이런 일은 늘 우리의 인내심을 시험한다. 이때는 연구자들이 흔히 "자발적 동기autonomous motive"라고 부르는 것을 되새겨야 한다. 그 일을 하지 않을 수 없는 절실한 이유를 곱씹어야 한다. 그게 왜 당신에게 중요한가?

당신의 핵심 동기를 파악하라

목표 달성이 힘들 땐 집중력을 잃거나 그 목표를 포기하기 쉽다. 어느 연구에서 말하는 것처럼, 동기를 되새기지 않으면 "목표에 투입된 에너지가 순식간에 바닥날 수 있다."[81]

다시 말해서, 금세 지쳐서 포기할 가능성이 크다는 뜻이다. 하지만 다른 연구에서는 그 반대 상황을 역설한다.

"자발적인 목표 동기는 점점 더 어려운 목표를 향해 객관적으로 평가된 끈기를 더 많이 안겨 줄 것이다…… 개인들이 자발적 동기에 의해 더 분투노력한다면, 목표 달성 과정에서 부딪치는 난관을 극복할 준비를 더 갖추게 될 것이다."[82]

결국 목표 달성 과정에서 당신의 동기가 중요한 영향을 미친다는 뜻이다.

『인생 최고의 해를 위한 5일 훈련』에 참여했던 블레이크는 여자친구에게 차였고, 이틀 뒤엔 거대한 나무가 그의 집을 덮쳤다. 그런 상황에 처한 사람들이 흔히 그렇듯이 블레이크도 먹고 마시는 것으로 스트레스를 풀었다. 거기에 평소 즐기던 운동까지 그만두자 순식간에 20킬로그램이 불었다. 블레이크는 이대로 가면 안 되겠다고 절감했다. 훈련 과정을 따라오면서 열 가지 목표를 세우고 각 목표에 핵심 동기를 부여했다.

"핵심 동기를 되새기며 목표를 추구하니까, 그게 왜 중요한지 파악할 수 있었습니다. 이 일을 달성하는 것이 어떤 외부 세력이나 결과를 위해서가 아니라 나 자신을 위해 얼마나 중요한지 알아차린 겁니다. 그제야 나는 그 동기와 진정으로 연결될 수 있었습니다. 그게 단순히 종이에 적힌 글자로 끝나는 게 아니라 나를 변화시킬 원동력이라고 믿었던 겁니다."

블레이크는 내적 동기의 힘을 말하고 있다. 이러한 동인動因은 우리의 희망과 가치와 야망에서 나온다. 외적 동기는 사회나 친구, 상사 등 외부의 영향에서 나오며, 내적 동기만큼 오래 지속되거나 효과적이지 않다. 앞에서 인용한 두 번째 연구의 학자들은 이렇게 적고 있다.

"개인이 목표를 지속적으로 지지하고 소중히 여기면서 추구한다면, 헌신과 끈기가 높게 유지될 것이다. 그에 반해서, 외부 압력이나 우발적 상황에 따라 목표를 추구한다면, 헌신은 늘 '위태로운 상태'일 것이고 목표를 성취할 가능성은 상당히 낮아질 것이다."[83]

결국 끝까지 가고 싶으면, 당신의 헌신과 끈기를 끌어낼 동기를 찾아야 한다. 하프 마라톤에 처음 참여했을 때, 나는 내가 뛰는 이유를 계속 찾아야 했다. 그것은 내 건강과 관련해서 남들이 내게 바라던 점이나 행사 주체가 기금 모금을 위해 내게 바라던 점과 아무 상관이 없었다. 오히려, 개인적으로 나한테 중요한 일련의 동기와 관련된 것이었다. 구체적으로 이런 것들이다:

1. 난 뚱뚱한 몸으로 사는 데 지쳤다.
2. 난 멋진 몸매로 거듭나고 싶다.
3. 난 생산적인 사람으로 살아가는 데 필요한 체력과 활기를 되찾고 싶다.

나는 끝까지 달릴 이유를 찾아야 했다. 결승선에 도달했을 때 내가 무엇을 얻을 수 있는지, 또 도달하지 못했을 때 무엇을 놓치게 될지 파악해야 했다.

이와 관련해서는 스티브 잡스보다 더 강력한 예시를 찾기 어렵다고 본다. 잡스가 90년대 말에 애플에 복귀했을 때, 애플은 거의 파산 위기에 놓여 있었다. 잡스가 회사를 구하러 오지 않았더라면 애플은 더 이상 존재하지 않을지도 모른다. 아이폰이나 아이패드, 아이맥, 맥북프로, 애플TV도 구경하기 어려울 것이다. 죄다 내 일상에 꼭 필요한 도구들이다. 하지만 애초에 잡스의 동기는 더 원대했다. 회사를 공동 창립했을 뿐만 아니라 단순하고 멋진 기계의 고유한 가치에 대한 혁명적 비전을 품고 있었다. 그러한 비전 덕분에, 잡스는 생산 라인을 정비하고 새로운 마케팅 전략을 세울 수 있었다. 그 결과, 회사를 살리고 시장을 지배하게 되었다. 잡스와 그의 팀은 그들의 동기를 끊임없이 되새겼고 끝내 세상을 바꾸었다.

그렇다면 당신의 목표에 연결된 동기는 무엇인가?

당신의 핵심 동기를 기록하고 순서를 정하라

나는 앞쪽에 큰 점을 찍어 가면서 핵심 동기를 적는다. 목표마다 대체로 다섯 개에서 일곱 개 정도면 끝난다. 더 있으면 더 적어도 무방하다. 다 적은 뒤에는 우선순위를 매겨야 한다. 이때 순위를 전부 다 매길 필요는 없다. 상위 세 개만 파악하라고 권하고 싶다. 더 많을 수도 있지만 진정으로 격려해 주는 동기를 몇 개로 압축하는 게 더 효과적이다. 목록을 찬찬히 훑어보면서 순서를 정하라. 이게 왜 중요한가? 목표를 달성할 때까지 당신을 계속 압박할, 가장 설득력 있는 동기를 파악하도록 하라.

가령 게일과 내가 다툴 때, (그렇다, 우리도 때로는 다툰다) 나는 속으로 이런 질문을 던진다.

"흠, 내가 왜 이 결혼을 유지해야 하지?"

비치볼을 억지로 물속에 밀어 넣듯이 이 질문을 내리누르는 대신

탁월한 인생을 만드는 법

에, 나는 수면에 올려놓고 곰곰이 생각한다.

"지금 중요한 게 뭐지?"

그런데 한 가지 주목할 게 있다. "내가 왜 이 결혼을 끝내야 하지?"라고 묻지 않는다는 점이다. 나는 이 질문에 대한 답도 얼마든지 끌어낼 수 있다. 우리 마음은 그만큼 간사하다. 당신이 어떤 질문을 던지든, 우리 마음은 그에 대한 답을 찾으려 한다. 그러니 질문을 신중하게 고안해야 한다. 나는 늘 긍정적인 면에 초점을 맞춘다. 그래서 결혼 생활을 유지할 이유를 찾는 것이다.

어려운 상황에 부딪쳐서 "내가 왜 이 결혼을 유지해야 하지?"라는 의문이 떠오르면, 나는 마음을 다잡을 맞춤형 답변 목록이 있다:

1. 사랑이 내 인생의 결정적 특징이길 바라기 때문이다. 사랑하는 법을 배우는 데 결혼보다 더 나은 울타리는 없다. 나는 이 여자를 진심으로 사랑한다.

2. 한 집안의 가장으로서 나 자신을, 그리고 내 가족을 순탄하게 이끌어 나가길 바라기 때문이다. 이 말은 곧 모범과 희생을 의미한다. 가장의 역할이 그런 것이다.

3. 게일이 내 절친이기 때문이다. 서로 신경을 건드릴 때도 있지만, 내 말에 귀를 기울여 줄 사람이 필요할 때 게일은 언제든 귀를 쫑긋 세우고 들어 줄 사람이다.

내 인생에서 중요한 분야나 중요한 목표에는 모두 이와 같은 서면 목록이 있다. 옴짝달싹 못 하고 그만두고 싶을 때면 나는 이 목록을 꺼내 찬찬히 훑어본다. 그러면 다시 마음을 다잡고 균형 잡힌 시각으로 상황을 바라볼 수 있다. 귓전을 울리는 목소리를 잠재우고 레이스에 다시 집중할 수 있다.

몇 년 전, 〈돈이 보이는 플랫폼〉Platform: Get Noticed in a Noisy World (김정희 옮김, 서울문화사, 2013년 3월)을 집필할 때였다. 당시에도 나는 아주 명쾌한 서면 목표가 있었다.

"2011년 11월 1일까지 5만 단어 분량의 원고를 출판사에 보낸다."

멋진 계획과 함께 나는 그해 초반부터 원고를 써 내려갔다. 한여름에 이르러 5만 단어 분량의 초고를 완성했다. 그런데 다른 일이 너무 많아서 원고를 다듬을 짬이 없었다. 가을에 접어들자 더 정신없이 바빠졌다. 강연 요청이 쇄도했고, 코칭 문의와 상담 업무도 폭주했다. 사업을 막 시작한 시점이라 어느 것도 거절하기 어려웠다. 그야말로 숨 쉴 틈도 없어서 원고엔 손도 못 댔다.

11월 데드라인을 맞추기엔 어림도 없었다. 솔직히 말하면, 의욕이 꺾여 방법을 찾아볼 생각도 안 했다. 그간에 쏟아부은 노력에도 불구하고 다 포기하고 싶었다. 그러던 차에 아내가 예전에 내게 여러 번 해 줬던 말이 떠올랐다.

"사람은 동기를 잃으면 길도 잃게 된다."

그 순간, 예전에 써 놨던 핵심 동기가 떠올랐다. 상황이 어려워졌을 때 그게 중요한 역할을 해 주리라 직감했다.

탁월한 인생을 만드는 법

내가 써 놨던 핵심 동기 세 가지는 다음과 같다:

1. 플랫폼, 즉 도약의 발판이 없어서 좌절한 수많은 작가와 예술가는 물론, 훗날 창작 활동에 종사하려는 사람들까지 돕고 싶다. [이것은 애초에 내가 그 책을 쓰게 된 가장 근본적인 동기 중 하나였다.]
2. 플랫폼 구축에 관한 전문가로서 입지를 다지고, 이 주제에 관한 강연 기회를 잡고 싶다.
3. 누구나 플랫폼을 구축해서 책을 판매하는 데 활용할 수 있음을 입증하고 싶다.

이런 핵심 동기를 머리로뿐만 아니라 가슴으로도 되새긴 순간, 내열정이 다시 끓어올랐다. 그때부터 원고를 다듬는 일에 매진했고, 몇주 늦어지긴 했지만 결국 책을 완성했다. 얼마 뒤, 〈돈이 보이는 플랫폼〉은 〈뉴욕 타임스〉 베스트셀러에 당당히 올라갔다. 순전히 애초에 품었던 동기를 되새긴 덕분이었다. 나는 때맞춰 그 이유를 찾아냈다. 그때 만약 그 이유를 찾지 못했더라면 어떻게 됐을까? 상상하고 싶지도 않고, 상상하기도 어렵다. 그래도 한 가지는 확실히 안다. 지금의 내 사업체는 존재하지 않을 것이다.

> "
> 사람은 동기를 잃으면 길도 잃게 된다.
> "

당신의 핵심 동기를 되새겨라

동기를 되새기는 데는 두 가지 방법이 있다.

첫째, 머리로 되새기는 것이다. 동기를 다시 떠올려 골똘히 생각하는 게 중요하다. 당신이 사전에 실시한 조사든, 주목할 만한 자료든, 굉장히 흥미롭다고 판단한 주장이든 상관없이 머릿속에 떠올리고 거듭 생각해야 한다.

둘째, 가슴으로 되새기는 것이다. 동기를 이해하는 것만 중요한 게 아니라 당면 문제에 대한 마음의 울림을 느껴 보는 것도 중요하다. 그 목표를 달성하면 어떤 기분일지 상상해 보라. 반대로, 그 목표를 달성하지 못하면 어떤 기분일지 상상해 보라.

근력 훈련을 위한 내 핵심 목표 중 하나는 체력과 활기와 생산성을 높이는 것이다. 그러한 결과를 도출한 연구들을 잘 알기 때문에 나는 이 동기를 머리로 되새길 수 있다. 아울러 내가 정기적으로 근력 훈련을 할 때 어떤 기분인지 기억하기 때문에 가슴으로도 되새길 수 있다. 훈련에 들어가기도 전에 나는 체력과 활기와 생산성이 높아지는 기분을 느낀다.

뉴멕시코 주립대학교에서 사람들이 왜 운동을 좋아하는지 조사했는데, 여기서도 정서적 연결의 힘이라는 결론이 나왔다. 한 그룹에서는 열 명 중 아홉 명이 운동 후에 기분이 좋을 것 같아서 운동한다고 대답했다. 다른 그룹에서는 열 명 중 일곱 명이 운동 후에 맛보는 성취감 때문에 운동한다고 대답했다.[84] 당신의 동기를 종이에 적는 것도 중요하지만, 그것을 가슴으로 새기는 것은 훨씬 더 중요하다.

이번엔 내가 일주일을 구성하는 방법을 예로 들어 보겠다. "Free to Focus" 생산성 향상 코스에서 주로 다루는 방법인데, 나는 일주일을 무대라고 생각하고서 "무대 위, 무대 뒤, 무대 밖" 시간으로 나눈다. 무대 위 시간은, 내 갈망 지대Desire Zone에 있는 프로젝트들을 위해 노력하는 순간을 말한다. 이러한 프로젝트들이 내 사업에 가장 많은 수익을 안겨 주고, 내 열정과 기량을 가장 많이 발휘하게 한다. 무대 뒤 시간은, 사업을 관리하거나 무대 위 활동을 준비하는 등 좀 더 일상적인 업무에 할애되는 순간을 말한다. 무대 밖 시간은 휴식과 재충전을 위한 순간을 말한다.

예전엔 거의 쉬지도 않고 일했다. 하지만 주말엔 전원 코드를 완전히 뽑아 버리라는 말의 참뜻을 알게 된 뒤로는 무대 밖 시간을 온전히 즐기게 되었다. 내 핵심 동기는 배터리를 충전하고 가족, 친구들과 즐거운 시간을 보내는 것이다. 전에도 그래야 한다고 머리로는 생각하고 있었다. 이와 관련해서 반박할 수 없는 연구 자료가 많았는데, 무대 밖 시간에 전념하라고 나를 자극하기에 충분했다. 하지만 그것을 가슴으로 되새기기까지 시간이 다소 걸렸다. 일에 미쳐 있었기 때문에 코드를 완전히 뽑는 게 쉽지 않았던 것이다. 하지만 이젠 그렇지 않다. 휴식 시간을 손꼽아 기다릴 정도로 바뀌었다. 머리로뿐만 아니라 가슴으로도 되새겼기 때문이다. 그 덕에 나는 어떤 일이든 끝까지 헤쳐 나갈 수 있게 되었다.

하던 일을 끝까지 완수하기는 누구나 어렵다. 앞에서 『인생 최고

탁월한 인생을 만드는 법

의 해를 위한 5일 훈련』의 참여자로 소개했던 레이도 무척 힘들어했다. 레이는 해마다 건강 목표와 재정 목표를 세웠다. 그런데도 건강과 재정 상황이 갈수록 나빠졌다. 사업을 성공적으로 운영하는데도 버는 돈보다 쓰는 돈이 많아 가계 부채가 40만 달러에 이르렀다. 그 말을 들었을 때 나는 의자에서 떨어질 뻔했다. 하지만 놀랄 일은 그게 다가 아니었다. 레이는 몇 년 전에 파킨슨병 진단을 받았다. 심신을 극도로 약화시킬 수 있는 신경퇴행성 질환이다. 레이는 두려운 마음을 이렇게 토로했다.

"나는 50줄에 접어들었는데도 늘 이렇게 말하곤 했습니다. 언젠가는 빚을 다 털어 낼 거야. 언젠가는 내 가족을 잘 돌볼 거야. 언젠가는 은퇴 자금을 모을 거야. 언젠가는 탄탄한 몸을 만들 거야. 언젠가는 원 없이 여행도 다니고, 결혼할 때 아내에게 했던 약속을 전부 지킬 거야. 그러다 문득 그런 날이 영영 안 올지도 모른다는 현실에 직면하게 됐습니다."

하지만 상황이 최악으로 치닫는 순간, 레이는 꼭꼭 숨어 있던 자신의 동기를 찾아냈다.

"정신이 번쩍 들더군요. 그제야 지금 당장 하지 않으면 그 일을 결코 이루지 못할 거라는 사실을 깨달았습니다. 가족이 나를 지켜보고 있다는 사실도 알았습니다. 나는 늘 가족 곁에 머물고 싶었습니다. 훗날 내 아들의 결혼식에 참여하고, 내 손자들이 태어나는 순간을 지켜보고 싶습니다."

그런 이유들과 더불어 가족에게 빚이 아니라 번창한 사업체를 물려주고픈 열망이 그를 다시 일으켜 세웠다. 기력이 다할 때까지 힘껏 나아가도록 부추겼다.

"포기하고 싶은 유혹이 들 때나 굳이 이렇게까지 안 해도 된다고 핑계 대고 싶을 때도 그런 이유들이 나를 계속 나아가게 합니다."

그해를 보내면서 레이는 20킬로그램 이상 감량했고, 주치의가 깜짝 놀랄 만큼 건강도 좋아졌다. 아울러 엄청난 매출 신장에 힘입어 처음으로 100만 달러 목표를 달성했다. 가게 부채 40만 달러도 모두 갚았다.

『5일 훈련』에 참여했던 순디 조Sundi Jo 역시 놀라운 이야기를 들려주었다. 순디 조는 2009년에 인생의 전환점을 맞게 된 기숙형 치료 프로그램에 참여했다. 치료와 기도에 힘입어, 그녀를 무력감에 빠뜨렸던 여러 가지 트라우마를 극복할 수 있었다. 순디 조는 그때의 경험을 이렇게 표현했다.

"내 인생에서 가장 힘들지만 가장 유익한 경험이었습니다."

그러던 2012년 어느 날, 순디 조는 곤경에 처한 다른 소녀들을 위해 기숙형 치료 프로그램을 시작하라는 하나님의 말씀을 들었다. 하지만 처음엔 거부했다.

"아마 백만 번은 거부했을 겁니다."

순디 조가 웃으며 말했다.

"나한테는 너무 벅찬 일이었거든요. 너무 두려워서 그런 일을 전혀 하고 싶지 않았어요."

하지만 순디 조는 하나님의 거듭된 부름을 외면할 수 없었다. 한

탁월한 인생을 만드는 법

당신의 핵심 동기를 되새겨라.

머리로도   가슴으로도

우리는 변화가 필요한 이유를 알고 있다. 하지만 변화를 향한 염원이 머리와 가슴 양쪽에서 끓어오르지 않으면 절대로 변하지 못한다.

친구에게 비극이 닥쳤을 때 결국 자신이 나서야 한다는 걸 깨달았다. 그녀는 해마다 『5일 훈련』 코스를 밟으면서 자신이 운영하는 "구원을 위한 에스터 하우스Esther's House of Redemption"의 비전을 넓혀 나가고 있다. 처음엔 회사 정관定款을 준비하려는 목적으로 시작했다가 점차 데이 프로그램을 개설하고 마침내 기숙형 프로그램까지 다 갖추었다.

"중간에 여러 장애물에 부딪치지만 그때마다 나는 내 동기를 되새깁니다."

나는 순디 조의 이야기를 듣고 얼마나 기뻤는지 모른다. 순디 조는 당면 목표를 하나씩 이뤄 나가면서 기숙형 치료 프로그램을 안정적으로 운영하고 있다.

요점만 정리하자면, 당신의 동기를 기록하고 머리로뿐만 아니라 가슴으로도 그 동기를 되새겨야 한다.

당신에게 중요한 것은 무엇인가?

전진이 불가능해 보일 때, 험난한 중간 지대를 통과하려면 당신의 동기를 찾아야 한다. 목표를 보면서 자신에게 물어보라.

"이 목표가 나한테 왜 중요한가? 긍정적으로나 부정적으로 마음에 걸리는 게 무엇인가?"

이 질문에 대한 답을 찾았다면 종이에 적고 순위를 매겨 보라. 힘들 때 얼른 찾아볼 수 있게 가장 설득력 있는 답변 세 가지를 골라 보라. 뒤에 첨부한 목표 템플릿 샘플에는 당신의 핵심 동기를 기록하는 칸이 있다. 의욕이 꺾여 다 포기하고 싶을 때 불끈 일어설 수 있도록 다음 장에서 동기부여의 달인이 되는 방법을 몇 가지 소개할 것이다.

탁월한 인생을 만드는 법

당신은 동기부여의 달인이 될 수 있다

애초에 충분한 열정이 없다면
당신은 그 일을 완성하지 못할 것이다.
스티브 잡스Steve Jobs

나는 부모님의 성화로 다섯 살 때부터 피아노 레슨을 받았지만, 피아노 치는 걸 썩 좋아하진 않았다. 그런데 중학교 3학년 때 반전이 일어났다. 나는 평범한 피아노 연주자에 그치지 않고 로큰롤 키보드 연주자로 거듭났다. 그때부터 내 안에서 열정이 마구 솟구치기 시작했다.

그 즈음 나는 기타도 배웠다. 처음엔 클래식 기타로 시작했다가 곧 전기 기타로 갈아탔다. 고등학교에 들어간 뒤엔 친구들과 밴드를 결성했다. 악기 연주에 소질이 있긴 했지만 갈 길이 멀었다. 음계와 코드도 배워야 했고 악보도 외워야 했으며 다른 연주자들과 분위기도 맞춰야 했다. 우리의 연주는 처음엔 도둑고양이들이 뒷골목에서 싸우는 소리 같았다. 그래도 꾸준히 연습하니까 조금씩 나아졌다. 나는 빙 크로스비, 스티븐 스틸스, 그래험 내쉬, 그리고 (때로는) 닐 영 같은 가수들을 무척 좋아했다. 그래서 한때는 통기타를 열심히 튕겼다. 대학에 들어간 뒤엔 다른 밴드에 가입해서 베이스 기타를 배웠다.

이 모든 과정에서 나는 수차례 쓰디쓴 좌절을 맛봤다. 때로는 다 때려치우고 더 쉬운 걸 찾고 싶었다. 천만다행히 그러지 않았다. 끝까지 버틴 덕분에, 나는 연주 솜씨만 키운 게 아니라 성취의 본질을 배울 수 있었다. 처음엔 록의 신이 되겠다는 희망에 매달렸다. 그런데 어느 순간부터 연주 자체에서 특별한 의미를 느꼈다. 나는 요즘에도 기타를 즐겨 연주한다.

우리는 재능 있고 똑똑하고 훈련도 잘 받은 사람들이 밑바닥까지 내려가 결국 꿈을 접는 모습을 많이 봤다. 목표를 달성하려면 뭔가가 더 필요하다. 그 뭔가를 인내심이라고 부르든, 끈기나 투지라고 부르든, 아무튼 그것은 승산이 없거나 우리의 열정이 식었을 때도 끝까지 해내려는 마음을 가리킨다. 가상현실 기술, 태블릿 컴퓨터, 전자책 등을 개발한 사람들을 생각해 보라. 초반에 반짝 관심이 치솟은 뒤, 이러한 혁신 제품들은 실패로 끝나는 듯했다. 그런데 오늘날엔 가상현실을 포함해 죄다 실생활에서 널리 쓰이고 있다. 사람들이 계속해서 고치고 다듬고 개선했기 때문이다. 오랫동안 분투노력한 끝에 활짝 피어날 기회가 찾아온 것이다. 포기하지 않으면 우리에게도 그런 기회가 찾아올 것이다.

동기를 찾은 다음에는 험난한 중간 지대를 뚫고 나갈 투지를 갖춰야 한다. 그러려면 열정이 식지 않도록 동기부여의 달인이 돼야 한다. 지금부터 그 방법을 알려 주고자 한다. 올바른 보상 찾기, 현실에 맞춰 노력하기, 게임 요소를 적용하기, 개선된 점을 측정하기 등 네 가지 방법이 있다.

보상을 내면화하라

앞 장에서 내적 동기의 우수성을 언급했다. 외적 동기도 효과가 있을 수 있지만, 장기적으로 보면 아무래도 효과가 떨어진다. 특히 보상에 대한 흥미가 사라지면, 우리는 금세 의욕을 잃고 게으름을 피우게 된다. 더 나쁘게, 그러한 외적 보상이 다른 사람, 즉 배우자나 상사의 아이디어일 경우, 그 보상에 분노를 느끼기도 한다.

내적 보상에는 그런 위험이 없다. 우리가 그 보상을 내심 바라기 때문이다. 보상 자체에 존재 이유가 내포되어 있어서, 그 자체로 목적이 되고 심지어 우리 정체성의 일부가 되기도 한다. 지금부터 보상의 자생력을 어떻게 활용할지 탐색하면서 이 점을 확고히 심어 주고자 한다.

시카고 대학 부스 경영대학원의 에일렛 피시바흐Ayelet Fishbach와 케이틀린 울리Kaitlin Woolley가 실시한 연구에 따르면, 우리는 어떤 경험을 하기 전이나 하고 나서보다 하는 중간에 그 경험을 더 소중하게 여기는 경향이 있다고 한다. 운동이나 글쓰기, 악기 연주 같은 도전적인 활동을 생각해 보라. 즐거움은 그 일을 하는 도중에 나온다. 이러한 연구 결과가 중요한 이유는 행동 자체가 보상이 될 수 있기 때문이다. 아울러 우리가 그 행동을 시작하는 순간부터 이익을 얻기 때문이다.[85]

시간이 지날수록 우리는 혜택을 내면화하면서 보상을 기대하도록 스스로 훈련할 수 있다. 적절한 내적 보상과 함께 시작한다면, 우리는 당연히 그 일을 즐거운 마음으로 기다릴 것이다. 보상이 단순한 인센티브에서 활력과 추진력으로 바뀌는 것이다.[86] 약을 억지로 복용하는 것과 좋아하는 아이스크림을 한 숟갈 더 떠먹는 것 간의 차이점과 같다. 나는 달리기에서 이런 기분을 경험한다. 일단 뛰면 기분이 좋아진다. 처음 달리기를 시작했을 때, 그 기분은 나를 뛰게 하기에 충분했다. 오랫동안 달리기를 해 온 지금은 수시로 그 기분을 맛보고 싶다. 레이스를 시작하기도 전에 마음이 들뜨기 시작한다.

기타 연주처럼 어떤 행동에 숙달하면 저절로 계속하게 된다. 플로리다 주립대학교 심리학 교수인 안데르스 에릭슨Anders Ericsson과 과학 전문 작가인 로버트 풀Robert Pool은 이렇게 설명한다.

"정상에 오른 사람들을 상대로 연구한 결과, 한동안 연습해서 성과가 보이면 기술 자체가 동기부여 요인이 될 수 있다. 자신의 일에 자부심을 느끼고 친구들의 칭찬에 기쁨을 얻는다. 그에 따라 자신의 정체성도 바뀐다."

행동이 온전히 내면화되고 그 자체로 보상이 된 것이다. 당신은 이제 기타 연주자나 달리기 선수나 그 밖에 뭐든 가능하며, 그 행동을 유지하는 것은 "비용이 아니라 투자"처럼 느껴지기 시작한다.[87]

"

시간이 지날수록 우리는 혜택을 내면화하면서
보상을 기대하도록 스스로 훈련할 수 있다.

"

노력을 기울일 만한 가치가 있지만, 목표와 관련된 행동의 난이도에 따라 시간이 다소 걸릴 것이다.

현실에 맞춰 노력하라

나는 요즘 습관적으로 달린다. 딱히 무슨 생각을 할 필요가 없다. 그런데 늘 이랬던 것은 아니다. 얼마 전까지만 해도 달리기 한번 하려면 준비와 각오를 단단히 해야 했다. 흔히 새로운 습관을 들이는 데 21일, 길어야 30일 정도 걸린다고 한다. 3, 4주 정도만 결심을 유지할 수 있으면 된다는 뜻이다. 까짓것, 그 정도 못 참을 거야 없다! 하지만 내 달리기에선 그게 통하지 않았다. 21일로는 어림도 없었다. 새로운 습관을 들이려고 애써 본 사람이라면 그보다 오래 걸린다는 걸 다 알고 있다.

소위 말하는 21일 "규칙"은 과학적 근거가 없는 통념에 지나지 않는다. 물론 쉽고 간단한 일이라면 그럴 수도 있다. 하지만 복잡하거나 도전적인 습관은 그보다 훨씬 더 오래 걸린다. 런던 대학교University College London 연구진이 각기 다른 유형의 습관을 새로 들이려는 사람들을 추적 조사했다. 그 결과, 새로운 습관이 자연스럽게 나오는데 평균 66일이 걸렸다. 사회 통념보다 세 배나 더 걸렸다. 게다가 어떤 활동은 250일 이상 걸리기도 했다![88]

어떤 목표를 기한 내에 이루지 못하면 동기를 잃기 쉽다. 습관을 들일 때 고비를 넘기려면 더 많은 노력이 필요하다. 다행히, 효과적인 해결책이 두어 가지 있다. 일단 우리는 성취 목표의 동기를 활용할 수 있다. 서로 관련된 성취와 습관을 연결시킴으로써 어려운 습관 목표를 유지하는 것이다. 당신에게 주 6회 달리기가 다소 부담스러울 수 있다. 하지만 당신이 가령 8월 1일까지 10킬로그램을 빼겠다는 성취 목표를 가슴으로 되새긴다면, 그 동기를 활용해 새벽 조깅을 나갈 수 있다. 이 방법이 먹히면, 습관을 최종 목적이 아니라 더 큰 성취를 위한 과정으로 생각해도 된다. 습관은 본래 당신의 성취 목표에 이르기 위한 다음 단계로 작용한다. 당신의 눈길이 더 큰 상금에 쏠려 있기 때문에 지속적으로 노력을 기울이기가 더 쉽다.

체인과 게임 Chains and Games

다른 해결책으로는 목표 기간을 정하고 꾸준히 추적하는 것이다. 뒤에 첨부한 목표 템플릿 샘플에는 그렇게 할 수 있는 일람표가 포함되어 있다. 손쉽게 달력에 X 표시를 하는 식으로 추적해도 된다. 제리 사인펠트Jerry Seinfeld가 글쓰기 습관을 기르려고 이 방법을 사용했다는 사실은 널리 알려져 있다. 그는 날마다 농담을 하나씩 적고 나서 달력에 X 표시를 했다.

"며칠 지나면 체인이 생길 겁니다. 그 일을 빼먹지 않고 하다 보면 체인은 계속 늘어나죠. 처음 몇 주 동안은 체인이 점점 길어지는 것만

봐도 흐뭇할 겁니다. 그다음엔 체인이 끊어지지 않도록 신경 쓰면 됩니다."[89]

동일한 작업을 수행할 때는 일지를 적거나 태스크 관리 시스템으로 반복된 작업을 설정할 수 있다. 행적을 추적하는 체인 시스템은 어떤 습관에도 효과가 있을 수 있다.

매일 하는 달리기, 매주 하는 영업 상담, 매달 하는 배우자와의 야간 데이트 등 어떤 목표에나 체인을 도입할 수 있다. 작가들은 흔히 매일 쓰겠다고 정한 단어 목표가 있다. 유머 작가인 프란 레보비츠Fran Lebowitz가 하루는 소더비 경매장에서 가구를 둘러보고 있었다. 그런데 그녀를 알아본 사람이 다가와 마크 트웨인의 진품 원고를 구경하지 않겠냐고 물었다. 그런 제안을 거절할 작가가 어디 있겠는가. 그래서 선뜻 따라가서 함께 원고를 살피는데, 직원이 이상한 점을 지적했다. 마크 트웨인이 원고의 여백에 작은 숫자들을 써 놨던 것이다.

직원이 말했다.

"우린 이게 대체 뭘 뜻하는지 모르겠습니다."

작가인 레보비츠는 그게 뭔지 대번에 알아봤다.

"내가 트웨인을 연구하는 학자는 아닙니다만, 페이지마다 적힌 작은 숫자에는 통달한 사람입니다."

레보비츠는 잠시 뜸을 들인 후 말을 이었다.

"이 숫자들은 트웨인이 단어 수를 세어 놓은 것입니다."

"말도 안 돼요!"

"내기라도 할까요?"

레보비츠가 자신 있게 말했다.

"그럼 직접 한 번 세어 보세요."

그들이 단어 수를 세어 보니, 레보비츠의 말이 맞았다.

"트웨인이 단어 수에 따라 돈을 받았나 보군요."

직원이 추측했다. 하지만 레보비츠는 그렇게 생각하지 않았다.

"단어 수로 지불받은 것과는 상관이 없을걸요. 트웨인은 그냥 날마다 이 정도 단어를 적겠다고 다짐했을 겁니다. 그래서 목표치를 다채웠는지 매번 확인했던 거죠. 뒷자리에 앉은 꼬마가 목적지에 다 왔냐고 자꾸 물어보는 것과 같은 이치죠."[90]

우리는 〈톰 소여의 모험〉이나 〈허클베리 핀의 모험〉 같은 작품을 한 덩어리로 생각하기 쉽다. 하지만 원대한 꿈으로서 시작된 이 작품들은 오랜 기간 날마다 글을 쓰고 확인하는 과정을 거친 끝에 탄생했다.

과정을 추적하는 다른 방법은 활동에 게임 요소를 적용하는 것이다. 2, 3년 전, 나는 물을 자주 마시는 습관을 들이고 싶었다. 그래서 플랜트 내니Plant Nanny라는 이름의 아이폰 앱을 활용했다. 디지털 식물을 관리하라는 앱이다. 물을 한 잔 마신 후, 앱에 기록할 때마다 식물은 내가 물을 준 것처럼 반응했다. 하지만 내가 일정대로 물을 안 마셔서 앱에 기록하지 않으면, 식물은 병에 걸려 결국 죽고 만다. 이 게임은 목표 기간 99일을 다 지킬 만큼 흥미로웠다. 이제 그 습관은 완전히 내면화되었다. 아울러 물을 자주 마시는 습관은 그 자체로 보상이 있다. 나는 전보다 기력이 좋아지고 머리도 잘 돌아간다. 활동에

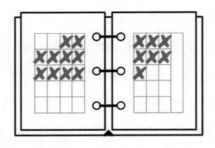

습관을 들이려면 시간이 걸리는데, 흔히 당신이 생각하는 것보다 오래 걸린다. 습관이 몸에 완전히 밸 때까지 달력에 X표를 그어 나가면, 꾸준히 노력하는 데 도움이 될 수 있다.

게임 요소를 적용하니 재미도 있었고, 습관이 몸에 밸 때까지 오래 유지하는 데도 도움이 되었다.

개선된 점을 측정하라

크고 도전적인 목표를 세우면 가도 가도 끝이 없다는 생각에 열정이 식기 쉽다. 애초에 왜 시작했냐고 자책하면서 의기소침해지기도 한다. 가령 책 쓰기, 주택담보 대출 상환, 노후 대비 등, 어떤 목표를 세웠든 처음엔 갈 길이 너무 멀고 막막해서 한숨만 나올 수 있다. 현실과 목표 간의 격차에 집중하기 때문이다. 그런데 동기부여 전문가인 댄 설리번Dan Sullivan은 자신의 격차 모델The Gap™에서, 모자란 점gap을 측정하지 말고 개선된 점gain을 측정하라고 조언한다.

그러니 잠시 멈추고 지금까지 개선된 점을 살펴보라. 얼마큼 해냈는지 보면서 마음을 다잡아라. 이것은 이정표를 세우는 또 다른 이유이기도 하다. 원대한 목표를 관리 가능한 단위로 쪼갤 수 있을 뿐만 아니라 앞뒤 양쪽으로 측정할 수도 있다. 개선된 점을 측정함으로써 우리는 인내심도 키우고 추진력도 얻을 수 있다.

추진력을 꾸준히 유지하려면 개선된 점을 실시간으로 측정해야 한다. 어떻게? 〈성과를 내고 싶으면 실행하라〉In The 4 Disciplines of Execution(이창신 옮김, 김영사, 2016년 3월)에서, 크리스 맥체스니Chris McChesney, 숀 코비Sean Covey, 짐 헐링Jim Huling은 측정 방법을 선행 지표lead measure와 후행 지표lag measure로 구분한다. [91]

후행 지표에서는 당신이 목표를 달성했는지 여부를 판단하기 위해 되돌아봐야 한다. 데드라인이나 결승선, 타깃을 생각해 보라. 예를 들어, 졸업논문을 기한 내에 제출했는가? 10킬로미터 달리기를 완주했는가? 매출 목표를 달성했는가? 후행 지표는 종착점에 매여 있기 때문에 성취 목표를 측정하는 데 좋다. 하지만 한 차례 측정으로 끝나며, 대체로 측정 지점까지 도달하는 데 오래 걸린다. 이 방법으로는 추진력을 얻기 어렵다.

선행 지표는 다르게 작용한다. 뒤를 돌아보는 게 아니라 앞을 내다본다. 당신이 타깃을 공략하는 데 영향을 미치는 활동을 측정한다. 예를 들어, 매출 목표 달성이 당신의 후행 지표라면, 매주 정해진 회수만큼 영업 상담을 진행하는 것은 선행 지표가 될 수 있다. 왜? 그러한 활동이 당신의 매출 목표를 달성하게 해 주기 때문이다. 올바른 측정 방법을 활용한다면, 목표를 향해 꾸준히, 심지어 예상보다 빨리 나아갈 수 있다.

꾸준히 하면 이긴다

성공은 작은 변화가 쌓이고 쌓여서 이루어진다. 그런데 우리는 기다리는 걸 끔찍이 싫어하고 순간의 만족을 추구하는 문화 속에서 살아간다. 하지만 우리의 동기를 지배할 수 있다면, 작은 변화가 쌓이고 쌓여 결국 엄청난 성과를 안겨 줄 때까지 오래오래 버틸 수 있다. 아울러 목표를 달성하는 길을 남들과 함께 가면 또 다른 혜택을 누릴 수 있다. 다음 장에서 이 점을 살펴볼 것이다.

탁월한 인생을 만드는 법

함께 가면 더 좋다

톨킨J. R. R. Tolkien은 1937년 가을에 아동 소설인 〈호빗〉The Hobbit(이미애 옮김, 씨앗을뿌리는사람, 2010년 7월)으로 놀랄 만한 성공을 거뒀다. 그러자 출판사에서 "대중이 호빗족의 이야기를 더 듣고 싶어 할 것"이라며 후속편을 써 달라고 요청했다. 톨킨은 후속편을 쓸 계획이 없었다. 그래서 처음엔 이렇게 반응했다.

"글쎄요. 호빗족에 대해선 더 할 말을 생각해 보지 않아 살짝 당황스럽군요."

이 문제는 여기서 끝날 수도 있었지만 그러지 않았다. 톨킨은 호빗이 사는 가상 세계인 중간계Middle Earth에 대해선 조금 써 놨다고 언급했다. 그러면서 편집자에게 딱히 매력적인 인물은 없지만 한번 읽어 보겠냐고 제안했다.

"C. S. 루이스와 내 아이들 외에 다른 사람의 의견도 들어 보고 싶군요. 호빗에 관한 것 말고 이 작품이 쓸 만한 가치가 있는지 한번 살펴봐 주시기 바랍니다."

톨킨의 머리가 분주히 돌아갔다. 거의 20년 동안, 톨킨은 생계를 유지하기 위해 별 관심 없는 분야의 글을 주로 써 왔다. 그런 탓에 지금, 처음부터 계획했던 건 아니지만 〈호빗〉의 후속편을 요청받자 벌써 어떻게 해낼지 궁리하기 시작했다.

"당신의 편지를 읽고 나니 내 안에서 실낱같은 희망이 솟아난다는 점을 고백하지 않을 수 없군요. 앞으론 의무(돈벌이)와 욕망(쓰고 싶은 이야기에 대한 열정)이 (어쩌면) 좀 더 긴밀히 연결될 수 있지 않을까 하는 생각이 들기 시작했습니다."[92]

표현은 다소 조심스럽지만, 자신이 좋아하는 이야기를 쓰면서 동시에 가족의 재정 상황을 개선하는 엄청난 기회를 맞은 톨킨의 들뜬 마음을 엿볼 수 있다. 톨킨은 이게 인생을 바꿀 만큼 엄청난 기회임을 알았다. 그가 할 일은 다른 소설을, 이왕이면 호빗이 나오는 소설을 쓰기만 하면 됐다. 처음엔 그야말로 쉬운 일처럼 보였다. 실제로 톨킨은 크리스마스를 앞두고 후속편의 첫 장을 완성했다. 이대로만 가면 만사가 순조롭게 끝날 터였다. 그런데 세상이 어디 그렇게 호락호락한가!

그즈음 톨킨은 개인적으로 복잡한 일이 생기고 업무상 해야 할 일도 많은 데다 건강까지 나빠졌다. 결국 첫 장만 쓴 채 전혀 진전을 보지 못했다. "도대체 어떻게 해야 할지 모르겠다."며 이 프로젝트를 몇

　　　　　　　　탁월한 인생을 만드는 법

번이나 포기하려 했다. 그의 편지를 보면 갈팡질팡하는 모습이 여러 차례 나온다. 의욕이 넘쳐 금방이라도 끝낼 수 있다고 자신하는가 하면, 아이디어와 에너지가 바닥나서 당장 때려치우고 싶다고 투덜대곤 했다. 한번은 "집필의 기쁨이 악몽으로 변했다"고 호소하기도 했다. [93]

중요한 목표를 추구할 때 우리도 비슷한 경험을 하기 때문에 톨킨의 이야기가 전혀 낯설지 않다. 동기와 자신감은 파도처럼 오르락내리락한다. 그렇다면 톨킨은 20세기 가장 많이 팔린 책 중의 하나로 꼽히는 〈반지의 제왕〉을 완성하기까지 온갖 방해와 좌절을 어떻게 극복했을까? 해답은 톨킨의 친구인 C. S. 루이스와 나눈 우정에서 찾을 수 있다. 몇 차례 결정적 순간에 루이스는 톨킨이 프로젝트를 끝까지 완성하도록 격려했다. 1954년에 책이 출간되자마자 독자 서평이 올라오기 시작했을 때, 톨킨은 "루이스의 지원과 우정 덕분에 나는 기어이 집필을 끝낼 수 있었다."[94]라고 고백했다. 10년이 흐른 뒤에도 톨킨은 루이스에 대한 고마움을 잊지 않았다:

그에게 갚기 어려운 빚을 졌는데, 그것은 바로 한없는 격려이다. 오랫동안 그는 나의 유일한 독자였다. 순전히 그 친구 덕분에 내 "허튼소리"가 개인적 취미로 끝나지 않을 수 있었다. 그가 관심을 보이고 끊임없이 다음 이야기를 들려 달라고 재촉하지 않았다면 나는 〈반지의 제왕〉을 완성하지 못했을 것이다. [95]

66

성공하려면 도움을 받아야 한다.
그것도 아주 많이.

99

← 혼자

함께 →

세상사를 혼자 힘으로 헤쳐 나갈 수 있는 사람은 없다. 좀 솔직해지자. 적어도 두 사람이 힘을 합쳐야 한다. 남들과 함께 노력하면 목표를 완수할 가능성이 더 커진다.

톨킨은 원대한 목표를 세웠지만 친구의 도움이 없었더라면 그 목표를 이루지 못했을 것이다. 좋든 싫든 우리도 그와 같은 처지에 놓여 있다.

성공은 당신이 어울리는 사람들에게 달려 있다

우리 문화에서는 흔히 자수성가한 사람을 높이 평가했다. 이젠 그런 근거 없는 신화는 버려야 한다. [96] 성공하려면 도움을 받아야 한다. 그것도 아주 많이. 우리가 어울리는 사람들의 영향을 결코 무시할 수 없다. 그렇기 때문에 솔로몬Solomon 왕은 우정을 강조하고 또 강조했던 것이다.

"철이 철을 날카롭게 하는 것같이 사람이 그 친구의 얼굴을 빛나게 하느니라."[97]

솔로몬 왕은 또 부정적 우정에 대해서도 경고했다.

"노를 품는 자와 사귀지 말며 울분한 자와 동행하지 말지니, 그의 행위를 본받아 네 영혼을 올무에 빠뜨릴까 두려움이니라."[98]

우리가 평소 어울리는 사람들이 중요하다. 심리학자 헨리 클라우드는 이렇게 말한다.

"특히 체중 감량이나 중독 극복 등 자기계발과 관련된 상황에서, 프로그램을 꾸준히 수행하려면 공동체의 에너지가 우리에게 연료를 공급해 주는 방식으로 작용해야 한다. 당신이 속한 공동체가 건강을 도모하거나 어려움을 극복하는 방향으로 나아간다면, 성공할 가능성이 커진다는 연구 결과가 있다…… 긍정적 에너지는 전염성이 있다."[99]

우리가 애초에 의도적으로 접근하면, 인생 최고의 해를 맞이하기 위해 그러한 긍정적이고 전염성 강한 에너지를 우리 쪽으로 끌어들일 수 있다. 우리는 흔히 의식하지 못하는 사이에 동류同類 집단에 들어가게 된다. 우리의 의도와 상관없이 직장이나 아이들의 학교, 신앙생활과 관련된 사람들과 어울리기 때문이다. 그런데 철이 철을 날카롭게 하고 사람이 그 친구의 얼굴을 빛나게 한다면, 우리는 타인이 우리에게 미치는 영향에 주의해야 한다. 아무나 만나는 대신에, 루이스와 톨킨처럼 서로 상대의 목표를 이루는 걸 돕는 공동체를 수립할 수 있다.

의도적으로 맺은 관계는 적어도 네 가지 분야에서 매우 유용하다:

- **배움**. 좋은 그룹과 연결되면 배움을 촉진하고 통찰력을 키울 수 있다. 아울러 중요한 자료를 찾고 최적의 작업 방식을 익힐 수 있다.

- **격려**. 우리의 목표가 업무와 관련됐든, 가정생활이나 신앙생활과 관련됐든, 도저히 이룰 수 없을 것 같을 때가 있다. 좋은 그룹은 당신이 거센 폭풍을 헤쳐 나아가는 데 필요한 지원과 격려를 제공할 수 있다.

- **책임성**. 우리가 엇나갈 때는 따끔한 질책도 필요하다. 좋은 동료는 우리가 바른 길로 나아가도록 이끌어 줄 등불 같은 존재이다.

- **경쟁**. 1단계에서 풍족한 사고를 하는 사람은 경쟁을 두려워하기는커녕 오히려 더 소중히 여긴다고 했던 말을 기억하라. 왜 그럴까? 사회적 압력은 흔히 우리가 목표를 달성하는 데 유리하게 작용한다. 펜실베이니아 대학 연구진은 규칙적으로 운동하는 사람들로 구성된 네 그룹을 10주 이상 비교, 분석했다. 한 그룹에선 구성원이 따로따로 운동했다. 다른 그룹에선 구성원끼리 서로 지원하며 운동했다. 세 번째 그룹에선 사람들이 각자 경쟁하며 운동했다. 네 번째 그룹에선 사람들이 팀별로 경쟁하며 운동했다. 세 번째와 네 번째 그룹에선 참가자들끼리 기록을 비교할 수 있었지만, 처음 두 그룹에선 비교할 수 없었다. 결과는 어떻게 됐을까? 경쟁 그룹이 비경쟁 그룹보다 거의 두 배나 높은 성과를 거뒀다.[100]

물론 받고만 살 수는 없다. 당신도 그룹의 다른 사람들에게 배움과 격려, 책임과 경쟁적 압력을 제공할 수 있다. 그 말은 곧 서로 도와줄 수 있는 사람들을 잘 선택해서 목표를 공유해야 한다는 뜻이다.

잘 선택해야 한다는 말에 주목하라.

어울릴 만한 사람을 현명하게 선택하라

솔직히, 예전엔 이 말을 별로 따르지 않았다. 그냥 아무하고나 내 목표를 공유하곤 했다. 심지어 세상 사람들이 다 보도록 블로그에 올리기도 했다. 그러던 차에 CD 베이비^{CD Baby}(인디 음악을 판매하는 세계 최대 온라인 배포 업체_역자 주)의 설립자인 데릭 시버스^{Derek Sivers}의 테드^{TED} 강연을 들었다.

"반복된 심리 테스트 결과, 누군가에게 당신의 목표를 말하면 그 목표를 이뤄 낼 가능성이 낮아진다는 결과가 나왔습니다."[101]

왜 그럴까? 이유는 바로 당신의 뇌가 그 목표를 실제로 이뤄 낸 것과 같은 만족감을 경험하기 때문이란다. 목표를 떠벌리면 결국 당신에게 불리하게 작용한다는 것이다. 꼭 불리하게만 작용할까? 나는 그렇지 않다고 본다.

앞서 언급한 게일 매튜스의 연구로 다시 돌아가 보자. 목표를 기록한 뒤 자신을 응원하는 친구들과 공유한 사람들이 혼자만 간직한 사람들보다 더 잘한다는 내용이었다. 그렇다면 이 상반된 주장을 어떻게 조율하는 게 좋을까? 목표를 아무하고나 공유하지 않고 응원해 줄 친구들을 선택해서 공유하면 되지 않을까? 가령 목표 설정 과정을 이해하는 사람들, 우리가 엇나갈 때 따끔하게 지적해 줄 사람들, 우리가 핑계를 대면서 물러나려 할 때 붙잡아 줄 사람들, 우리가 험난한 중간 지대를 건널 때 지원과 격려를 아끼지 않을 사람들하고만 공유하는 것이다.

대표적 사례로 알코올 중독자 갱생회를 꼽을 수 있다. 찰스 두히그는 <습관의 힘>에서 이 단체의 성공 이유를 조사했다. 1단계에서 내가 지적했듯이, 술에 취하지 않을 가능성에 대한 믿음이 성공과 실패를 가르는 결정적 요인이었다. 그 믿음의 출처가 바로 지원 그룹이었다. 한 연구자가 두히그에게 이렇게 말했다.

"알코올 중독자 갱생회에 참여한 사람들은 어느 순간 주변을 둘러보며 생각합니다. '저 친구에게 효과가 있다면, 나한테도 효과가 있을 거야.'라고 말이죠. 여기 모인 사람들과 그들이 공유하는 경험에는 정말로 강력한 힘이 있습니다."[102]

두히그는 "사회적 그룹에 소속된 사람들이" 급격히 바뀐 사례를 몇 가지 더 제시했다. 한 여성은 그룹에 가입한 일을 판도라의 상자 뚜껑을 깨뜨린 일에 비유했다. 물론 좋은 의미로 한 말이었다. 그룹에 들어와 인생관이 바뀌자, 그녀는 예전으로 돌아가지 않게 되었다고 고백했다.

"내 상황을 도저히 견딜 수 없었습니다. 하지만 여기 들어온 뒤로 나는 완전히 바뀌었습니다."

두히그는 조사 결과를 이렇게 요약했다.

"믿음은 공동체 안에서 싹텄을 때 더 굳건하다."[103]

『인생 최고의 해를 위한 5일 훈련』에 참여한 스콧은 동료의 힘을 대변하는 사람이다. 목표를 달성한 뒤에 그는 이렇게 말했다.

"같은 길을 나란히 가면서 격려를 아끼지 않은 친구들과 이 일을 함께할 수 있어서 정말 좋았습니다."

그 혜택은 한 방향으로만 흘러가지 않았다.

"나 역시 그들을 도울 수 있었습니다."

스콧과 친구들은 공유한 목표 목록을 구글에 올린 후 잘하고 있는지 수시로 점검했다. 스콧은 마지막으로 이렇게 조언했다.

"내가 해 줄 수 있는 최고의 조언은 타인을 끌어들이라는 것입니다. 믿을 만한 사람들끼리 서로 점검해 주고 책임을 공유하는 것만큼 효과적인 방법은 없습니다. 정말로 그만한 가치가 있습니다."

올바른 동료는 해방적 진실을 위한 지지대로 작용한다. 우리가 험난한 중간 지대를 지날 때 믿음과 다짐을 끝까지 유지하도록 돕는다. 여기서 핵심은 공동체의 구성 요소와 공통된 믿음이다. 주변에 결핍된 사고를 하는 사람들이 가득하면, 당신은 목표 달성을 위한 동기를 유지하기 어려울 것이다. 반면에, 풍족한 사고를 하는 사람들이 가득하면, 당신은 지원과 격려, 통찰과 해결책을 물심양면으로 제공받을 것이다. 멋진 아이디어는 뜬금없이 나오는 게 아니라 심도 있는 대화 속에서 나온다. 우리가 올바른 사람들과 어울리면, 갖가지 생각을 더 유연하게 연결해서 참신한 해결책을 찾아낼 공산이 크다. 경제학자

탁월한 인생을 만드는 법

엔리코 모레티Enrico Moretti는 이렇게 말한다.

"똑똑한 사람들과 어울리면 우리는 더 똑똑하고 더 창의적이며 궁극적으로 더 생산적인 사람이 될 수 있다. 그리고 똑똑한 사람일수록 그 효과가 더 강해진다."[104]

톨킨과 루이스의 관계로 이 장을 시작했지만, 비슷한 역학을 보여주는 관계는 더 있다. 폴 매카트니와 존 레논은 때론 경쟁을, 때론 협력을 하며 서로 발전했다. 상대가 없었더라면 그들은 지금과 같은 성과를 거두지 못했을 것이다.[105]

어떤 그룹이 가장 적합할까?

이러한 동류 집단은 우리가 바라는 친밀도에 따라 형태와 구성이 다를 수 있다. 당신에게 가장 적합할 만한 그룹의 예를 몇 가지 살펴보겠다.

온라인 커뮤니티. 나는 독자들과 팟캐스트 청취자들의 도움으로 마이클 하얏트닷컴Michael Hyatt.com에 구축한 커뮤니티를 자랑스럽게 생각한다. 이 커뮤니티는 나를 포함해 성장 가도를 달리는 수많은 기업가와 지도자에게 다양한 정보와 격려를 제공한다. 아울러 『인생 최고의 해를 위한 5일 훈련』과 생산성 향상 코스인 "프리 투 포커스"를 위해 우리가 구축한 페이스북 커뮤니티들, 그리고 온라인 플랫폼 구축에 관한 커뮤니티인 "플랫폼 유니버시티Platform University"도 마찬가지다. 수많은 참가자들이 인생의 돌파구를 찾고 획기적으로 변하는 모습을 보면 참으로 뿌듯하다. 당신이 어떤 목표를 품고 있든, 이러한 그룹들은 당신이 결승선까지 힘차게 달려가도록 도와줄 것이다.

달리기 그룹과 운동 그룹. 운동 클래스나 달리기 클럽에 가입하는 등 이미 존재하는 공동체의 문을 두드릴 수 있다. 나는 하프 마라톤을 처음 했을 때 혼자 훈련했다. 하지만 두 번째와 세 번째 때는 다른 사람들과 함께 훈련하고 싶었다. 마침 내 딸 메건이 지역 자선단체를 위해 기금을 조성하자는 취지로 달리기 팀을 결성했다. 레이스가 열리는 날까지 4개월 동안 30명 정도가 토요일 아침마다 만나 함께 훈련했다. 어느 지역에나 비슷한 취지의 공동체가 있다. 당신이 사는 지역에 그런 공동체가 없다면, 직접 결성해 보는 건 어떤가?

온라인 카페. 비슷한 사람들이 모인 상담 그룹P2P coaching group에서는 우수 사례를 배우고, 당신의 문제점에 대한 피드백을 얻으며, 당신이 직면한 난관을 이미 넘은 사람들의 조언을 들을 수 있다. 이러한 그룹은 자기 분야에서 높은 성과를 거둔 사람들이 자신의 노하우를 기꺼이 전해 줄 때 가장 효과가 좋다. 나는 지금까지 여러 그룹에 참여해서 개인적 목표와 직업적 목표를 이루는 데 크나큰 도움을 받았다.

코칭 서클이나 멘토링 서클. 사람은 누구나 가이드가 필요하다. 좋

탁월한 인생을 만드는 법

은 길로 이끌어 줄 가이드는 많을수록 좋다. 멘토는 온오프라인에서 상담과 조언을 제공하고 우리의 도전의식을 북돋워 준다. 나도 현재 한 서클에 참여자로 소속되어 있다. 아울러 지금까지 여러 멘토링 그룹을 이끌면서 젊은이들이 인생의 난관을 이겨 내고 한껏 성장하도록 도와주었다. 최근엔 『인생 최고의 해를 위한 5일 훈련』과 "프리 투 포커스"를 위해 이러한 멘토링 그룹을 새로 출범했다. 우리는 함께 성장하고 발전하기 위해 서로 경쟁하면서 문제를 해결하고 새로운 도구와 체제를 배우고 있다.

독서 그룹이나 스터디 그룹. 인생과 신앙, 가정과 사업 영역에서 배움의 길은 끝이 없다. 때로는 사람들이 책상에 둘러 앉아 특정 주제에 관한 책을 함께 공부하는 게 제일 좋은 방법이다. 우리가 앞으로 나아갈 방향을 책에서 찾을 수 있을 뿐만 아니라 구성원끼리 마음이 통하면 더 심오한 대화를 나눌 수도 있다.

책임성 공유 그룹. 알코올 중독자 갱생회나 남성 기독교 신자들을 위한 "삼손 소사이어티Samson Society"106 같은 단체는 원래 격식을 갖추고 책임성을 공유하지만, 때로는 이런 그룹 안에서도 스콧과 그의 친구들처럼 허물없이 모일 수 있다. 구성원 중에 누가 어려운 상황에 처하면 서로 격려하고 질책하기 위해 허심탄회하게 이야기할 수 있다.

친한 친구들. 끈끈한 우정을 대신할 관계는 없다. 루이스와 톨킨의 우정은 몇십 년 동안 이어졌다. 다소 소원해졌을 때조차 둘은 서로에게 유익한 관계를 유지했다. 루이스는 심지어 톨킨에게 알리지 않고 〈반지의 제왕〉을 노벨 위원회에 추천하기도 했다. 선정되지는 못했지만 루이스는 친구의 작품을 그 정도로 높이 평가했다. 내 주변에도 그런 친구들이 있다. 이런 종류의 관계는 일이나 가정보다 뒷전에 밀리기 쉽지만, 친한 친구들은 인생의 여러 영역을 떠받쳐 주는 지지대와 같다. 그들은 우리의 꿈과 목표를 알기에 우리가 난관에 부딪쳐 쓰러지려 할 때 누구보다 먼저 달려와 붙잡아 줄 수 있다.

놓치지 마라

의도적으로 관계를 맺으면 혼자일 때보다 더 생산적이고 창의적이며 유능한 사람이 될 수 있다. 그런데 당신이 나와 같은 처지라면, 이런 관계를 맺는 게 쉽지 않을 수 있다. 과중한 업무에 치이고 가족의 잡다한 요구를 들어주느라 다른 데 눈을 돌리기가 어렵기 때문이다. 더구나 신경을 많이 써야 하는 관계는 유지하기가 더 어렵다. 하지만 인생 최고의 해를 경험하고 싶다면, 놓치지 마라! 그들은 당신이 사회생활과 가정생활을 꾸려 가는 데 헤아릴 수 없이 많은 도움을 줄 수 있다.

탁월한 인생을 만드는 법

1. 당신의 동기를 되새겨라

일단 핵심 동기를 파악하라. 애초에 왜 그 목표에 도달하고 싶은가? 그게 당신에게 왜 중요한가? 핵심 동기를 종이에 죽 적어 보라. 막연히 나열하지 말고 우선순위를 매겨 보라. 가장 절실한 이유를 목록 상단에 배치하라. 마지막으로, 상위에 오른 동기를 머리와 가슴으로 되새기도록 하라.

2. 동기부여의 달인이 돼라

목표에 도달할 때까지 동기를 유지할 방법이 네 가지 있다:

① 보상을 파악하고 즐거운 마음으로 고대하라. 결국엔 과제 자체가 보상이 되기도 한다.
② 몇 주 만에 새로운 습관을 들이겠다고 다짐하지만 아마 생각보다 오래 걸릴 것이다. 때로는 대여섯 달씩 걸리기도 한다. 상황에 맞춰 기대치를 설정하라.
③ 습관 들이기 앱이나 달력 체인으로 과정에 게임 요소를 가미하라.
④ 댄 설리반이 내게 알려 준 것처럼, 모자란 점(gap)을 측정하지 말고 개선된 점(gain)을 측정하라. 꾸준히 하면 결국 이긴다는 사실을 명심하라.

3. 당신을 응원해 줄 팀을 결성하라

친구들과 함께 가면 거의 언제나 목표에 더 쉽게 도달할 수 있다. 의도적으로 맺은 관계는 배움, 격려, 책임성, 경쟁 등 성공에 필요한 네 가지 요소를 제공한다. 당신이 성장하고 목표에 도달하도록 도와줄, 의도적 관계로 맺어진 그룹을 몇 가지 소개한다:

* 온라인 커뮤니티
* 달리기 그룹과 운동 그룹
* 온라인 카페
* 코칭 서클과 멘토링 서클
* 독서 그룹과 스터디 그룹
* 책임성 공유 그룹
* 친한 친구들

당신에게 필요한 그룹을 찾을 수 없으면, 손 놓고 기다리지 말고 직접 결성해 보라.

STEP 1
가능성을
믿어라

STEP 2
과거를
잘 마무리하라

STEP 3
미래를
설계하라

STEP 4
당신의 이유를
찾아라

STEP
| 5 |

실행에
옮겨라

Make It Happen

지금까지 상당히 많은 내용을 살펴봤다. 그래서 더 나아가기 전에 지나온 여정을 간단히 정리하고자 한다.

1단계에서는 인생 최고의 해를 맞이하려면 믿음을 업그레이드하고, 당신 인생에서 가능한 일에 관한 해방적 진실을 채택해야 한다고 말했다.

2단계에서는 과거를 마무리하기 위한 회고적 사고의 힘을 파악하고, 후회가 미래의 기회를 드러낸다는 점과 감사 어드밴티지를 지렛대 삼아 풍족한 사고를 기를 수 있다고 안내했다.

3단계에서는 SMARTER 성취 목표와 습관 목표를 적절히 활용해 빛나는 미래를 설계하는 방법과, 인생 최고의 해가 안전 지대 밖에 놓여 있는 이유를 살펴봤다.

4단계에서는 내적 동기의 힘을 활용해야 한다는 점과 험난한 중간 지대를 무사히 지나기 위해 친구들과 함께 가는 게 좋다는 사실을 살펴봤다.

이제 5단계에서는 실행에 옮기는 문제를 논의할 것이다. 계획하는 것만으로는 부족하다. 목표를 제대로 달성하려면 실행에 옮겨야 한다.

탁월한 인생을 만드는 법

천 리 길도 한 걸음부터

> 위대한 일은 충동적으로 이뤄지는 게 아니라
> 자잘한 일들이 서로 연계돼서 이뤄진다.
>
> 빈센트 반 고흐Vincent van Gogh, 동생 테오에게 보낸 편지에서

남북 전쟁 초기, 군 장성 가운데 조지 메클렐런George B. McClellan 장군보다 더 출중한 사람은 없는 것 같았다. 초반에 잇따른 승전보 덕분에 그는 "미국의 나폴레옹"이라 불렸고, 워싱턴 정계 지도자들의 이목까지 단숨에 사로잡았다. 링컨은 곧 그를 포토맥군Army of the Potomac의 사령관에 임명했고, 얼마 안 가서 북부군의 초대 총사령관에 임명했다.

북부는 메클렐런 장군이 실권을 잡자 대단히 기뻐했다. 〈필라델피아 인콰이어러〉Philadelphia Inquirer지는 그의 진급 소식을 전하며 이렇게 말했다.

"메클렐런 장군의 지휘를 받는 군대는 천하무적일 것이다."[107]

하지만 환호는 얼마 가지 못했다. 신임 사령관이 부하들을 훈련시키는 데는 기민했지만 적을 공격하는 데는 느려 터졌기 때문이다. 메

클렐런은 군대가 제대로 싸울 준비가 되지 않았다면서 정비와 준비에만 심혈을 기울였다. 메클렐런의 전기를 쓴 역사학자 스티븐 시어스Stephen Sears의 표현대로, 그는 적들보다 확실히 우위를 점했을 때조차 "강박적으로 조심했다." 노상 계획하고 준비하느라 좀체 실행에 옮기지 못했고, 어쩌다 실행에 옮겼을 땐 너무 늦어 버렸다.

앤티텀 운하 전투에서 남부군의 로버트 리Robert E. Lee 장군을 막지 못한 것도 순전히 그의 소심증 때문이었다. 시어스는 당시 상황을 이렇게 설명했다.

"적군보다 수적으로 두 배나 우세했지만 메클렐런 장군은 이기는 것보다 지지 않는 것에 집중했다. 게다가 확실한 승기를 잡을 수 있는데도 다음 날 전투를 재개하지도 않았다."[108]

메클렐런은 앞으로 나아갔어야 할 때 참호를 파고 숨었다. 한번은 링컨 대통령이 메클렐런에게 이런 편지를 보냈다고 한다.

"당신이 군대를 쓰고 싶어 하지 않는다면, 내가 당분간 빌려 쓰고 싶소."

메클렐런의 문제는 주로 적군의 규모를 과대평가하는 데 있었다. 적군의 기세에 눌리다 보니 갈수록 자신감이 떨어졌다. 결국 링컨의 신임을 잃었고 승리할 기회도 날려 버렸다. 전쟁이 장기화되면서 남북군 양쪽에서 수만 명이 아까운 목숨을 잃었다. 우리는 인생 최고의 해를 맞이하고자 할 때 메클렐런의 실수에서 중요한 사실을 배울 수 있다. 즉, 목표 설정은 과업의 절반만 완수한 것일 뿐이며 나머지 절반은 과감한 실행에서 거둘 수 있다.

탁월한 인생을 만드는 법

시작의 기술

주변을 둘러보면 계획하고 준비하는 데만 여념이 없는 사람이 있다. 그들은 신제품을 출시하거나 새 직장을 구하거나 첫 책을 내고 싶어 하지만 도무지 착수하지 못한다. 메클렐런처럼 아직 준비가 안 됐다면서 계속 미적거린다. 머릿속에 그려 보고 조사하고 계획하는 일에 시간을 허비한다. 그렇다고 내 말을 오해하지는 마라. 상세한 실행 계획이 무조건 나쁘다는 말은 아니다. 핵잠수함을 건조하려면 굉장히 꼼꼼하게 계획해야 한다. 하지만 당신과 내가 세우는 목표의 경우, 지나치게 꼼꼼한 계획은 흔히 일을 미루고 싶어서 질질 끄는 꼼수일 뿐이다. 실행에 옮기는 것보다는 계획을 짜는 게 훨씬 쉽기 때문이다.

이 단계에서 가장 중요한 점은 시작의 기술을 발휘하는 것이다. 처음부터 결말을 보려 하지 않아도 된다. 실은 거창한 목표라면 결말을 볼 수도 없고 굳이 미리 볼 필요도 없다. 당신은 그저 다음 단계만 보면 된다. 어떤 목표라도 한 번에 한 가지씩만 실행할 수 있다. 하지만 메클렐런처럼 할 일을 쌓아 두고 계획만 세우면, 우물쭈물하다 겁먹고 포기하기 십상이다.

그러지 않으려면 어떻게 해야 할까?

쉬운 일부터 공략하라

몇 년 전, 한 동기부여 전문가가 관중에게 "저 개구리를 먹어라 Eat that frog!"라고 부추기는 소리를 들었다. 사실 이 표현은 역사가 길다.[109] 게다가 그 나름대로 일리가 있다. 그만 꾸물거리고 당신이 두려워하는 일을 당장 해치우라는 뜻이다. 큰일을 해치우고 나면 다른 일은 쉬워 보이는 법이니까. 그런데 이 방법이 미루는 버릇을 극복하는 데는 도움이 될지 모르지만, 거창한 목표나 프로젝트를 앞두고는 오히려 뒷걸음치게 할 수 있다. 차라리 제일 쉬운 일부터 공략하는 게 낫다.

지금까지 책을 여러 권 냈는데, 나는 매번 제일 쉬운 일부터 공략했다. 일단 책의 속표지와 헌사獻詞와 목차를 쓴다. 그리고 장별로 어떤 내용을 쓸지 생각한 다음 제일 만만해 보이는 장章을 고른다. 책을 한 권 쓰려면 막막하지만 한 장은 도전해 볼 만하다. 특히나 제일 쉬운 장이라면 부담이 별로 없다. 나는 신제품을 출시하거나 새로운 코스를 개발하거나 중요한 목표에 착수할 때도 늘 이런 식으로 시작한다.

목표 설정은 불안 지대에서 해야 하지만, 목표 공략은 일단 안전 지대에서 시작해야 한다. 적어도 세 가지 이유로 쉬운 항목을 전면에 배치해야 한다.

첫째는 **실행력** motion 때문이다. 어떤 프로젝트든 첫 발을 떼는 게 가장 어렵기 마련이다. 그런데 쉬운 일이라면 실행에 옮기기 위한 문턱이 낮다. 별거 아니라는 생각에 선뜻 뛰어들 수 있다.

탁월한 인생을 만드는 법

둘째는 **감정**emotion 때문이다. 단기간에 뭐라도 성공하면 기분이 좋아진다. 프란체스카 지노Francesca Gino와 브래들리 스타츠Bradley Staats의 조사에 따르면, "당면한 쉬운 과제를 끝내고 나면, 더 어렵고 중요한 일들을 공략하는 능력이 실제로 향상된다. 목표를 달성하면 뇌에서 도파민이 분비된다. 이 도파민이 주의력과 기억력, 의욕을 높이기 때문에, 당신은 작은 목표를 성취한 뒤에도 긍정적 피드백을 받아 더 힘든 일에 도전할 용기가 생긴다."[110]

내가 딱 그렇다. 나는 일을 수행할 때면 늘 흥분 지수가 상승하고 자신감이 붙는다.

셋째는 **추진력**momentum 때문이다. 일단 시작했는데 일이 술술 풀리면 금세 탄력이 붙는다. 내가 책을 쓸 때 쉬운 장부터 공략하는 것도 다 이 때문이다. 항목을 하나씩 지워 나가면 정신적으로나 정서적으로 여유가 생겨 다른 프로젝트에 더 집중할 수 있다고 지노와 스타트는 말한다. 아울러 어렵게 보였던 항목에 더 쉽게 접근할 수도 있다. 물론 그 반대도 가능하다. 처음에 제일 힘든 프로젝트부터 시작하면 정신적으로나 정서적으로 에너지가 금세 고갈된다. 일에 진척이 없으면 의욕이 떨어지고, 할 일 목록에 있는 쉬운 과제마저 선뜻 손대지 못한다. 탄력이 붙기는커녕 오히려 뒷걸음치게 된다. 결국 목표 달성은 물 건너가는 것이다. 가령 내가 헬스클럽에 갔을 때, 트레이너가 준비 운동도 시키지 않고 70킬로그램짜리 역기를 들어 올리라고 하는 것과 같다. 참으로 멍청한 짓이다. 처음엔 몸부터 풀어야 한다. 안전 지대에서 첫 발을 내디뎌야 하는 이유이다.

신체 단련을 예로 들면, 당신이 올해 하프 마라톤을 하겠다는 목표를 세웠다고 하자. 불안 지대에 목표를 세우긴 했지만, 당신은 어떻게 달성할지 몰라 막막하다. 어쩌면 예전에 실패했던 경험이 떠올라 시작도 하기 전에 기가 죽을지도 모른다. 그럴 땐 어떻게 달성할지 걱정하는 대신에 코치에게 연락하는 등 쉬운 일부터 실행에 옮기도록 하라.

기준을 낮춰서 쉽게 넘어갈 수 있는 과제를 한 가지 고른다. 그 과제를 해치우면 다음 과제를 찾을 수 있다. 목표가 아무리 커도 상관

거창한 목표는 원래 선뜻 시도하기 어렵다. 신경 쓰지 않으면 금세 좌절하고 포기하게 된다. 그렇다면 해결책은? 불안 지대에 목표를 설정하되, 안전 지대에서 한 걸음씩 순차적으로 나아가면 된다.

탁월한 인생을 만드는 법

"

단기간에 뭐라도 성공하면
기분이 좋아진다.

"

없다. 한 번에 한 단계씩 밟아 나가면 결국엔 목표에 도달할 수 있다. 뒤에 첨부한 목표 템플릿 샘플에는 큰 목표를 단계별로 나누는 칸이 있다.

그런데 다음 단계가 뭔지 감이 안 잡히면 어떻게 할까? 그렇더라도 애태울 필요 없다. 그냥 뭐든 시도하라. 일이 틀어져도 걱정하지 마라. 목표는 원래 위험성이 있을 수 있지만 다음 단계는 그렇지 않다. 그냥 과감하게 한 발 내디뎌라. 너무 멀리 뛰지만 않으면 된다. 한 발짝으로 효과가 없으면 한 발짝 더 내디뎌라. 달리기 사례로 돌아가 보자. 주변에서 적당한 코치를 못 찾으면, 페이스북 친구들에게 한 명 추천해 달라고 하라. 어쩌면 인근에 당신이 가입할 수 있는 달리기 클럽이 있을지도 모른다. 당신에게 맞는 방법을 찾을 때까지 이 방법 저 방법 시도해 보라.

외부에 도움을 청하라

때로는 우리에게 어떤 선택지가 있는지, 또 원하는 것을 이루려면 뭘 해야 하는지 몰라서 발을 떼지 못할 수도 있다. 다행히, 우리가 달성하고자 하는 거의 모든 목표와 관련해서 누군가는 달성 방법을 알고 있거나 적어도 당신보다는 감®이 더 좋을 수 있다. 그 누군가가 친구일 수도 있고 책임성 공유 파트너나 전문가일 수도 있다. 도움을 받는다면 굳이 밑바닥에서 시작하지 않아도 된다.

탁월한 인생을 만드는 법

몇 년 전, 나는 근력 단련 문제로 무척 애를 먹었다. 달리기는 수년째 해 왔지만 역기를 들어 올리는 운동은 꾸준히 하기가 어려웠다. 젊었을 땐 혼자서도 곧잘 했는데 나이가 드니까 전혀 진전이 없었다. 근육이 붙지 않으니 의욕도 떨어졌다. 그래서 친구에게 속상한 마음을 털어놨다.

"도무지 진전이 없다니까. 지난 2년 동안 목표 목록에 올려놓고 어떻게든 해 보려 했지만 소용이 없어."

내 말을 듣고 친구가 대뜸 핀잔을 줬다.

"아이고, 이 사람아! 혼자서 하려니까 그렇지. 트레이너를 고용해 봐."

그렇게 쉬운 방법을 두고 혼자 끙끙 앓았다니, 나는 이마를 한 대 탁 치고 싶었다. 왜 진작 그 생각을 못 했을까? 예전에 사진술을 배우기로 했을 땐 적당한 코스를 찾았었고, 기타를 배우고 싶었을 땐 기타 선생님을 고용했다. 낚싯줄에 가짜 미끼를 달아 물고기를 잡는 플라이 낚시를 배우기로 했을 때도 전문가를 찾았었다. 근력 운동도 다를 게 하나도 없었다. 그래서 친구와 헤어진 뒤로 즉시 피트니스 트레이너를 고용해 매주 세 번씩 근력 운동을 시작했다. 그랬더니 금세 탄력이 붙어서 긍정적인 효과를 보고 있다.

외부 도움을 받으면, 거의 언제나 다음 단계를 잘 찾아서 성과를 촉진할 수 있다. 도움의 출처는 다양한 모습으로 나타날 수 있다. 꼭 전문 코치일 필요는 없다. 책이나 잡지, 팟캐스트일 수도 있고, 친구나 동료일 수도 있다. 출처가 뭐든, 당신은 시간을 낭비하지 않고 제대로 첫 발을 떼는 데 필요한 도움을 확실히 얻을 수 있다.

결혼 생활의 위기를 극복하거나 새로운 사업을 시작하거나 책을 쓰거나 10대 자녀와의 관계를 회복해야 하는데, 뭘 어찌해야 할지 몰라 막막한가? 걱정하지 마라. 어딘가에 그 산을 먼저 넘어간 사람이 있다. 봉우리의 높이나 모양이 같지 않아도 그들은 당신을 도와줄 수 있다. 누군가는 당신이 모르는 방법을 알고 있다. 당신은 그 사람이 누군지 구글에서 검색하기만 하면 된다.

굳게 다짐하라

다음 단계를 스스로 결정하든 외부 도움에 의지하든, 일단은 일정을 잡아서 어떻게든 하겠다고 굳게 다짐해야 한다. 당신의 일정표나 과제 목록에 올리지 않으면, 그 일은 아마도 일어나지 않을 것이다. 하고는 싶은데 도저히 시간을 낼 수 없다는 핑계가 절로 나올 것이다. 그렇더라도 그 일에 우선권을 부여하고, 중요한 약속이라도 되는 양 꼭 지켜야 한다.

"어떤 일이 일어나도록 시도해 보겠다."라고 말하는 것과 "어떤 일이 일어나도록 하겠다."라고 말하는 것은 엄청난 차이가 있다. 전자는 단지 선심 쓰듯이 한번 해 보겠다는 뜻이다. 해 봤는데 효과가 있으면 다행이지만, 초반에 뚜렷한 결과가 나오지 않으면 전력을 기울이지 않겠다는 뜻이다.

문제는 당신이 전력을 기울이겠다고 굳게 다짐하지 않으면 그 일이 일어나지 않는다는 데 있다. 실제로 연구자들에 따르면, 우리가 대안을 마련해 놓으면 애초에 세운 목표를 달성할 가능성이 줄어든다고 한다. 플랜 B의 존재가 플랜 A의 성공 가능성을 약화시키는 것이다. 어째서? 우리의 에너지가 분산되거나 차선책에 너무 일찍 손이 나가기 때문이다.[111]

스코틀랜드 출신의 등반가 윌리엄 허친슨 머레이[W. H. Murray]는 이렇게 설명했다.

"전력을 기울이겠다고 다짐하기 전까지, 사람들은 주저하고 뒤로 물러서는 등 항상 무능한 모습을 보인다. 모든 주도적이고 창조적인 행위에는 한 가지 기본 진실이 있다…… 우리가 전력을 기울이겠다고 다짐하는 순간 하늘도 따라서 움직인다는 사실이다. 우리를 돕기 위해 보통 때라면 결코 일어나지 않았을 일들이 일어난다. 모든 사건이 유리하게 전개되고 뜻밖의 사람들을 만나고 물질적 지원을 받게 된다. 누구도 꿈꾸지 못했던 일들이 닥칠 것이다."[112]

나머지 절반의 일

메클렐런 장군은 자신의 목표가 중요하다고 확신했다.

"하나님이 내게 엄청난 임무를 맡기셨다. 지금까지 내 인생은 이 대단한 목표를 향해 줄기차게 달려온 것 같다."[113]

메클렐런은 포토맥군의 지휘를 맡았을 때 이렇게 웅변했지만, 그 기세가 얼마 못 가서 꺾이고 말았다.

조지 패튼George S. Patton 장군도 메클렐런과 같은 소명 의식을 느꼈던 사람이다. 그는 청년 시절부터 군 사령관이 되는 걸 꿈꿨다. 군인 집안에서 태어나 승마술과 펜싱 등 여러 운동에 탁월한 능력이 있었다. 메클렐런처럼 일찌감치 출세가도를 달렸다. 1차 대전 당시 대위로 참전해서 중령으로 진급했다. 전차전戰車戰의 선구자로서, 부하들의 사기를 돋우려고 여단의 선봉에서 진군하거나 전차 꼭대기에 올라타기도 했다. 그의 사령관인 조지 마셜George C. Marshall 장군은 그를 이렇게 추켜세웠다.

"패튼은 부대를 이끌고서 불지옥도 뚫고 물바다도 건널 것이다."[114]

1942년, 마셜 사령관은 패튼에게 횃불 작전Operation Torch을 맡겨 북아프리카를 침공하게 했다. 당시 북아프리카는 (2차 대전 때 연합국과 싸웠던 나라들, 즉 독일과 일본과 이탈리아로 형성된 국제 동맹인) 추축국樞軸國의 통제를 받고 있었다. 패튼은 메클렐런과 마찬가지로 온갖 한계에 직면했고, 병력과 보급품이 턱없이 부족했다. 하지만 뒤로 물러나는 대신에 주먹을 불끈 쥐고서 소규모 부대를 가장 효과적인 전투 부대로 탈바꿈시켰다. 그리고 역사의 흐름을 바꿔 놓았다. 패튼은 북아프리카에 상륙하기 직전에 이렇게 썼다.

"내 인생은 오로지 이 순간을 위해 존재했던 것 같다. 내가 전력을 다하면 나머지는 저절로 해결될 것이다."[115]

패튼은 정말로 전력을 다했고, 부하들에게도 똑같이 하도록 독려

　　　　　　　탁월한 인생을 만드는 법

했다.

"우리는 지쳐 쓰러질 때까지 공격하고 또 공격할 것이다. 그리고 또다시 일어나 공격할 것이다."[116]

그토록 결연한 의지는 결국 대단한 결과로 이어졌다. 패튼은 북아프리카에서 연승을 거두고, 뒤이어 시칠리아에서도 승리를 거두었다. 노르망디 상륙작전 이후, 패튼은 부하들을 이끌고 유럽을 600마일이나 가로질러 가서 1945년에 나치 치하에 있던 독일을 해방시켰다.

거창한 목표는 방정식의 절반을 구성할 뿐이다. 인생 최고의 해를 맛보고 싶다면, 반드시 실행에 옮겨야 한다. 다음 장에서 살펴보겠지만, 계획을 잘 짜면 그 행동을 실제로 유인할 수 있다.

당신은 성공의 방아쇠를 당길 수 있다

열정이 당신을 이끈다면
이성은 잠시 잡아 둬라.

벤자민 프랭클린Benjamin Franklin

나는 기르고 싶은 습관 목표가 있었다. 바로 월요일부터 금요일까지 아침 6시에 30분씩 운동하는 것이다. 그런데 한 가지 문제가 있었다. 새해 결심이 작심삼일로 그치는 것처럼 끝까지 해낸 적이 거의 없었다. 시작은 대체로 괜찮았다. 월요일과 화요일에는 거의 언제나 운동을 빼먹지 않았다. 그런데 수요일쯤 되면 더 자고 싶은 유혹에 자꾸 넘어갔다. 목표를 제대로 완수하려면 뭔가 변화가 필요했다. 그래서 목표 자체보다는 전날 밤에 운동복을 챙겨 두는 데 중점을 두기로 했다. 우스울 정도로 간단하게 들릴지 모르지만, 그 뒤론 별다른 노력 없이 규칙적인 운동 습관을 기를 수 있었다.

목표 성취를 연구하는 사람들이 그런 방법을 실행 의도implementation intentions라고 부른다는 사실을 최근에 알게 되었다. 나는 이것을 활성

탁월한 인생을 만드는 법

화 유인책Activation Triggers™이라고 부른다. 목표 달성 과정을 효과적으로 유인하는 간단한 표현이나 행동을 일컫는다. 어떻게? 직면할지도 모르는 비상사태나 장애물을 예견함으로써 원하는 반응을 유도하는 것이다. (특히 정신적으로나 정서적으로 도움을 받기 어려운 순간), 우리의 의사 결정 능력에 기대는 대신 활성화 유인책이 우리의 결정을 사전에 정해 준다.

활성화 유인책이 비상사태를 다루기 때문에 간단한 대응 계획(if-then 또는 when-then)이라고 생각하면 된다. 사회심리학자인 하이디 그랜트 할버슨Heidi Grant Halvorson은 대응 계획이 먹히는 이유를 이렇게 설명한다.

"자극과 반응과 결과 사이의 관계를 형성하는 대응 계획이 우리의 신경 조직 안에 정립되어 있기 때문이다. …… 목표를 정확히 언제, 어디서, 어떻게 완수할지 결정할 때, 사람들은 뇌에서 특정 상황이나 신호('만약 x가 일어나면, 또는 x가 일어날 때')와 그에 수반되어야 하는 행동('나는 y를 하겠다') 사이에 연결고리를 만들어 낸다. 이런 식으로 그들은 실행을 위한 강력한 유인책을 수립한다."[117]

이런 식의 대응 계획은 우리가 추진력을 유지하려 할 때 경험하는 마찰을 없애 주고 장애물을 극복하는 방법을 알려 준다. 토마스 웹Thomas Webb과 파셜 시런Paschal Sheeran이 지적하듯이, 활성화 유인책은 "인지적으로 행동할 준비가 된 상태"를 제공한다. 두 연구자는 연구 보고서에서 이렇게 밝혔다.

"증거에 따르면, if-then 형태로 계획된 반응은 더 즉각적이고 더

"

활성화 유인책은
우리의 결정을 사전에 정해 준다.

"

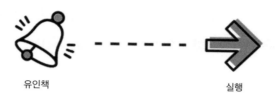

유인책   실행

타성에 젖으면 진전을 이루기 어렵다. 활성화 유인책은 일상에서 벗어나게 해 줄 수 있으며, 우리가 목표에 도달하도록 도와줄 새롭고 더 나은 행동을 상기해 줄 수 있다.

효율적으로 일어나며, 의식적 노력의 필요성도 줄여 준다."[118]

200개 넘는 연구에서 수천 명의 참가자를 대상으로 조사한 결과, if-then 계획을 수립한 사람은 이 단계를 건너뛴 사람보다 목표를 달성할 가능성이 세 배쯤 높게 나왔다.[119]

그렇다면 이러한 장점을 어떻게 활용할 수 있을까? 당신은 다음과 같은 네 단계를 거치면서 활성화 유인책을 활용해 목표에 도달할 수 있다.

1단계 브레인스토밍으로 최고의 유인책을 찾아내라

자, 당신은 SMARTER 기준에 맞는 목표를 세웠다. 이젠 그 목표에 도달하는 데 가장 적합한 유인책을 알아내고 싶다. 쉬운 일을 지렛대 삼아 어려운 일을 하려는 것이므로, 활성화 유인책은 실제 목표보다 달성하기가 더 쉬워야 한다. 그게 바로 요점이다.

가능한 유인책을 두세 가지 생각해 냈다면, 당신을 성공으로 이끌어 줄 것 같은 유인책을 하나 골라라. 참고로, 내가 과거에 사용했거나 현재 사용하는 활성화 유인책을 몇 가지 소개한다:

- 저녁 6시까지 업무를 마치겠다는 목표를 지키기 위해 사무실 전등을 6시에 저절로 꺼지게 설정하라.
- 매주 데이트 약속을 지키기 위해 금요일 저녁 6시에 저녁 예약을 무조건 잡으라고 비서에게 일러두라.
- 하루를 기도와 성경 읽기, 명상으로 시작하겠다는 목표를 지키기 위해 경건의 시간quiet time에 필요한 프로그램은 열리고 다른 프로그램을 모두 닫히도록 자동 매크로를 설정하라.
- 월, 수, 금에 근력 운동을 하겠다는 목표를 지키기 위해 피트니스 트레이너를 고용하라.
- 천연 유기농 식품만 먹겠다는 목표를 지키기 위해 냉장고와 식료품 저장실에서 가공식품을 죄다 버려라.
- 매주 한 권씩 읽겠다는 목표를 지키기 위해 비서에게 작가들을 인터뷰할 약속을 잡게 하라.
- 일정 금액을 저축하겠다는 목표를 지키기 위해 예금 계좌에 자동 이체되도록 설정하라.
- 저녁 때 컴퓨터를 켜려는 유혹을 받지 않고 무대 밖에서 시간을 더 보내겠다는 목표를 지키기 위해 집에 노트북을 가져가지 마라.

내 유인책을 참고로 당신에게 맞는 유인책을 착안하기 바란다. 당신의 유인책은 틀림없이 나와 다를 것이다. 뭐가 됐든, 당신에게 필요한 유인책을 파악해서 당신 인생에 정착시키는 것이 중요하다.

2단계 당신의 활성화 유인책을 최적화하라

활성화 유인책 과정에서 핵심은 바닥난 의지력에 기대지 않고 결연한 의지가 있을 때 내린 결정을 따른다는 것이다. 이 점을 염두에 둔다면, 성공 가능성을 높이기 위해 당신의 유인책을 최적화할 수 있다. 위에 제시한 사례를 보면 나는 제거, 자동화, 위임을 통해 유인책에서 내 통제력을 최대한 없애 버렸다. 좀 더 자세히 살펴보자:

- 나를 탈선시킬 수 있는 유혹을 제거했다. 주방에서 가공식품을 모두 없애고, 집에 노트북을 들여 놓지 않았다.
- IT 기술을 활용해 내 활성화 유인책을 자동화했다. 경건의 시간에 맞춰 자동화 매크로를 설정했고, 사무실 전등을 저절로 꺼지게 설정했다. 또 예금 계좌에 일정 금액이 자동 이체되도록 설정했다.
- 내 활성화 유인책을 비서에게 위임했다. 그가 내 저녁 약속을 위한 장소와 저자 인터뷰를 알아서 예약한다.

유인책에서 당신의 통제력을 없애면, 당면한 순간 당신의 판단에 기대지 않아도 된다. (늦게까지 일하고 싶거나 깜빡하고 예약하지 못하는) 비상 사태를 사전에 예방한 것이다. 그러면 뜻밖의 상황에 부딪쳐 당황할 일이 줄어든다.

3단계 장애물을 예상하고 반응을 결정해 두라

활성화 유인책이 자리를 잘 잡았다 해도, 잠재적 장애물을 파악해서 어떻게 대처할지 꼼꼼히 준비해 놓지 않으면 여전히 탈선할 수 있다. 가령 나는 6시 정각에 사무실에서 나가자는 습관 목표를 정해 놨다. 그런데 누군가가 막판에 전화하거나 사무실에 찾아오면 이 목표는 쉽사리 훼손된다. 그래서 이러한 비상사태에 어떻게 대처할지 미리 결정해 둬야 한다. 나는 보통 이렇게 한다:

- 5시 45분 이후에 전화가 오면, 음성 메일로 넘어가게 한다.
- 퇴근하려는 데 팀원이 얘기 좀 하자고 붙잡으면, 내일 얘기하자고 말한다.
- 5시에 회의가 잡히면, 늦어도 5시 55분엔 회의장에서 나가야 한다고 주최자에게 미리 말한다.
- 중요한 이메일이 도착하면, 5시 30분 전에 답장을 보내고 5시 45분 이후에는 이메일을 확인하지 않는다.

탁월한 인생을 만드는 법

이런 식의 대응 계획은 순간적 판단을 사전에 결정된 반응으로 대체하게 해 준다. 목표 이론가인 피터 골위처Peter M. Gollwitzer와 가브리엘 외팅겐Gabriele Oettingen은 이렇게 말한다.

"사람들은 실행 의도를 확고히 정해 놓으면, 언제 그리고 어떻게 행동해야 하는지 찬찬히 생각하지 않고서 [반사적으로] 행동할 수 있다."[120]

생각하고 고민하는 힘든 과정을 건너뛰는 것이다.

4단계 잘할 때까지 실험하라

그게 바로 성공의 핵심이다. 살다 보면 누구나 좌절을 겪는다. 내가 『인생 최고의 해를 위한 5일 훈련』에서 가르치듯이, 벽에 부딪치면 방향을 돌릴 때가 된 것이다. 목표는 함부로 바꾸기 어렵지만 전략은 그때그때 바꿀 수 있다. 그러니 목표를 포기하지 말고 접근 방식을 바꾸도록 하라.

그 말은 곧 당신에게 맞는 활성화 유인책을 찾을 때까지 수정하라는 뜻이다. 때로는 살짝만 바뀌도 된다. 저녁 때 무대 밖 시간을 더 갖겠다는 목표를 설정했을 때, 나는 노트북을 닫아 서재에 두면 충분할 거라고 생각했다.

처음 며칠은 괜찮았다. 그런데 얼마 지나지 않아서 노트북을 다시 열고 소셜 미디어를 자꾸 확인했다. 집에 노트북이 없으면 문제가 해결될 것 같아 지금은 아예 사무실에 두고 온다.

목표가 뭐든, 당신을 방해할 만한 비상사태와 장애물을 찬찬히 생각해 보라. 방해 거리를 파악하면 대응책을 미리 강구할 수 있다. 그래야 그런 일이 실제로 발생했을 때 바로 대응할 수 있다. 목표 도달을 방해할 잠재적 요소를 생각하려면 상상력을 발휘해야 하지만, 그만한 가치가 있다. 몇 번 해 보면 금방 익숙해질 것이다.

중간 검토는 필수

좋은 것은 두 번, 세 번 거듭 반복하고
검토하는 게 좋다.
플라톤 <고르기아스>Gorgias (김인곤 옮김, 이제이북스, 2014년 7월)

"지미" 두리틀Jimmy Doolittle장군은 일본의 진주만 공습 후 4개월 만에 도쿄 폭격을 성공적으로 이끈 사람으로 널리 알려져 있지만, 그보다 훨씬 앞서서 항공술 분야에도 지대한 업적을 남겼다.

1922년, 두리틀은 24시간 안에 국토를 횡단 비행한 최초의 조종사가 되었다. 물론 쉽지 않은 도전이었다. 달빛에 의지해 비행하겠다고 계획했지만, 그는 악천후 때문에 몇 시간 동안 칠흑 같은 어둠에 갇히게 되었다.

"'직감'에 의지해 조종한 지 거의 5년이나 됐고 기술도 웬만큼 갖췄다고 생각했지만, 이 특별한 비행 덕분에 악천후 비행을 위해선 적절한 계기 장비가 필요하다고 확신하게 됐습니다."

당시만 해도 계기 비행은 생소하고 드물었다. 계기 장치가 없으면, 그도 다른 조종사들처럼 "탈출하거나" 그냥 "운"에 맡길 수밖에 없을 것이다.

뭔가 더 나은 방법이 있어야 했다.

"비행기 설계와 항법 장비, 무선 통신 분야가 꾸준히 발전해 왔습니다. 이러한 지식을 결합할 수 있다면, 나는 악천후 비행도 가능할 거라고 생각했습니다."

두리틀은 각각의 장비를 적절히 결합하면 어둠 속에서도 비행에 필요한 정보를 알아낼 수 있다고 확신했다. 몇 년 뒤, 그는 무선 통신과 자이로스코프(항공기, 선반 등의 평형 상태를 측정하는 데 사용하는 기구_역자 주)를 적절히 결합하여 시계視界에 상관없이 안전하게 비행할 방법을 알아냈다. 그리고 1929년에 조종석을 암막으로 가린 채 비행기를 조종함으로써 그것을 입증했다.[121]

두리틀의 이야기에서 나는 목표 달성에 버금갈 만큼 중요한 점을 몇 가지 살펴보고 싶다.

첫째, 우리는 흔히 혼자 힘으로 목적지에 도달하려 애쓴다. 적절한 계기 장비가 없다면, 악천후를 만났을 때 비상 탈출하거나 그냥 어떻게든 되겠지 하면서 운에 맡길 수밖에 없다. 운 좋게 도달하는 경우는 거의 없다. 그러니까 새해 결심에 관한 서글픈 통계치가 나오는 것이다. 두리틀이 알아낸 것처럼, 최고의 해를 맛보려면 적절한 계기 장비가 필요하다.

당신은 이미 목표를 세분화하는 간단한 절차와 활성화 유인책 세트 등 다음 활동에 필요한 장비 두 가지를 갖추고 있다. 이제 한 가지

탁월한 인생을 만드는 법

만 추가하면 된다. 바로 정기적으로 목표를 검토하는 과정이다. 단순히 목표와 동기를 적는 것으로 끝나지 말고, 계속 검토하고 되새겨야 한다.

러프버러 대학Loughborough University의 셰릴 트래버스Cheryl J. Travers 교수는 목표를 적고 진행 과정을 일지에 기록한 학생들을 추적 조사했다. 학생들은 자신의 목표와 진행 사항을 더 정확히 인식했고, 어떤 목표를 추구하는 행위가 다른 목표들을 추가하는 데 어떻게 영향을 미치는지도 파악했다. 자신을 방해하는 게 무엇인지, 앞으로 나아가려면 어떻게 해야 하는지도 더 잘 분석할 수 있었다.[122] 목표와 동기를 검토하면, 당신은 생각을 거듭하면서 스스로 점검하고 분석할 수 있다. 아울러 결의를 다지고 창의적으로 문제를 해결할 수 있다.

나는 목표 검토를 일별 검토, 주별 검토, 분기별 검토 등 세 단계로 나눠서 시행한다. 일별 검토부터 살펴보도록 하자.

일별 검토Daily Review

목표에 도달하는 과정에서 우리가 직면하는 주요 난관 중 하나는 중간에 흐지부지되는 것이다. 다른 일을 처리하느라 뒤로 미루거나 아예 잊어버린 채 몇 달이 흘러가기도 한다. 정기적으로 검토한다면 그런 문제를 예방할 수 있다.

일단 목표를 간단히 적는 것으로 시작하면 된다. 내가 고안한 풀 포커스 플래너Full Focus Planner™ 같은 일정 계획표에 적어도 되고, 에버노트Evernote나 누즈비Nozbe 같은 일정관리 앱을 활용해도 된다. 심지어 목표를 액자에 끼워 벽에 걸어 둘 수도 있다. (나는 풀 포커스 플래너와 노즈비, 벽걸이 액자까지 전부 사용한다. 당신은 당신에게 가장 맞는 방법을 찾아 활용하면 된다.) 검토 효과를 제대로 보려면, 이 목록을 날마다 훑어봐야 한다. 그렇게까지 해야 하나 싶겠지만, 목표가 일곱 개에서 열 개밖에 되지 않기 때문에 다 훑어보는 데 1분도 안 걸린다. 나는 아침 일과의 하나로 목표 훑기를 하고 있다.

많은 사람들이 연간 목표와 일간 업무를 서로 연계하지 못해 진전을 이루지 못한다. 그들의 희망 사항이 적힌 종이는 흔히 어느 서랍에 방치돼 있다. 기업의 전략적 계획도 별반 다를 바 없다. 목표 달성을 위한 전략 기획서는 잔뜩 작성하지만, 연간 목표와 분기별 목표를 일간 업무에 적용하는 절차는 따로 없다. 결국 선반에 꽂혀 있는 다른 바인더들 사이에 끼인 채 먼지만 쌓이게 된다.

일별 검토는 목표와 업무를 연계하도록 고안되었다. 나는 목표를 훑어보면서 다음에 해야 할 활동을 결정한다. 나 자신에게 이런 질문을 던진다.

"목표를 향해 나아가기 위해서 내가 오늘 할 수 있는 일은 무엇인가?"

이렇게 하면 내 목표 목록과 과제 목록을 연계할 수 있다. 그렇다고 목록이 복잡해지거나 길어지는 건 아니다. 생산성 향상을 위한 프리 투 포커스 코스에서 내가 늘 강조하듯이, 나는 하루에 처리할 업무를 세 가지로 제한한다. 그것을 일별 빅3$^{Daily Big 3}$라고 부르며, 목표 달성에 도움이 되는 과제로 엄선한다.

간혹 과제를 하루에 열 개에서 스무 개씩 처리하겠다고 계획하는 사람이 많다. 그들은 퇴근할 때까지 그중 절반도 처리하지 못하고 낙담하기 일쑤이다. 애초에 이기지 못할 게임을 시작하는 것이다. 의욕이 꺾이게 될 일을 왜 굳이 자초하는가? 중요한 인생 목표를 향해 나아가고 싶다면, 달성 가능한 일간 업무로 세분화할 쉽고 빠른 방법이 필요하다.

주별 검토 Weekly Review

다음으로 주별 검토를 살펴보자. 더 심도 있게 검토해야 하기 때문에 20분 정도 걸린다. 주별 검토는 세 부분으로 이루어진다. 첫 번째 부분은 당신의 동기를 머리와 가슴으로 되새기는 것이다. 자세한 내용은 앞의 4단계에서 살펴봤다. 이는 학문적 활동이 아니라 그 일을 하려는 이유를 계속 생각하기 위해 목표 목록을 검토하는 것이다. 당장 그만두고 싶을 때도 계속 앞으로 나아가는 비결이 바로 여기에 있다.

내가 하프 마라톤을 처음 했던 때로 돌아가 보겠다. 그렇게 멀리 뛰어 본 적이 없어서 정말로 힘들었다. 훈련할 때도 9마일(10킬로미터) 이상 뛰지 않았다. 그런데 하프 마라톤을 하겠다니, 무모한 도전이었다. 11마일쯤 뛰었을 때 딱 그만두고 싶었다. 때로는 험난한 중간 지대가 거의 끝에 가서 나타나기도 하는데 그날은 아니었다. 중간 정도밖에 안 뛰었는데 그만두고 싶은 마음이 굴뚝같았다. 그 순간, 애초에 내가 왜 뛰고 있는지 떠올렸다. 출전하기 전에 나는 하프 마라톤을 하겠다고 여기저기 떠벌렸다. 거기서 그만두면 너무 창피할 것 같았다. 게다가 동료들에게 함께 뛰자고 부추긴 사람도 나였다. 좋은 취지를 강조하며 함께 뛰자고 선동했던 CEO가 중간에 그만둔다면 다들 어떻게 생각하겠는가? 그래서 혼잣말을 중얼거리며 계속 달렸다.

"끝까지 뛰어야 해. 안 그러면 내 리더십이 흔들릴 거야."

한창 바쁠 때는 당면 과제에 파묻혀 지내기 쉽다. 하지만 주별 검토는 핵심 동기를 계속 상기해 준다. 한 주를 시작할 때와 마칠 때 검토해 주면, 그 이유가 내면화되어 무엇이 중요한지 알 수 있다. 주별 검토의 두 번째 부분은 미니 사후 검토mini After-Action Review라고 할 수 있다. 2단계에서 제시했던 사후 검토 과정을 기억할 것이다. 여기서는 1년을 돌아보는 대신에 지난 한 주를 돌아보며 진행 상황을 검토하면 된다. 성과와 실수를 플래너에 기록하라. 그 과정에서 배운 점, 달리하거나 더 잘할 수 있는 점을 기록하라. 당신의 행동을 어떻게 수정할 것인가? 그 점도 기록하라. 종이에 (또는 스크린에) 적다 보면 결의를 다지고 명료성도 찾을 수 있을 것이다.

주별 검토의 세 번째 부분은 다음 주에 뭘 해야 하는지 파악하는 것이다. 메클렐런 장군 사례에서 살펴봤듯이, 거창한 목표는 반드시 실행 가능한 다음 단계로 세분화해야 해야 한다. 지금은 이다음 단계

탁월한 인생을 만드는 법

를 다음 주에 당신이 해야 할 행동으로 더 쪼개야 할 시점이다. 나는 이것을 주별 빅3Weekly Big 3라고 부른다. 다음 단계로 나아갈 추진력을 유지하기엔 이보다 좋은 방법이 없다. 주별 빅 3는 목표에 한층 다가 가기 위해 내가 달성해야만 하는 명확한 결과를 나타낸다. 아울러 주 별 빅 3는 일별 빅 3를 결정하는 데도 중요한 역할을 한다. 어떤 목표 에서 일별 빅 3까지 연계되는 과정은 다음과 같다:

실제로 연계되는 과정을 구체적으로 살펴보자. 당신의 목표가 딸 아이의 열여섯 번째 생일인 10월 18일에 맞춰 폭스바겐 비틀 클래식 을 복원하는 거라고 하자. 지금은 3월 1일이다. 시간이 넉넉하진 않 지만 해 볼 만하다. 당신은 딸의 인생에서 이정표가 될 날을 특별히 기념해 주고 싶기 때문에 부담이 크다.

가장 중요한 다음 행동은 아마도 예산에 맞춰 중고차를 구입한 후, 직접 손을 보기 위해 집으로 배송받는 것이다. 그렇다면 어떤 일 정으로 진행할 것인가? 어쩌면 시작부터 끝까지 완벽한 일정을 짜고 싶을 수 있다. 하지만 그럴 필요까지는 없다. 일단 첫 단계는 차를 구 입하는 것이다. 이 시점에서 주별 검토를 통해 당신의 목표와 일별 일 정을 연계하면 된다.

목표를 향해 나아가기 위해, 주별 검토를 하는 동안 당신은 주별 빅 3의 결과 중 하나로 차 구입을 결정할 것이다. 그 주의 나머지 우선 사항에 따라서 당신은 구입 일정을 조율할 수 있다. 가령 월요일엔 배우자와 함께 예산을 논의하고, 수요일엔 중고차 시세를 알아보기 위해 이베이와 오토트레이더Autotrader를 살펴보며, 목요일엔 차를 구입하는 것이다. 각각의 과제는 당신의 일별 빅3에 들어갈 것이다.

목표에서 일별 과제에 이르기까지 원활하게 진행되도록 당신의 행동을 사전에 정해 놓는 게 핵심이다. 일별 검토와 주별 검토가 그것을 가능하게 해 준다. 그 과정을 쉽게 처리하기 위해, 나는 목표에서 일별 과제까지 하나로 통합한 일정 계획표, 즉 "풀 포커스 플래너"를 고안했다. 플래너를 사용하든 일정 관리 앱을 사용하든, 검토 과정은 목표 달성을 위한 로드맵처럼 작용한다.

분기별 검토 Quarterly Review

3단계에서 언급했듯이, 목표를 고르게 배치하려면 분기별로 설정하는 게 좋다. 그래야 데드라인이 많이 남은 목표를 뒤로 미루지 않고 바로 실행에 옮길 수 있다. 분기별 목표 설정은 3개월마다 더 심도 있는 검토로 이어진다. "최고의 해" 과정의 축소판처럼 다섯 단계를 차근차근 밟아 나갈 수 있다. 그럴 만한 시간이 없다면, 분기별 검토의 주목적은 당신의 목표를 분석해서 당신 인생에 여전히 적합한지 결

탁월한 인생을 만드는 법

정하고, 필요하면 조정하는 것이다. 분기별 검토에 하루 정도 투자하는 게 좋지만, 시간이 촉박할 땐 한두 시간 만에 할 수도 있다.

분기별 검토 과정에서는 적어도 다섯 가지 옵션이 가능하다:

1. 성과를 기념하라^{Rejoice}
2. 결의를 다시 다지라^{Recommit}
3. 목표를 수정하라^{Revise}
4. 목표를 제거하라^{Remove}
5. 목표를 교체하라^{Replace}

첫째, 당신은 **성과를 기념할 수 있다**. 여러 목표 가운데 하나에서 대단한 성과를 거두었다고 하자. 그럴 땐 잠시 멈춰서 그 사실을 인정하고 기념하라. 나는 성과를 기념하는 게 좋다고 굳게 믿는 사람이다. 최근엔 포상 휴가로 전 직원과 부부 동반 카리브해 크루즈를 다녀왔다. 물론 자잘한 성과도 기념해야 한다. 목표를 다 완수할 때까지 기다릴 필요가 없다. 실은 목표가 클수록 성취해 나가는 과정에서 자잘한 성과를 기념하는 게 더 중요하다.

창세기를 보면, 하나님은 세상 만물을 창조한 다음 보기에 좋았다고 말씀하셨다. 그런데 모두 다 창조할 때까지 기다리지 않고 각 단계마다 그렇게 말씀하셨다. 우리도 하나님을 본받아야 한다.

진행 사항을 인정하고 기념한다면, 결국 그 일을 꾸준히 수행할 수 있다. 장거리 육상 선수인 크리스토퍼 버글랜드^{Christopher Bergland}는 이렇게 말한다.

"기념하는 행위는 뇌의 보상 체계를 활성화시킨다. 이는 당신이 목표를 끝까지 추구하고 달성하도록 돕는 최고의 원동력이다. …… 오만이나 자기과시가 아니라 당신의 보상 회로를 활용해 도파민을 분출시키는 것이다."[133]

크고 작은 성과는 우리가 목표를 향해 계속 나아가도록 돕는다. 그러니 성과를 올릴 때마다 진지하게 기념해야 한다.

둘째, 당신은 목표에 대한 **결의를 다시 다질 수 있다**. 다 포기하고 경기장 밖으로 나가고 싶다면 결의를 다지기 어렵다. 하지만 경기가 끝나지 않았음을 깨닫는다면 얘기가 달라진다. 끝날 때까지는 끝난 게 아니다. 어떤 일이 벌어질지 아무도 모른다. 다만 중간에 그만두면 지게 된다는 건 확실히 알 수 있다.

내 딸 마리사는 판매 목표치에 도달하려 애쓰다 월말이 되기도 전에 포기해 버렸다. 시간이 부족하다는 이유였다. 나는 마리사를 불러 놓고 목표에 도달하려면 뭐가 필요하겠냐고 물었다. 1단계에서 소개했던 스티브 무라와 하비 도프만의 사례와 흡사하다. 마리사는 진행을 막는 제한적 믿음에 사로잡혀 있었다. 하지만 아직 시간이 있었다. 그달의 최종 결과에 영향을 미칠 기회가 여전히 있었다. 마리사는 그 해방적 진실을 인정한 순간, 새로운 가능성과 주인의식을 되찾았다. 다시 목표에 대한 결의를 다지고 팀원들을 독려한 끝에 기어이 판매 목표치를 달성했다.

이 상황에서 핵심은 애초에 세웠던 목표에 다시 집중하고 동기를 되새기는 것이다. 다시 말해서, 그 시점에서 중요한 게 무엇인지 파악하는 것이다. 이 일로 무엇을 얻을 것인가? 아니면 무엇을 잃을 것인가? 그 점을 파악한 다음엔 새로운 전략을 구상하거나 추가로 필요한 자원을 찾을 수 있다. 하지만 그 전에 가슴 깊은 곳에서 '난 이 일을 해내고 말 거야'라는 결심이 서야 한다.

이 시기에 사람들이 흔히 저지르는 실수는 전략에 집착하는 것이다. 목표와 전략을 하나로 합치기 때문이다. 하지만 목표는 당신이 이뤄야 할 핵심 내용이고, 전략은 그저 목표를 이루기 위한 방법일 뿐이다. 원하는 결과를 내놓지 못하는 전략은 얼마든지 바꿀 수 있다. 전략에 집착하다 실패하면 우리의 목표가 훼손된다. 그렇지만 목표에 전념하면, 필요할 때마다 전략을 적절히 수정해서 원하는 결과를 얻을 수 있다.

더 이상 목표에 전념하지 않겠다면, 세 번째 옵션은 목표를 수정하는 것이다. 이것도 얼마든지 가능한 방법이다. 애초에 계획을 세울 때 당신은 한정된 지식밖에 없었다. 불안 지대가 아니라 망상 지대에 목표를 세웠음을 뒤늦게 알아차릴 수도 있다. 게다가 처음에는 알 수 없었던 사실이 드러나거나 중간에 당신이 통제할 수 없는 상황이 닥치기도 한다. 그럴 땐 목표를 수정하되, 신중을 기해야 한다. 안전 지대에 계속 머물려는 속셈으로 수정하는 것은 곤란하기 때문이다. 그렇다고 당신의 능력을 입증하겠다는 일념으로 승산이 없는 상황에서 끝까지 매달릴 필요도 없다. 나는 목표를 달성할 가능성이 있으면 다시 결의를 다지지만, 가능성이 없으면 수정한다.

결의를 재차 다질 수도 없고 그렇다고 수정하고 싶지도 않다면, 네 번째 옵션인 제거를 활용하라. 지우개로 **빡빡** 지우거나 삭제 키 delete key를 눌러라. 그렇다고 너무 상심하지 마라. 제거는 최후의 수단이지만 간혹 필요할 때가 있다. 나는 전력을 다해 목표를 달성해야 한다고 굳게 믿는 사람이다. 하지만 "안식일은 사람을 위해 있는 것이지" 사람이 안식일을 위해 있는 것은 아니다. 이것은 당신의 게임이다. 당신의 목록에서 어떤 목표를 제거했다고 하늘이 무너지진 않는다. 목표가 더 이상 적절하지 않거나, 매력적이지 않거나, 이미 수정해 봤는데 효과가 없다면, 과감하게 제거하라. 제거하지 않으면, 계속 어른거리면서 당신의 신경을 거슬릴 것이다. 결국 공연히 감정만 낭비하게 될 것이다.

목표를 제거하기로 결정했다면, 성공하고 싶은 다른 목표로 대체하는 것을 추천한다.

목표 달성에 실패했다고 너무 속 끓이면서 아쉬워하지 마라. 세상 만사가 뜻대로만 되지는 않는다. 특히나 중대한 목표는 시류의 영향을 많이 받는다. 나도 매번 데드라인에 맞춰서 목표를 달성하지는 못한다. 거창한 목표를 추구한다면, 때로는 표적에서 빗나가는 게 정상이다. 뭐가 됐든 목표를 정하고 꾸준히 나아가는 게 중요하다.

다섯 가지 분기별 검토 옵션을 의사 결정 분지도分枝圖(전략이나 방법을 나뭇가지 모양으로 그린 것_역자 주)로 나타내면 다음과 같다:

탁월한 인생을 만드는 법

"

성과를 기념해야 당신의 노고를
진심으로 인정할 수 있다.

"

▶ 목표에 도달하거나 성과를 거뒀다면 성과를 기념하라. 아직 그에 미치지 못했다면,

　▶ 목표를 달성하겠다고 결의를 다시 다지라. 결의를 다질 수 없다면,

　　▶ 달성할 수 있도록 그 목표를 수정하라. 수정할 수 없다면,

　　　▶ 목록에서 그 목표를 제거하라. 목표를 하나 제거하면,

　　　　▶ 당신이 달성하고 싶은 다른 목표로 대체하라.

왜 기념하는가?

이 장*을 마치기 전에 나는 기념하라는 주제로 다시 돌아가고 싶다. 크게 성공한 사람들은 기념하는 것을 주저하기도 한다. 나도 예전엔 그랬다. 성과를 거둔 후 잠시 멈추고 기념하는 대신 곧바로 다음 프로젝트에 돌진하곤 했다. 그런데 내가 앞에서 인용했던 티모시 파이킬 교수의 말을 기억하는가?

"우리는 가장 어려운 목표에서 진전을 보일 때 긍정적 반응을 가장 강하게 경험한다."

이는 잠시 멈추고 성과에 주목해야 가능한 일이다. 그러니 목표를 달성하거나 중요한 성과를 냈을 때, 시간을 들여서 꼭 기념해야 한다.

성과를 기념해야 당신의 노고를 진심으로 인정할 수 있다. 그래야 충만하고 뜻깊은 인생을 영위할 수 있다. 나바리노 챌린지Navarino

탁월한 인생을 만드는 법

Challenge라는 이름으로 그리스에서 열린 마라톤 대회에 출전한 뒤, 딘 카르나제스는 마을 사람들이 몰려나와 우승자를 축하하는 모습을 보고 깜짝 놀랐다고 한다. 마을 사람들은 하던 일을 멈추고 가게 문까지 닫은 다음 밖으로 나와 춤을 추기 시작했다.

"그들은 하던 일을 제쳐 두고 밖으로 나와서 자기 일처럼 기뻐하고 축하해 줬습니다. 우리가 늘 가슴 대신에 머리로만 판단한다면, 아마 훨씬 더 정돈된 삶을 살아갈 것입니다. 하지만 그런 삶은 훨씬 더 단조롭고 따분할 것입니다. …… 평생 죽어라 일만 하다가 어느 날 문득 고개를 들고 인생이 너무 허무하다고 생각하는 사람이 얼마나 많습니까?"124

우리가 성과를 기념하지 않으면, 그간의 노고를 무시하는 것이다. 아울러 우리의 삶은 물론이요, 우리와 가까운 사람들의 삶도 제대로 대접하지 않는 것이다. 그러지 않으려면, 중요한 이정표를 세울 때마다 춤추며 기뻐해야 한다. 당신의 가족과 친구들까지 기쁨을 맛보게 해야 한다. 시간을 내서 크고 작은 성과를 기념하라. 활력을 충전하라. 당신의 보상 체계를 활성화시켜 뿌듯하고 보람찬 인생을 영위하라. 당신이 목표를 달성했을 때 어떻게 기념할지 미리 생각할 수 있도록, 나는 목표 템플릿 샘플에 보상란을 포함시켰다.

STEP
5
실행 계획

1. 처리할 다음 단계에 맞춰 거창한 목표를 세분화하라

"개구리를 먹어라."라는 덫에 걸리지 마라. 당신의 목표는 불안 지대에서 시작해야 하지만, 당신의 다음 단계는 안전 지대에서 이뤄져야 한다. 제일 쉬운 일부터 먼저 하라. 난관에 부딪치거나 오도 가도 못 하게 되면 외부 도움을 구하라. 초반에 성과를 내서 추진력을 얻는 게 좋다.

2. 활성화 유인책을 활용하라

브레인스토밍으로 당신에게 맞는 활성화 유인책을 찾아라. 쉬운 일을 지렛대 삼아 어려운 일을 해야 한다는 사실을 기억하라. 당면한 순간 당신의 의지력에 기대지 마라. 제거, 자동화, 위임으로 당신의 활성화 유인책을 최적화하라.

그래도 뜻밖의 장애물을 만날 것이다. 미리 예견하고 최고의 대응 방법을 마련해 두라. 장애물이 당신의 진로를 방해하기 전에 해결책을 계획하는 것이다. 적당한 방법을 찾을 때까지 이것저것 시도해 보라.

3. 정기적으로 목표를 검토하라

일별 검토를 위해, 당신의 목표 목록을 훑어보라. 기억을 되살리고 목표를 성취하는 데 한 발 더 다가가도록 그날 해야 할 특정 과제를 찬찬히 살펴보는 것이다. 나는 그날에 해야 할 과제를 일별 빅 3라고 부른다.

주별 검토를 위해, 당신의 핵심 동기를 중점으로 목표를 훑어보라. 지난 한 주에 대한 사후 검토를 간단히 실시하라. 각각의 목표를 위한 다음 행동을 검토하고, 그 목표들을 달성하기 위해 다가오는 주에 당신이 도달해야 하는 세 가지 결과를 결정하라. 나는 그 주에 해야 할 과제를 주별 빅3라고 부르고, 이를 바탕으로 일별 빅 3를 결정한다.

분기별 검토를 위해, 나는 "인생 최고의 해"로 나아가는 다섯 단계를 다시 밟는 걸 추천한다. 핵심은 다섯 가지 옵션을 활용하는 것이다. (1) 목표를 달성하거나 중요한 성과를 거뒀을 때 기념하라. (2) 달성하지 못했다면 결의를 다시 다지라. (3) 결의를 다질 수 없다면 그 목표를 수정하라. (4) 수정할 수 없다면 그 목표를 제거하라. (5) 달성하고 싶은 다른 목표로 그 목표를 대체하라.

256   탁월한 인생을 만드는 법

도약을 위한 LEAP 원칙

그려라, 안토니오. 그려라, 안토니오.
시간 낭비하지 말고 계속 그려라.
미켈란젤로가 노스승으로서 제자에게 써 준 연필 메모

내 아내 게일은 "우주가족 젯슨The Jetsons"을 무척 좋아한다. 미래를 배경으로 한 이 추억의 만화는 1960년대에 처음 나왔고, 지금도 인기리에 방영되고 있다. 게일은 요즘도 손자들과 이 만화를 즐겨 본다.

만화에선 하늘을 나는 자동차와 하늘에 떠 있는 주택, 로봇 도우미가 등장하고, 갈등 상황이 다소 우스꽝스럽게 펼쳐진다. 만화에 나오는 기발한 물건 중 일부는 이미 실현되었다. 심지어 우리가 더 앞서는 물건도 있다. 하지만 비평가들은 유토피아 같은 미래는 한참 멀었다고 지적한다. 페이스북과 엘론 머스크의 스페이스 X에 일찌감치 투자한 기업가 피터 틸Peter Thiel은 격차가 여전히 크다고 말한다.

"우리는 하늘을 나는 자동차를 원했는데 고작 140자만 얻었을 뿐입니다."[125]

나는 140자로 제한된 트위터를 즐겨 사용하지만, 피터 틸의 말뜻을 이해하고도 남는다. 지난 수십 년간의 비전을 놓고 볼 때, 우리는 지금보다 훨씬 더 발전했어야 한다. 그런데 왜 이렇게 꾸물거리는 것인가?

우리가 우선 사항들을 제대로 실행하지 않았거나 전혀 다른 일들을 우선했을 수 있다. 피터 틸은 비전이 뚜렷한 사람이다. 하지만 목표를 달성하려면, 그것도 우리 삶을 더 좋은 쪽으로 바꿔 줄 기발하고 거창한 목표를 달성하려면, 비전만으론 곤란하다는 사실을 그는 익히 알고 있다.

"여러분은 모두 가만히 앉아서 팝콘을 먹으며 미래라는 영화가 상영되길 기다리고 있습니다. 나는 그런 식의 미래 비전에 동의할 수 없습니다."

틸은 경제학자인 타일러 코웬Tyler Cowen과 한 인터뷰에서, 더 나은 미래를 꿈꾸는 것만으론 부족하다고 역설한다.

"나는 당장 무엇을 할지 결정하는 사람에게 미래가 열려 있다고 생각합니다."[126]

이 말은 곧 당신이 지금 당장 행동에 옮긴다면 미래는 당신 손에 달려 있다는 뜻이다. 마무리할 단계에 이른 지금, 나는 이보다 더 중요한 깨달음을 생각할 수가 없다.

그런데 한 해의 주요 목표를 설정한 뒤 그냥 손 놓고 기다리는 사람이 의외로 많다. 당신이 각 단계별 실행 계획을 따랐다면, 지금쯤 당신의 목표 목록이 나왔을 것이다. 당신이 가령 몸매를 가꾸거나 책

탁월한 인생을 만드는 법

을 쓰거나 새로운 사업을 시작하려 한다고 하자. 멋진 결과를 꿈꾸면, 시작하기도 전에 괜히 흐뭇하고 기분이 들뜬다. 하지만 멋진 결과를 얻으려면 꿈만 꿀 게 아니라 행동에 옮겨야 한다. 힘도 들고 신경 써야 할 점도 많을 것이다:

- 일정이 바쁜데 체육관에 갈 시간을 어떻게 확보할 수 있을까?
- 매주 몇 시간씩 조용히 앉아서 집필할 시간을 어떻게 낼 수 있을까?
- 신제품이 시장에서 충분한 수요가 있을지 어떻게 확인할 수 있을까?

모두 좋은 질문이다. 이러한 질문에 답하는 것도 중요하지만, 이런 점을 따지지 않고 진행한다고 해서 위험해지진 않는다. 실은 위험

의도성 체감의 법칙

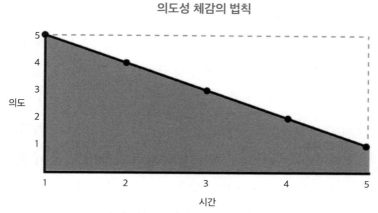

짐 론은 실행에 옮기는 걸 미루면 미룰수록 의도가 감소하게 된다고 주장했다.

근처에도 가지 않는다. 진짜 위험은 따로 있다. 그것은 바로 꿈을 실현하는 데 필요한 조치는 취하지 않은 채 꿈같은 기분에 도취해 버리는 것이다. 마치 가만히 앉아 미래의 영화를 보려는 것과 같다. 그런 식으로는 하늘을 나는 호버보드나 그 밖의 어떤 것도 얻지 못할 것이다.

손 놓고 기다리다간 "의도성 체감의 법칙The Law of Diminishing Intent"에 빠지기 쉽다. 실행을 미루면 미룰수록 실행에 옮길 가능성이 줄어들기 때문이다. 짐 론Jim Rohn은 이런 현상에 주목하고 처음으로 이 표현을 썼다. 그런데 내가 고안한 "LEAP 원칙Leap Principle"을 활용하면, 당신은 의도성 체감의 법칙에 빠지지 않고 인생 최고의 해를 맞이할 수 있다.

LEAP 원칙: 이거다 싶은
명료성을 얻은 순간 과감하게 실행하라.

엄청난 변화를 보고 싶다면, 기꺼이 엄청난 도약LEAP을 감행해야 한다. LEAP는 다음과 같은 네 단계의 첫 글자를 딴 것이다:

- Lean: 기대감을 품고 변화를 받아들이라. 변화가 바람직하거나 필요하다는 느낌이 들면, 녹색불이 켜진 것이다. 가속 페달을 밟아라. 그런 낌새가 보이면 정말로 변해야 할 때다.
- Engage: 명료해질 때까지 그 기분과 씨름하라. 그런 기분을 그

탁월한 인생을 만드는 법

냥 넘기지 마라. 뭘 해야 할지 감이 잡힐 때까지 계속 씨름하라. 어렴풋이 떠오르는 그 생각이 새로운 모험의 시작일 수 있다. 혹은 판에 박힌 일상에서 벗어나는 데 필요한 사다리일 수 있다.

- **Activate**: 마음을 다잡고 뭐든 하라. 우리는 간혹 정보를 다 파악한 다음에 움직이려 한다. 그러지 마라. 명료성은 서서히 찾아온다. 당신에겐 다음 단계를 밟기 위한 불빛만 있으면 된다. 출발이 순조롭지 않더라도 계속 나아가다 보면 앞길이 점점 환해질 것이다.

- **Pounce**: 떨치고 일어나서 당장 시작하라. 다음 단계를 결정했다면, 과감하게 실행하라. 기다리지 마라. 기다리면 안전하게 느껴지기야 하겠지만 꿈을 실현할 수는 없다.

성취도가 높은 사람들은 LEAP 원칙을 수시로 활용한다. 몇 년 전, 나는 성공한 기업인들과 임원들을 상대로 이너 서클 마스터마인드 Inner Circle Masterminds라는 모임을 주도했다. (Inner Circle: 조직 내에서 실질적 권력을 장악하고 영향력을 행사하는 소수 핵심층을 이르는 말. Mastermind: 어떤 발안이나 계획의 기획자나 지휘자, 혹은 뒤에 숨어 기획하고 지휘하는 책사를 이르는 말_역자 주) 모임 초기에 한 회원은 자신이 속한 전문 기관을 그만둬야 한다는 걸 깨달았다. 그 조직에 기여하는 것은 많은데 받는 것은 별로 없었기 때문이다.

그 사실을 깨달은 순간, 그는 바로 행동에 옮겼다. 모임이 끝난 뒤로 미루지 않았다. 그랬더라면 문제를 바로 해결하지 못했을 테고, 그만두려는 의도가 점점 줄어들었을 것이다. 왜? 이사회 임원 자리를 내놓았을 때 초래되는 복잡한 문제를 따지다가 결국 그냥 머물기 위한 이유를 찾았을 것이다. 하지만 그는 첫 번째 휴식 시간에 바로 자리를 뜬 뒤 전화로 사임을 통보했다. LEAP 원칙에 따라 바로 도약한 것이다.

이젠 당신 차례다. 당신 인생에서 최고의 해는 편안히 앉아서 관람할 수 있는 영화가 아니다. 이거다 싶으면 당장 시작해야 한다. 그러지 않으면 결코 누리지 못할 비전이다. 당신이 이 책에 이끌려 끝까지 읽은 것은 결코 우연이 아니다. 당신이 마땅히 누려야 할 인생 최고의 해가 눈앞에 있다.

꿈을 미루지 마라. 목표를 늦추지 마라. 개인 생활이나 직업 생활에서 의미 있는 진전을 이루려면, 오늘 할 일을 뒤로 미루지 마라. 다음 단계를 결정했다면, 기다리지 마라. LEAP 원칙에 따라 당장 도약하라.

탁월한 인생을 만드는 법

–

목표 템플릿

샘플

–

나는 "풀 포커스 플래너(Full Focus Planner™)"에 수록
한 템플릿을 활용해서 몇 가지 목표 샘플을 제공할 것이
다. 이 샘플은 모두 목표 설정 과정을 안내하고자 제시하
는 가상의 목표이다. 열 가지 인생 영역에 맞춰 성취 목표
와 습관 목표를 적절히 혼합했다. 당신의 목표는 이와 다
르겠지만, 완전한 목표 세트를 구성하고자 할 때 참고하
기 바란다.

이러한 템플릿은 "인생 최고의 해" 시스템의 여러 요소들,
가령 SMARTER 목표(7장)와 핵심 동기(10장), 다음 단계
(13장) 등이 어떻게 결합되는지 실례를 보여 준다. 이와
같은 템플릿을 활용하면 목표 검토 과정(15장)을 쉽고 빠
르게 진행할 수 있다.

습관 목표 · 당신의 습관 목표를 기록하라.

☑1분기 ☑2분기 ☑3분기 ☑4분기

1월 1일부터 365일 동안 매일 아침 5시에

<원 이어 바이블(The One Year Bible)>에서 네 구절씩 읽는다.

1월	매일	오전 5시	365일
시작일	습관 빈도	시간 트리거	목표 기간

영역:
☑ 신앙   ☐ 지식   ☐ 정서   ☐ 신체   ☐ 부부
☐ 양육   ☐ 사회   ☐ 직업   ☐ 취미   ☐ 재정

☑ 일람표 · 당신의 진행 과정을 체크하라.

1	2	3	4	5	6	7	8	9	10	11	12	13	14	15	16	17	18	19	20
21	22	23	24	25	26	27	28	29	30	31	32	33	34	35	36	37	38	39	40
41	42	43	44	45	46	47	48	49	50	51	52	53	54	55	56	57	58	59	60
61	62	63	64	65	66	67	68	69	70	71	72	73	74	75	76	77	78	79	80
81	82	83	84	85	86	87	88	89	90	91	92	93	94	95	96	97	98	99	100
101	102	103	104	105	106	107	108	109	110	111	112	113	114	115	116	117	118	119	120

핵심 동기 · 당신의 핵심 동기를 쓰고 순위를 매겨라.

1   하나님에게 더 가까이 다가가기 위해.

2   기도와 명상으로 하루를 더 경건하게 시작하고 싶다.

3   1년 만에 성경을 다 읽은 적이 없다. 이번 기회에 그렇게 해 보고 싶다.

다음 단계 · 목표 도달에 필요한 초기 단계를 몇 가지 열거하라.

1   <The One Year Bible>을 구입한다.

2   아침에 여유 있게 움직이기 위해 알람을 20분 앞당겨 설정해 놓는다.

3   재러드에게 계획을 알려서 나를 돕게 한다.

보상 · 어떻게 기념할 것인가?

염소 가죽으로 장정된 캠브리지 피트 미니언 뉴 킹 제임스 버전의 성경

(Cambridge Pitt Minion NKJV Bible)을 나 자신에게 선물한다.

성취 목표 · 당신의 성취 목표를 기록하라.

☑1분기 ☑2분기 ☑3분기 ☑4분기

12월 31일까지 경제경영서 50권을 읽는다.

☑S ☑M ☑A ☑R ☑T ☑E ☑R

측정(X를 Y로 바꾼다)

12/31
데드라인

영역:
☐ 신앙　☑지식　☐ 정서　☐ 신체　☐ 부부
☐ 양육　☐ 사회　☐ 직업　☐ 취미　☐ 재정

핵심 동기 · 당신의 핵심 동기를 쓰고 순위를 매겨라.

1　죽을 때까지 계속 배우면서 새롭고 유익한 아이디어를 고안하고 싶다.

2　책 읽는 사람(readers)이 지도자(leaders)가 되기 때문이다.

3　사람들이 나만큼 많이 읽지 않기 때문에 다독은 내 강점이 될 수 있다.

다음 단계 · 목표 도달에 필요한 초기 단계를 몇 가지 열거하라.

1　상사와 멘토들에게 책을 추천해 달라고 부탁한다.

2　최소 20권을 선정해서 아마존의 내 위시 리스트(wish list)에 담아 둔다.

3　다 읽고 나서 생각을 정리해 놓기 위해 고급 노트를 구입한다.

4　출퇴근 시간에 들을 수 있게 오디오북 앱을 깔아 둔다.

보상 · 어떻게 기념할 것인가?

내년에 애틀랜타에서 열리는 첫 테드엑스(TEDx) 이벤트에 참석한다.

습관 목표 · 당신의 습관 목표를 기록하라. ☑1분기 ☑2분기 ☐3분기 ☐4분기

1월 15일부터 60일 동안 하루 두 번씩 명상하는 습관을 기른다.

1/15	하루 두 번	오전 5시	60일
시작일	습관 빈도	시간 트리거	목표 기간

영역:
☐ 신앙 ☐ 지식 ☑ 정서 ☐ 신체 ☐ 부부
☐ 양육 ☐ 사회 ☐ 직업 ☐ 취미 ☐ 재정

☑ 일람표 · 당신의 진행 과정을 체크하라.

1	2	3	4	5	6	7	8	9	10	11	12	13	14	15	16	17	18	19	20
21	22	23	24	25	26	27	28	29	30	31	32	33	34	35	36	37	38	39	40
41	42	43	44	45	46	47	48	49	50	51	52	53	54	55	56	57	58	59	60
61	62	63	64	65	66	67	68	69	70	71	72	73	74	75	76	77	78	79	80
81	82	83	84	85	86	87	88	89	90	91	92	93	94	95	96	97	98	99	100
101	102	103	104	105	106	107	108	109	110	111	112	113	114	115	116	117	118	119	120

핵심 동기 · 당신의 핵심 동기를 쓰고 순위를 매겨라.

1 온갖 잡음을 물리치고 마음을 차분히 가라앉히고 싶다.
2 명상이 주는 좋은 효과를 경험하고 싶다.
3 생각을 많이 하고 집중력을 기르고 싶다.

다음 단계 · 목표 도달에 필요한 초기 단계를 몇 가지 열거하라.

1 앱 스토어에서 인사이트 타이머(Insight Timer)라는 명상 앱을 다운받는다.
2 내 리마인더스 앱(Reminders app, 알림이 앱)에 하루 두 번씩 알림 서비스를 설정한다.
3 존 카밧진(Jon Kabat-Zinn)의 <마음챙김 명상과 자기치유>(Full Catastrophe Living, 장현갑 외 옮김, 학지사, 2017년 3판)를 읽는다.
4 함께 명상할 친구를 찾아서 서로 격려하고 책임감을 높이기 위해 단체 채팅방을 개설한다.

보상 · 어떻게 기념할 것인가?

켄터키주 바즈타운의 게세마니 수도원(Abbey of Gethsemani)에서 열리는 주말 묵상회에 일레인과 함께 참여한다.

탁월한 인생을 만드는 법

성취 목표 · 당신의 성취 목표를 기록하라.   □ 1분기 ☑ 2분기 □ 3분기 □ 4분기

4월 말 내슈빌에서 열리는 "성 주드 로큰롤 하프 마라톤(St. Jude Rock 'n' Roll Half Marathon)"
에 참여한다.

| ☑S ☑M ☑A ☑R ☑T ☑E ☑R | 측정(X를 Y로 바꾼다) | 4/30 데드라인 |

영역: □ 신앙   □ 지식   □ 정서   ☑ 신체   □ 부부
        □ 양육   □ 사회   □ 직업   □ 취미   □ 재정

핵심 동기 · 당신의 핵심 동기를 쓰고 순위를 매겨라.

1   지난 가을에 10킬로미터를 달렸으니, 이번엔 레벨을 한 단계 높일 차례다.
2   좀 더 힘든 과정에 도전해서 성취감을 맛보고 싶다.
3   달리기 하는 사람들과 교류하고 싶다.

다음 단계 · 목표 도달에 필요한 초기 단계를 몇 가지 열거하라.

1   러너스 월드(Runner's World) 웹 사이트에서 "초보자 하프 마라톤 계획"을 다운받는다.
2   구글을 검색해서 주말에 훈련을 함께할 만한 사람들을 찾아본다.
3   달리기 용품 전문점인 플리트 피트(Fleet Feet)에 가서 나의 달리기 자세와 운동화를 점검받는다.
4   영감을 얻기 위해 딘 카르나제스의 <울트라마라톤 맨>(Ultramarathon Man, 공경희 옮김,
    해냄출판사, 2005년 10월)과 크리스토퍼 맥두걸의 <본투런>(Born to Run, 민영진 옮김,
    여름언덕, 2016년 1월)을 구입한다.

보상 · 어떻게 기념할 것인가?

멤피스 그리즐리(Memphis Grizzly) 농구팀의 플레이오프 입장권을 구입한다. - 그들이 금년에도 플레이오
프에 진출하길 빈다!

습관 목표 · 당신의 습관 목표를 기록하라.

1월 1일부터 연말까지 매주 목요일 오후 6시에 켄(Ken)과 야간 데이트를 한다.

1/1	매주	목요일 6시	52주
시작일	습관 빈도	시간 트리거	목표 기간

영역:
- □ 신앙　　□ 지식　　□ 정서　　□ 신체　　☑ 부부
- □ 양육　　□ 사회　　□ 직업　　□ 취미　　□ 재정

☑ 일람표 · 당신의 진행 과정을 체크하라.

1	2	3	4	5	6	7	8	9	10	11	12	13	14	15	16	17	18	19	20
21	22	23	24	25	26	27	28	29	30	31	32	33	34	35	36	37	38	39	40
41	42	43	44	45	46	47	48	49	50	51	52	53	54	55	56	57	58	59	60
61	62	63	64	65	66	67	68	69	70	71	72	73	74	75	76	77	78	79	80
81	82	83	84	85	86	87	88	89	90	91	92	93	94	95	96	97	98	99	100
101	102	103	104	105	106	107	108	109	110	111	112	113	114	115	116	117	118	119	120

핵심 동기 · 당신의 핵심 동기를 쓰고 순위를 매겨라.

1. 켄과 정기적으로 즐거운 시간을 보내기 위해.
2. 아이들을 빼고 부부 간의 유대감을 강화하기 위해.
3. 켄의 단짝이 되기 위해 여러 방면으로 노력하고 싶다.

다음 단계 · 목표 도달에 필요한 초기 단계를 몇 가지 열거하라.

1. 우리가 즐겨 가는 레스토랑 목록을 준비한다.
2. 우리가 가 보지 않은 레스토랑을 친구들에게 물어본다.
3. 미리 계획해서 예산을 확보한다.
4. 베이비시터들에게 일정을 미리 알려 준다.

보상 · 어떻게 기념할 것인가?

분기별로 주말여행을 떠난다.

성취 목표 · 당신의 성취 목표를 기록하라.   ☐ 1분기 ☑ 2분기 ☐ 3분기 ☐ 4분기

6월 30일까지 미시간주 서튼즈만(Suttons Bay)으로 2주간 가족 휴가를 떠난다.

☑S ☑M ☐A ☑R ☑T ☑E ☑R

측정(X를 Y로 바꾼다)

12/31
데드라인

영역:
☐ 신앙   ☐ 지식   ☐ 정서   ☐ 신체   ☐ 부부
☑ 양육   ☐ 사회   ☐ 직업   ☐ 취미   ☐ 재정

핵심 동기 · 당신의 핵심 동기를 쓰고 순위를 매겨라.

1	업무에서 완전히 벗어나 아이들과 즐거운 시간을 보내고 싶다.
2	우리는 자녀가 세 살 때부터 가족 여행을 떠났다. 이 전통을 지키고 싶다.
3	팀에게 패들보드 타는 법을 알려 주기 위해.

다음 단계 · 목표 도달에 필요한 초기 단계를 몇 가지 열거하라.

1	휴가 일정이 겹치지 않도록 줄리와 내 상사에게 일정을 알린다.
2	호수 주변의 숙소를 알아보고 선택한다.
3	팀이 탈 패들보드를 새로 구입한다.
4	작년에 썼던 장비를 확인하고 필요하면 새로 구입한다.

보상 · 어떻게 기념할 것인가?

휴가가 보상이다!

습관 목표 · 당신의 습관 목표를 기록하라.

☑1분기 ☑2분기 ☑3분기 ☑4분기

3월 1일부터 13주 동안 "샐리의 화요일 밤 와인과 저녁 식사 클럽(Sally's Tuesday Night Wine and Supper Club)"에 참여한다.

3/1 시작일	매주 화요일 습관 빈도	시간 트리거	13주 목표 기간

영역:
☐ 신앙 ☐ 지식 ☐ 정서 ☐ 신체 ☐ 부부
☐ 양육 ☑ 사회 ☐ 직업 ☐ 취미 ☐ 재정

☑ 일람표 · 당신의 진행 과정을 체크하라.

1	2	3	4	5	6	7	8	9	10	11	12	13	14	15	16	17	18	19	20
21	22	23	24	25	26	27	28	29	30	31	32	33	34	35	36	37	38	39	40
41	42	43	44	45	46	47	48	49	50	51	52	53	54	55	56	57	58	59	60
61	62	63	64	65	66	67	68	69	70	71	72	73	74	75	76	77	78	79	80
81	82	83	84	85	86	87	88	89	90	91	92	93	94	95	96	97	98	99	100
101	102	103	104	105	106	107	108	109	110	111	112	113	114	115	116	117	118	119	120

핵심 동기 · 당신의 핵심 동기를 쓰고 순위를 매겨라.

1 어울릴 친구가 없어 너무 무료하다. 새로운 커뮤니티에 동참해 친구를 사귀고 싶다.

2 나는 요리와 접대를 좋아한다. 이번 기회에 내 솜씨를 발휘하고 싶다.

3 다른 참여자들의 색다른 요리를 맛보고 싶다.

다음 단계 · 목표 도달에 필요한 초기 단계를 몇 가지 열거하라.

1 샐리에게 페이스북 메시지를 보내 내가 참여한다는 사실을 알린다.

2 샐리의 개인 페이스북 그룹에 가입해서 나를 소개한다.

3 내가 좋아하는 요리책을 훑어보며 먹음직스러운 요리 열세 가지를 추린다.

4 요리에 쓸 칼을 갈아 놓는다.

보상 · 어떻게 기념할 것인가?

키친에이드(KitchenAid) 믹서를 새로 구입한다.

습관 목표 · 당신의 습관 목표를 기록하라.
☑ 1분기 ☐ 2분기 ☐ 3분기 ☐ 4분기

1월 1일부터 13주 동안 월~금, 오전 9:30에 잠재 고객 다섯 명에게 상담 전화를 돌린다.

1/1	매일(월~금)	오전 9시 30분	13주
시작일	습관 빈도	시간 트리거	목표 기간

영역:
☐ 신앙 ☐ 지식 ☐ 정서 ☐ 신체 ☐ 부부
☐ 양육 ☐ 사회 ☑ 직업 ☐ 취미 ☐ 재정

☑ 일람표 · 당신의 진행 과정을 체크하라.

1	2	3	4	5	6	7	8	9	10	11	12	13	14	15	16	17	18	19	20
21	22	23	24	25	26	27	28	29	30	31	32	33	34	35	36	37	38	39	40
41	42	43	44	45	46	47	48	49	50	51	52	53	54	55	56	57	58	59	60
61	62	63	64	65	66	67	68	69	70	71	72	73	74	75	76	77	78	79	80
81	82	83	84	85	86	87	88	89	90	91	92	93	94	95	96	97	98	99	100
101	102	103	104	105	106	107	108	109	110	111	112	113	114	115	116	117	118	119	120

핵심 동기 · 당신의 핵심 동기를 쓰고 순위를 매겨라.

1 이번 분기에 수입을 35% 이상 늘리기 위해.

2 우수 영업사원 상을 타기 위해.

3 우리 팀이 영업 목표를 달성하도록 돕기 위해.

다음 단계 · 목표 도달에 필요한 초기 단계를 몇 가지 열거하라.

1 앞으로 3주 동안 상담 전화할 고객을 파악한다.

2 필요한 시간을 확보하기 위해 내 일정을 다시 조정한다.

3 불시에 열리는 회의에 빠질 수 있도록 매니저에게 내 계획을 알린다.

보상 · 어떻게 기념할 것인가?

번스 스테이크 하우스(Bern's Steak House)에서 마크와 축하 만찬을 즐긴다.

성취 목표 · 당신의 성취 목표를 기록하라.

□ 1분기 ☑ 2분기 □ 3분기 □ 4분기

6월 30일까지 뒤뜰에 새로 야외 데크를 설치한다.

☑S ☑M ☑A □R □T ☑E ☑R

측정(X를 Y로 바꾼다)

6/30
데드라인

영역:
□ 신앙 □ 지식 □ 정서 □ 신체 □ 부부
□ 양육 □ 사회 □ 직업 ☑ 취미 □ 재정

핵심 동기 · 당신의 핵심 동기를 쓰고 순위를 매겨라.

1   가족과 친구들이 어울려 놀 장소를 마련한다.
2   우리 집의 멋진 뒤뜰을 즐긴다.
3   우리 집의 가치를 높인다.

다음 단계 · 목표 도달에 필요한 초기 단계를 몇 가지 열거하라.

1   데크 설치 방법을 다운받고 계획을 수립한다.
2   목재와 장비 구입에 들어갈 예산을 세운다.
3   스킬쏘(Skilsaw)의 원형 톱날을 새로 구입한다.
4   베스에게 목재용 착색제의 색상을 고르게 한다.
5   베스의 동생에게 도와줄 수 있는지 물어본다.

보상 · 어떻게 기념할 것인가?

가족과 친구들을 위해 7월 4일에 파티를 개최한다!

탁월한 인생을 만드는 법

성취 목표 · 당신의 성취 목표를 기록하라.
☐ 1분기 ☐ 2분기 ☑ 3분기 ☐ 4분기

9월 30일까지 새로 구입할 주택의 계약금을 $6,000에서 $30,000로 늘린다.

☑S ☑M ☑A ☐R ☐T ☑E ☑R

$6,000 → $30,000	9/30
측정(X를 Y로 바꾼다)	데드라인

영역:
☐ 신앙   ☐ 지식   ☐ 정서   ☐ 신체   ☐ 부부
☐ 양육   ☐ 사회   ☐ 직업   ☐ 취미   ☑ 재정

핵심 동기 · 당신의 핵심 동기를 쓰고 순위를 매겨라.

1   자산: 내 소득이 집세로 사라지는 걸 더 이상 보고 싶지 않다.

2   친구들과 미래의 내 아내에게 멋진 모습을 보여 주고 싶다.

3   성취감을 맛보고 자립심을 기르고 싶다.

다음 단계 · 목표 도달에 필요한 초기 단계를 몇 가지 열거하라.

1   매달 저금할 금액을 결정한다.

2   현재 예산을 검토하여 내 소비 습관에 어떤 조정이 필요한지 알아본다.

3   예금할 날짜를 잊지 않도록 자동이체를 신청한다.

4   욕실 거울에 핵심 동기를 붙여 둔다.

보상 · 어떻게 기념할 것인가?

로스, 집과 함께 콜로라도주의 마룬 스노우매스(Maroon Snowmass)와 캐피탈 크리크 루프(Capitol Creek Loop)로 배낭여행을 떠날 것이다.

이 프로젝트가 어떻게 시작됐는지 알려 주겠다. 내 큰딸 메건 하얏트 밀러는 마이클 하얏트&컴퍼니의 최고운영책임자이다. 2013년 가을 어느 날, 메건이 내게 말했다.

"아빠는 목표 설정에 남다른 접근법이 있잖아요. [회원 전용 웹 사이트인] 플랫폼 유니버시티Platform University®에 그 방법을 소개하기 위해 아빠를 인터뷰하면 좋겠어요. 1월에 시작되는 마스터 클래스에서 활용할 수 있을 거예요."

딸의 제안이 괜찮은 것 같아서 나는 흔쾌히 동의했다.

며칠 뒤, 나와 함께 플랫폼 유니버시티를 운영하는 스투 멕라렌이 그 소식을 들었다. 멕라렌은 정말 괜찮은 아이디어라면서 아예 독립된 온라인 코스로 개발하자고 제안했다. 우리는 열렬히 환영했고, 몇 주 뒤 토론토에서 새 코스를 출시했다. 그렇게 해서『인생 최고의 해를 위한 5일 훈련5 Days to Your Best Year Ever™』이라는 온라인 코스가 탄생했다.

그 이후로 100여 개 국가에서 3만 명 넘는 사람들이 이 코스를 수강했다. 이러한 성공에 힘입어, 우리는 해마다 1월에 내슈빌에서 라이브 이벤트를 개최한다. 아울러 대단히 열성적인 수강생들을 위해 분기별로 현장 워크숍도 개최한다. 그리고 이번에 이 책이 나왔다. 메건과 스투의 비전과 창의성, 격려와 남다른 노력이 없었다면, 아무것도 일어나지 않았을 것이다. 두 사람에게 고맙다는 말을 전한다.

내 아내 게일은 항상 나를 응원하고 격려해 준다. 속내를 숨기지 않고 거리낌 없이 말하지만, 그 속에는 애정이 듬뿍 담겨 있다. 게일을 아는 사람들은 하나같이 그 점을 높이 평가한다.

조엘 밀러는 마이클 하얏트&컴퍼니의 최고콘텐츠책임자이다. 밀러가 도와준 덕분에 나는 내 코스의 엉성한 자료와 온갖 블로그 기사들, 팟캐스트, 웨비나(웹과 세미나의 합성어), 온오프라인에서 학생들과 주고받는 내용 등을 모두 활용해 이 원고를 완성할 수 있었다. 유래 없이 바쁜 시즌인데도 그는 지칠 줄 모르고 이 프로젝트를 완성하는 데 기여했다. 창의적인 파트너이자 협력자로서 밀러만 한 사람이 없다. 내 콘텐츠를 분석하고 종합하고 정리해 준 그의 노고에 진심으로 고마움을 표한다. 그가 곁에 없다면 어떠한 창조적 노력도 제대로 꽃피지 못할 것이다.

내 저작권 대리인인 얼라이브 커뮤니케이션스Alive Communications의 브라이언 노먼도 없어서는 안 될 사람이다. 노먼은 아이디어 단계에서 출판에 이르기까지 전 단계에 관여하며 조언을 아끼지 않았다. 내 출판 경력과 관련된 모든 부분에서 믿을 만한 조언자 역할을 톡톡히 해 주고 있다. 그는 모르는 게 없는 데다 못하는 것도 없어서 무슨 일이든 믿고 맡길 수 있다. 재치와 소탈한 성격은 또 다른 장점이다.

편집자인 채드 앨런에게도 고마움을 전한다. 그의 비전과 참신한 아이디어, 그리고 이 프로젝트를 진행하는 동안 그가 보여 준 인내심은 정말 높이 살 만하다. 그는 이 책이 탄생하기까지 충실한 산파 역할을 해 주었고, 내가 편집자에게 원하는 모든 것을 갖춘 사람이다.

드와이트 베이커, 마크 라이스, 패티 브링스, 바브 반스, 줄리 데이비스 등 베이커 북스^{Baker Books}의 모든 친구들에게도 똑같이 고마움을 전한다. 그들은 늘 작가의 편의를 봐주려고 애쓴다. 이번이 우리의 두 번째 작품이며, 앞으로 출시될 작품에서도 멋진 파트너 관계를 유지해 나가리라 믿는다.

내 비디오 영상을 제작하는 레이니 미디어^{Rainey Media}의 딘 레이니도 이 프로젝트에 기여했다. 초기 콘텐츠를 구체화하는 데 도움을 주었고, 지금도 우리와 좋은 파트너 관계를 유지하고 있다. 나를 믿고 멋진 영상을 제작해 준 레이니 역시 없어서는 안 될 사람이다.

아울러 『5일 훈련』 코스에 참여한 모든 이들에게 고마움을 전한다. 그 중에 이 책에서 자신의 이야기를 들려준 이들을 몇 명 소개한다:

- 나탈리 챔플린 (NataleeChamplin.com)
- 레이 에드워즈 (RayEdwards.com)
- 제임스 리드 (JamesReid.com)
- H. 블레이크 에드워즈 (HBlakeEdwards.com)
- 순디 조 그레이엄 (SundiJo.com)
- 스콧 케더샤 (ScottKedersha.com)

이분들은 내 학생일 뿐만 아니라 스승이기도 했다.

마지막으로, 마이클 하얏트&컴퍼니에서 멋진 팀워크를 자랑하는 직원들과 주요 계약자들을 언급하지 않고는 이 책을 마무리할 수 없다. 블레어 아케이니, 수잔 바버와 저스틴 바버, 제니퍼 보가드, 매트 브레디와 로렌 브레디, 앤드류 벅맨, 마이크 번스, 차드 캐논, 카일 차우닝, 엘리샤 커리, 제임스 켈리, 엘리슨 케네디, 마들렌 레몬과 숀 레몬, 에밀리 라인버거, 제레미 로트, 크리스틴 멕콜, 제프 매코드, 매나 메켄지, 존 미즈, 레이첼 풀린스, 수잔 노먼, 차레 프라이스와 매트 프라이스, 딘 레이니, 만디 리비에치오, 다니엘 로저스, 크리스티나 시어, 브랜든 트리올라, 카일 와일리, 데이브 용코위억. 이들의 응원과 지원 덕분에 나는 날마다 내가 가장 잘하는 일에 매진할 수 있다.

노트

인생 최고의 해는 아직 오지 않았다

1   Brent Yarina, "A Race to Remember." BTN, June 3, 2015, http://btn.
    com/2015/06/03/a-race-to-remember-i-had-no-idea-i-fell-like-that-in-
    inspirational-2008-run. Several videos of the race can be found online.

2   Allyssa Birth, "Americans Look to Get Their Bodies and Wallets in Shape
    with New Year's Resolutions." Harris Poll, January 26, 2017, http://www.
    theharrispoll. com/health-and-life/In-Shape-New-Years-Resolutions. html.
    See also: "New Years Resolution Statistics." Statistic Brain Research Institute,
    January 1, 2017, http://www. statisticbrain. com/new-years-resolution-
    statistics.

3   Laura House, "Got Ready for the Gym, Packed My Gear, Went for a Burger
    Instead." Daily Mail, January 7, 2016, http://www. dailymail. co. uk/femail/
    article-3388106/New-Year-s-resolutions-broken-just-one-week-2015. html.

4   "New Years Resolution Statistics."

5   Stacey Vanek Smith, "Why We Sign Up for Gym Memberships but Never
    Go to the Gym." NPR, January 15, 2015, http://www. npr. org/sections/
    money/2014/12/30/373996649/why-we-sign-up-for-gym-memberships-but-
    don-t-go-to-the-gym.

6   Composite list adapted from "New Years Resolution Statistics"; Mona Chalabi,
    "How Fast You'll Abandon Your New Year's Resolutions." FiveThirtyEight,
    January 1, 2015, https://fivethirtyeight. com/datalab/how-fast-youll-
    abandon-your-new-years-resolutions/; Nichole Spector, "2017 New Year's

Resolutions." NBC News, January 1, 2017, http://www.nbcnews.com/business/consumer/2017-new-year-s-resolutions-most-popular-how-stick-them-n701891; Lisa Cannon Green, "God Rivals the Gym among New Year's Resolutions." Christianity Today, December 29, 2015, http://www.christianitytoday.com/news/2015/december/god-rivals-gym-among-new-years-resolutions.html.

7   Yarina, "A Race to Remember."

01 믿음이 현실을 구현한다

8   William I. Thomas and Dorothy Swaine Thomas, The Child in America (New York: Knopf, 1928), 572; Robert K. Merton, "The Self-Fulfilling Prophecy." The Antioch Review 9, no. 2 (Summer 1948); Karl Popper, The Poverty of Historicism (1957; repr., New York: Routledge, 2002), 11.

10   Chris Berdik, Mind Over Mind (New York: Current, 2012), 9. (《상상하면 이긴다》 크리스 베르딕 지음, 이현주 옮김, 프런티어, 2015년 8월 10일)

11   Alan Shipnuck, "What Happened?" Sports Illustrated, April 4, 2016, http://www.golf.com/tour-and-news/what-happened-tiger-woods-it-remains-most-vexing-question-sports.

12   "New Years Resolution Statistics."

13   Birth, "Americans Look to Get Their Bodies and Wallets in Shape with New Year's Resolutions."

14   H. A. Dorfman, The Mental ABC's of Pitching (Lanham, MD: Rowman, 2000), 212-3. (《이기는 선수의 심리공식》 하비 A. 도프만 지음, 민훈기, 최희 옮김, MSD미디어, 2017년 5월 30일)

15   Rosamund Stone Zander and Benjamin Zander, The Art of Possibility (New York: Penguin, 2002), 1.

16   "Real-Life 'Daedalus' Unveils Plaque to Historic Human-Powered Flight." FAI, June 11, 2016, http://www.fai.org/ciaca-slider-news/41366-real-life-daedalus-unveils-plaque-to-historic-human-powered-flight.

17   Keith Hamm, "12-Year-Old Tom Schaar Lands 1080." ESPN, March 30, 2012, http://www.espn.com/action/skateboarding/story/_/id/7755456/12-year-old-tom-schaar-lands-skateboarding-first-1080.

18   From a page in saxophonist Steve Lacy's notebook, published by Jason Kottke, "Advice on How to Play a Gig by Thelonious Monk." Kottke.org, February 13, 2017, http://kottke.org/17/02/advice-on-how-to-play-a-gig-by-thelonious-monk.

19   Arthur C. Clarke, Profiles of the Future (New York: Harper, 1962), 14.

02 어떤 믿음은 당신을 방해한다

20   Heidi Grant Halvorson, 9 Things Successful People Do Differently (Boston: Harvard Business Review Press, 2012), 54-3. 《작심삼일과 인연 끊기》 하이디 그랜드 지음, 전해자 옮김, 에이지21, 2017년 12월) See also Carol S. Dweck's discussion of fixed vs. growth mindsets in her book Mindset (New York: Random House, 2006). 《성공의 새로운 심리학》 캐롤 드웩 지음, 정명진 옮김, 부글북스, 2011년 7월)

21   Jeremy Dean, Making Habits, Breaking Habits (Boston: Da Capo, 2013), 89-90. 《굿바이 작심삼일》 제레미 딘 지음, 서현정 옮김, 위즈덤하우스, 2013년 12월)

22   J. R. R. Tolkien, Roverandom (London: Harper, 2013), 110. 《로버랜덤》 J. R. R. 톨킨 지음, 박주영 옮김, 씨앗을 뿌리는 사람, 2008년 9월)

23   Michael Grothaus, "Here's What Happened When I Gave Up Following the News for a Week." Fast Company, October 25, 2016, https://www.fastcompany.com/3064824/heres-what-happened-when-i-gave-up-following-the-news-for-a-week.

24   Donna Freitas, The Happiness Effect (New York: Oxford, 2017), 39. 《나는 접속한 다. 고로 행복하다》 도나 프레이타스 지음, 김성아 옮김, 동아엠엔비, 2018년 9월)

25   Andrea Shea, "Facebook Envy: How the Social Network Affects Our Self Esteem." WBUR, February 20, 2013, http://legacy.wbur.org/2013/02/20/facebook-perfection.

26   Timothy D. Wilson, Redirect: Changing the Stories We Live By (New York:

Back Bay, 2015), 52. (《스토리》 티모시 윌슨 지음, 강유리 옮김, 웅진지식하우스, 2012년 4월)

27   Henry Cloud, The Power of the Other (New York: Harper, 2016), 9. (《타인의 힘》 헨리 클라우드 지음, 김성아 옮김, 한스미디어, 2017년 4월)

28   Brent Schlender, Becoming Steve Jobs (New York: Crown Business, 2015), 408. (《비커밍 스티브 잡스》 브렌트 슐렌더, 릭 테트젤리 지음, 안진환 옮김, 혜윰, 2017년 4월)

03 믿음을 업그레이드할 수 있다

29   Charles Duhigg, The Power of Habit (New York: Random House, 2012), 84-5. (《습관의 힘》 찰스 두히그 지음, 강주헌 옮김, 갤리온, 2012년 10월)

30   Donald Miller, Scary Close (Nashville: Thomas Nelson, 2014), 12-3. (《연애 망치는 남자》 도널드 밀러 지음, 최요한 옮김, 옐로브릭, 2016년 8월)

31   Erin Gruwell, The Freedom Writers Diary (New York: Broadway, 2009), 49. (《프리덤 라이터스 다이어리》 에린 그루웰 지음, 김태훈 옮김, 랜덤하우스 코리아, 2007년 3월)

32   Albert Bandura, "Toward a Psychology of Human Agency." Perspectives on Psychological Science 1, no. 2 (June 1, 2006), http://journals.sagepub.com/doi/abs/10.1111/j.1745-6916.2006.00011.x.

33   Martin Luther King Jr., "Living Under the Tensions of Modern Life." The Papers of Martin Luther King Jr., vol. 6, ed. Clayborne Carson and Susan Carson (Berkeley: University of California Press, 2007), 265.

34   See Peter H. Diamandis and Steven Kotler, Abundance (New York: Free Press, 2014). See also Matt Ridley, The Rational Optimist (New York: Harper, 2011). (《어번던스》 피터 디아만디스, 스티븐 코틀러 지음, 권오열 옮김, 와이즈베리, 2012년 11월)

35   Vivek Wadhwa, "Why Middle-Aged Entrepreneurs Will Be Critical to the Next Trillion-Dollar Business." Venture Beat, October 31, 2014, https://venturebeat.com/2014/10/31/why-middle-aged-entrepreneurs-will-be-critical-to-the-next-trillion-dollar-business.

36   Jeremy Coon et al. Napoleon Dynamite (Beverly Hills, CA: 20th Century Fox
      Home Entertainment, 2004). (코미디 영화 〈나폴레옹 다이너마이트〉2004년

04 과거를 반드시 돌아봐야 한다

37   Daniel Kahneman and Dale T. Miller, "Norm Theory: Comparing Reality to Its
      Alternatives." Heuristics and Biases: The Psychology of Intuitive Judgment, ed.
      Thomas Gilovich, Dale Griffin, and Daniel Kahneman (Cambridge: Cambridge
      University Press, 2002), 348.

38   Brene Brown, Rising Strong (New York: Spiegel & Grau, 2015), 270. (《라이징 스트
      롱》 브레네 브라운 지음, 이영아 옮김, 이마, 2016년 12월)

39   Marilyn Darling et al., "Learning in the Thick of It." Harvard Business Review,
      July-August 2005, https://hbr.org/2005/07/learning-in-the-thick-of-it.

40   Sonja Lyubomirsky, Lorie Sousa, and Rene Dickerhoof, "The Costs and
      Benefits of Writing, Talking, and Thinking About Life's Triumphs and
      Defeats." Journal of Personality and Social Psychology 90, no. 4 (2006), https://
      www.ncbi.nlm.nih.gov/pubmed/16649864.

41   Carina Chocano, "Je Regrette." Aeon, October 16, 2013, https://aeon.co/
      essays/why-regret-is-essential-to-the-good-life.

42   George Santayana, The Life of Reason (New York: Scribner, 1905), 284.

05 후회는 숨겨진 기회를 보여 준다

43   Larry Shannon-Missal, "Tattoo Takeover." Harris Poll, February 10, 2016,
      http://www.theharrispoll.com/health-and-life/tattootakeover.html.

44   The bungled tattoo examples are from the "bad tattoos" feature at TattooNow.
      com. The bored or adventurous can find a million more via Google.

45   Beatrice Aidin, "Rethinking Ink." London Telegraph, January 23, 2016, http://

www.telegraph.co.uk/beauty/body/rethinking-ink-how-tattoos-lost-their-cool.

46   Brown, Rising Strong, 211. (《라이징 스트롱》 브레네 브라운 지음, 이영아 옮김, 이마,
      2016년 12월)

47   Janet Landman, Regret (Oxford: Oxford University Press, 1993), 15.

48   Brown, Rising Strong, 213. (《라이징 스트롱》 브레네 브라운 지음, 이영아 옮김, 이마,
      2016년 12월)

49   Landman, Regret, 21-9.

50   Neal J. Roese and Amy Summerville, "What We Regret Most … and Why."
      Personality and Social Psychology Bulletin, September 2005, https://www.
      ncbi.nlm.nih.gov/pmc/articles/PMC2394712.

51   Sarah Graham, "Brain Region Tied to Regret Identified." Scientific American,
      August 8, 2005, https://www.scientificamerican.com/article/brain-region-
      tied-to-regr. See the original study here: Giorgio Coricelli et al., "Regret and Its
      Avoidance: A Neuroimaging Study of Choice Behavior." Nature Neuroscience
      8 (August 2005), http://www.nature.com/neuro/journal/v8/n9/full/nn1514.
      html, along with follow-up here: Angela Ambrosino, Nadege Bault, and
      Giorgio Coricelli, "Neural Foundation for Regret-Based Decision Making."
      Revue d'economie politique 118, no. 1 (January-February 2008), https://www.
      cairn.info/revue-d-economie-politique-2008-1-page-63.htm.

06 범사에 감사해야 한다

52   Don Yaeger, "Welcome to Krzyzewskiville." Success, August 10, 2015, http://
      www.success.com/article/welcome-to-krzyzewskiville.

53   Robert A. Emmons and Anjali Mishra, "Why Gratitude Enhances Well-Being."
      Designing Positive Psychology, ed. Kennon M. Sheldon et al. (Oxford: Oxford
      University Press, 2011), 254.

54   David DeSteno et al., "Gratitude: A Tool for Reducing Economic Impatience."
      Psychological Science 25, no. 6 (April 2014), https://www.ncbi.nlm.nih.gov/
      pubmed/24760144. Quote from Martha C. White, "Be Thankful, Save More."

Today, June 13, 2014, http://www.today.com/money/be-thankful-save-more-study-says-gratitude-helps-us-reach-1D79801892.

55   Michele M. Tugade and Barbara L. Fredrickson, "Resilient Individuals Use Positive Emotions to Bounce Back from Negative Emotional Experiences." Journal of Personality and Social Psychology 86, no. 2 (February 2004), https://www.ncbi.nlm.nih.gov/pmc/articles/PMC3132556.

56   Emmons and Mishra, "Why Gratitude Enhances Well-Being." 250.

57   Based on interviews published in Michael Hyatt, Set Yourself Up for Your Best Year Ever, MichaelHyatt.com, December 2014.

58   Ibid.

59   Timothy D. Wilson, Redirect, 62-3. 《스토리》 티모시 윌슨 지음, 강유리 옮김, 웅진 지식하우스, 2012년 4월)

07 인생 목표에는 일곱 가지 속성이 있다

60   Micheline Maynard, "Incentives Still Leave GM Short of Market Goal." New York Times, October 22, 2002, http://www.nytimes.com/2002/10/22/business/incentives-still-leave-gm-short-of-market-goal.html; Drake Bennett, "Ready, Aim ⋯ Fail." Boston Globe, March 15, 2009, http://archiv.boston.com/bostonglobe/ideas/articles/2009/03/15/readyaim___fail; Chris Woodyard, "GM Bailout Played Out over Five Years." USA Today, December 9, 2013, https://www.usatoday.com/story/money/cars/2013/12/09/gm-bailout-timeline/3929953.

61   See, for instance, Lisa D. Ordonez, Maurice E. Schweitzer, Adam D. Galinsky, and Max H. Bazerman, "Goals Gone Wild." Academy of Management Perspectives 23, no. 1 (February 2009), http://www.hbs.edu/faculty/Publication%20Files/09-083.pdf.

62   Lawrence Tabak, "If Your Goal Is Success, Don't Consult These Gurus." Fast Company, December 31, 1996, https://www.fastcompany.com/27953/if-your-goal-success-dont-consult-these-gurus.

63   Gail Matthews, "The Effectiveness of Four Coaching Techniques in Enhancing
      Goal Achievement." presented at the Ninth Annual International Conference
      on Psychology, sponsored by the Athens Institute for Education and Research,
      May 25-8, 2015, http://www.dominican.edu/academics/ahss/undergraduate-
      programs/psych/faculty/assets-gail-matthews/researchsummary2.pdf.

64   Edwin A. Locke and Gary P. Latham, "Goal Setting Theory." in New
      Developments in Goal Setting and Performance (New York: Routledge, 2013), 5.

65   Timothy A. Pychyl, "Goal Progress and Happiness." Psychology Today, June
      7, 2008, https://www.psychologytoday.com/blog/dont-delay/200806/goal-
      progress-and-happiness.

66   Richard Layard, Happiness: Lessons from a New Science (New York: Penguin,
      2005), 73.

67   Locke and Latham, "Goal Setting Theory." 5.

68   Daniel Kahneman, Thinking, Fast and Slow (New York: FSG, 2011), 302-. (《생각
      에 관한 생각》 대니얼 카너먼 지음, 이창신 옮김, 김영사, 2018년 3월)

69   Locke and Latham, "Goal Setting Theory." 9.

70   Sarah Milne, Sheina Orbell, and Paschal Sheeran, "Combining Motivational
      and Volitional Interventions to Promote Exercise Participation." British
      Journal of Health Psychology 7 (2002), http://onlinelibrary.wiley.com/
      doi/10.1348/135910702169420/epdf.
      12. Alice G. Walton, "What Happened to Your Goals?" Chicago Booth Review,
      February 23, 2017, http://review.chicagobooth.edu/behavioral-science/2017/
      article/what-happened-your-goals.

71   13. Mike Gayle, The To-Do List (London: Hodder & Stoughton, 2009).

09 리스크는 당신 편이다. 진짜로!

72   Dean Karnazes, The Road to Sparta (New York: Rodale, 2016).

73   Katie Arnold, "Drafting Dean: Interview Outtakes." Outside, December 8, 2006,
      https://www.outsideonline.com/1885421/drafting-dean-interview-outtakes.

74   Charles Moore, Daniel H. Burnham: Architect, Planner of Cities (Boston: Houghton Mifflin, 1921), 147.

75   Desert Runners, directed by Jennifer Steinman, Smush Media, 2013.

76   Steve Kerr and Douglas LePelley, "Stretch Goals: Risks, Possibilities, and Best Practices." in Edwin A. Locke and Gary P. Latham, eds., New Developments in Goal Setting and Task Performance (New York: Routledge, 2013), 21.

77   Kerr and LePelley, "Stretch Goals." 23-4.

78   Arnold, "Drafting Dean."

STEP 4 당신의 이유를 찾아라

79   Donald Miller, A Million Miles in a Thousand Years (Nashville: Thomas Nelson, 2009), 177-9. (《천년 동안 백만 마일》, 도널드 밀러, 윤종석 옮김, IVP, 2010년 10월)

10 이걸 왜 하지?

80   Brene Brown, The Gifts of Imperfection (Center City, MN: Hazelden, 2010), 66. (《불완전함의 선물》 브레네 브라운 지음, 장세현 옮김, 청하, 2011년 8월)

81   Kennon M. Sheldon and Andrew J. Elliot, "Goal Striving, Need Satisfaction, and Longitudinal Well-Being." Journal of Personality and Social Psychology 76, no. 3 (1999), https://selfdeterminationtheory.org/SDT/documents/1999_SheldonElliot.pdf.

82   Nikos Ntoumanis et al., "When the Going Gets Tough: The 'Why' of Goal Striving Matters." Journal of Personality 82, no. 3 (June 2014), https://www.ncbi.nlm.nih.gov/pmc/articles/PMC4288988/.

83   Ibid.

84   Duhigg, The Power of Habit, 51. (《습관의 힘》 찰스 두히그 지음, 강주헌 옮김, 갤리온, 2012년 10월)

11 당신은 동기부여의 달인이 될 수 있다

85 Kaitlin Woolley and Ayelet Fishbach, "The Experience Matters More Than You Think: People Value Intrinsic Incentives More Inside Than Outside an Activity." Journal of Personality and Social Psychology 109, no. 6 (2015), http://home.uchicago.edu/~kwoolley/Woolley&FishbachJPSP2015.pdf.

86 Duhigg, The Power of Habit, 51. (《습관의 힘》 찰스 두히그 지음, 강주헌 옮김, 갤리온, 2012년 10월)

87 Anders Ericsson and Robert Pool, Peak: Secrets from the New Science of Expertise (New York: Houghton Mifflin, 2016), 172. (《1만 시간의 재발견》 안데르스 에릭슨, 로버트 풀 지음, 강혜정 옮김, 비즈니스북스, 2016년 6월)

88 Dean, Making Habits, Breaking Habits, 5-. (《굿바이 작심삼일》 제레미 딘 지음, 서현정 옮김, 위즈덤하우스, 2013년 12월)

89 Brad Isaac, "Jerry Seinfeld's Productivity Secret." LifeHacker, July 24, 2007, http://lifehacker.com/281626/jerry-seinfelds-productivity-secret.

90 James Linville and George Plimpton, "Fran Lebowitz, A Humorist at Work." The Paris Review, Summer 1993, https://www.theparisreview.org/miscellaneous/1931/a-humorist-at-work-fran-lebowitz.

91 Chris McChesney, Sean Covey, and Jim Huling, The 4 Disciplines of Execution (New York: FreePress, 2012). (《성과를 내고 싶으면 실행하라》 크리스 맥체스니, 숀 코비, 짐 헐링 지음, 이창신 옮김, 김영사, 2016년 3월)

12 함께 가면 더 좋다

92 J. R. R. Tolkien, The Letters of J. R. R. Tolkien, ed. Humphrey Carpenter (Boston: Houghton Mifflin, 1981), 23-4.

93 Ibid., 38, 166.

94 Ibid., 184.

95 Ibid., 362.

96 John Swansburg, "The Self-Made Man." Slate, September 29, 2014, http://www.slate.com/articles/newsandpolitics/history/2014/09/the_self_mademan

historyofamythfrombenfranklintoandrew_carnegie.html.

97   Proverbs 27:17 ESV. (잠언 27장 17절)

98   Proverbs 22:24-5. (잠언 22장 24, 25절)

99   Cloud, The Power of the Other, 78. (《타인의 힘》헨리 클라우드 지음, 김성아 옮김, 한스미디어, 2017년 4월)

100   Walton, "What Happened to Your Goals?"

101   Derek Sivers, "Keep Your Goals to Yourself." TED, July 2010, https://www. ted.com/talks/dereksiverskeepyourgoalstoyourself.

102   Duhigg, The Power of Habit, 85. (《습관의 힘》찰스 두히그 지음, 강주헌 옮김, 갤리 온, 2012년 10월)

103   Ibid., 88-9. (《습관의 힘》찰스 두히그 지음, 강주헌 옮김, 갤리온, 2012년 10월)

104   Enrico Moretti, The New Geography of Jobs (New York: Mariner, 2013), 141. (《 직업의 지리학》엔리코 모레티 지음, 송철복 옮김, 김영사, 2014년 7월)

105   Joshua Wolf Shenk, "The Power of Two." Atlantic, July-August 2014, https:// www.theatlantic.com/magazine/archive/2014/07/the-power-of-two/372289.

106   The Samson Society (SamsonSociety.com) is an international Christian accountability group for men, founded by Nate Larkin.

13 천 리 길도 한 걸음부터

107   Rick Beard, "The Napoleon of the American Republic." New York Times, October 31, 2011, https://opinionator.blogs.nytimes.com/2011/10/31/the-napoleon-of-the-american-republic.

108   Stephen Sears, "McClellan at Antietam." Civil War Trust, https://www.civilwar. org/learn/articles/mcclellan-antietam. For the complete story, see Stephen Sears, George B. McClellan: The Young Napoleon (New York: Ticknor & Fields), 270-23.

109   "Eat a Live Frog Every Morning, and Nothing Worse Will Happen to You the Rest of the Day." Quote Investigator, April 3, 2013, http://quoteinvestigator. com/2013/04/03/eat-frog.

110 Francesca Gino and Bradley Staats, "Your Desire to Get Things Done Can Undermine Your Effectiveness." Harvard Business Review, March 22, 2016, https://hbr.org/2016/03/your-desire-to-get-things-done-can-undermine-your-effectiveness.

111 Chris Napolitano, "Having a Backup Plan Might Be the Very Reason You Failed." Aeon, June 16, 2016, https://aeon.co/ideas/having-a-backup-plan-might-be-the-very-reason-you-failed.

112 W. H. Murray, The Scottish Himalayan Expedition (London: J. M. Dent & Sons, 1951), 6-.

113 Beard, "The Napoleon of the American Republic."

114 Steven J. Zaloga, George S. Patton (Oxford: Osprey, 2010), 12.

115 Michael Keane, Patton: Blood, Guts, and Prayer (Washington, DC: Regnery, 2012), 156.

116 "Patton's Career a Brilliant One." New York Times, December 22, 1945, http://www.nytimes.com/learning/general/onthisday/bday/1111.html.

14 당신은 성공의 방아쇠를 당길 수 있다

117 Heidi Grant, "Get Your Team to Do What It Says It's Going to Do." Harvard Business Review, May 2014, https://hbr.org/2014/05/get-your-team-to-do-what-it-says-its-going-to-do.

118 Thomas Llewelyn Webb and Paschal Sheeran, "How Do Implementation Intentions Promote Goal Attainment? A Test of Component Processes." Journal of Experimental Social Psychology 43, no. 2 (March 2007), https://www.researchgate.net/publication/43327389Howdo_implementationintentionspromotegoalattainmentAtestofcomponentprocesses.

119 Grant, "Get Your Team to Do What It Says It's Going to Do."

120 Peter M. Gollwitzer and Gabriele Oettingen, "Planning Promotes Goal Striving." Handbook of Self-Regulation, 2nd ed., ed. Kathleen D. Vohs and Roy F. Baumeister (New York: Guilford, 2011), 165.

15 중간 검토는 필수

121   James H. Doolittle with Carroll V. Glines, I Could Never Be So Lucky Again (New York: Bantam, 1991), 128-0.

122   Cheryl J. Travers, "Using Goal Setting Theory to Promote Personal Development," in New Developments in Goal Setting and Performance, ed. Edwin A. Locke and Gary P. Latham (New York: Routledge, 2013), 603-9.

123   Christopher Bergland, "The Neuroscience of Perseverance," Psychology Today, December 26, 2011, https://www.psychologytoday.com/blog/the-athletes-way/201112/the-neuroscience-perseverance.

124   Karnazes, The Road to Sparta, 108-.

도약을 위한 LEAP 원칙

125   Pascal-Emmanuel Gobry, "Facebook Investor Wants Flying Cars, Not 140 Characters," Business Insider, July 30, 2011, http://www.businessinsider.com/founders-fund-the-future-2011-7.

126   Tyler Cowen, "Peter Thiel on Stagnation, Innovation, and What Not to Call your Company," Conversations with Tyler [Podcast], Mercatus Center, March 29, 2015, https://medium.com/conversations-with-tyler/pete r-thiel-on-the-future-of-innovation-77628a43c0dd.

탁월한 인생을 만드는 법

ㄱ

가능성 34, 37, 39, 65, 96, 104, 175, 179
가브리엘 외팅겐(Gabriele Oettingen) 239
갈망 지대(Desire Zone) 184
감사 100-10
감사 일기 108
감사가 빠진 목표 추구 102
감사가 포함된 목표 추구 102
감정(emotion, 동기) 223
개선된 점을 측정하라 198
개인사 26
개인적 성장 14, 17
개인화(personalizing) 43
게리 레이섬(Gary P. Latham) 126
게일 매튜스(Gail Matthews) 118, 208
격려(의도적 관계) 207
결의를 다시 다지라 249
결핍된 사고 39-40, 55, 104, 106, 110
결혼 109, 170-1, 178-9, 185
경쟁(의도적 관계) 207
경험에서 배워라 84
계획하고 준비
고통 없이는 아무것도 얻을 수 없다(profit in the pain) 152
과거를 마무리 75, 88, 92, 218
과거를 마무리하는 훈련⇒사후 검토 참고
관계 205-11
굳게 다짐하라 228
권리 173

기도 60, 107-8, 236
기회
　　기회를 걸러낸다 119
　　후회 속에 가려진 기회 111
기회 원칙 95

ㄴ

"나에게는 꿈이 있습니다." 51, 53
나폴레옹 다이너마이트(영화, Napoleon Dynamite) 72
내적 동기 130-2, 176, 191, 218
내측안와전두피질(medial orbitofrontal cortex) 97
냉소주의 32
뉴스 미디어의 부정 편향 45
닐 로스(Neal J. Roese) 95-7

ㄷ

다니엘 번햄(Daniel Burnham) 154
달리기 그룹 212
대니얼 카너먼(Daniel Kahneman) 74, 126
대니얼 하카비(Daniel Harkavy) 120
대응 계획(if/then 계획) 233, 239
댄 설리번(Dan Sullivan) 198
더글라스 르펠리(Douglas LePelley) 155
데니스 웨이틀리(Denis Watley) 141
데릭 시버스(Derek Sivers) 208

데이브 램지(Dave Ramsey) 159
데이비드 데스테노(David DeSteno) 104
데일 밀러(Dale T. Miller) 45
델로니어스 몽크(Thelonious Monk) 36
도나 프레이타스(Donna Freitas) 46
도널드 밀러(Don Miller) 168
독서 그룹과 스터디 그룹 213
돌파구를 찾는 해 10-11, 17, 19
동기
　동기부여의 달인 188-90, 215
　핵심 동기 참고
동류(同類) 집단 206, 211
두려움 40, 110, 163, 166, 206
디트리히 본회퍼(Dietrich Bonhoeffer) 100
딘 카르나제스(Dean Karnazes) 150

ㄹ ─────────────────

래리 엘리슨(Larry Ellison) 48
로렌 파월(Laurene Powell) 48-9
로리 수자(Lorie Sousa) 78
로버트 머튼(Robert K. Merton) 28
로버트 에몬스(Robert A. Emmons) 101-2, 106
로버트 풀(Robert Pool) 192
로사 파크스(Rosa Parks) 50
로저 베니스터(Roger Bannister) 35-6
르네 디커후프(Rene Dickerhoof) 78
리처드 레이어드(Richard Layard) 123

ㅁ ─────────────────

마라톤 150-2
마릴린 달링(Marilyn Darling) 77
마샬 맥루한(Marshall McLuhan) 73
마이크 게일(Mike Gayle) 133
마이크 맥길(Mike McGill) 35-6
마이크 슈셉스키(Mike Krzyzewski) 100
마이크 와이어(Mike Weir) 29
마크 트웨인(Twain, Mark) 196-7
마이클 그로소스(Michael Grothaus) 45

마틴 루터 킹 주니어(Martin Luther King, Jr.)
　50-3 58, 60-1
만족 26, 91
망상 지대(Delusional Zone) 158
맥트위스트(McTwist) 35
머리와 가슴 187, 245
멋진 인생(영화, It's a Wonderful Life) 109
멘토링 212-3
명료성(clarity) 114, 118, 163, 246, 261, 260
명확성(SMARTER 목표) 121
목표
　다음 단계 224, 226
　목표 검토 243-52
　목표 달성 실패 125-7
　목표 설정 118-9
　목표와 과제 130-2
　목표와 전략 121-3, 127-30
목표 검토 243
목표 기간(습관 목표) 146
목표를 교체하라 249
목표를 수정하라 249
목표를 제거하라 249
목표에 대한 결의 250
무대 뒤(Back Stage) 184
무대 밖(Off Stage) 184
무대 위(Front Stage) 184, 236, 239
무슨 일이 벌어지길 원했는지 기술하라(사후
　검토) 78
무함마드 알리(Muhammad Ali) 50
문신 90-2
미래를 내다보기 75
미루는 버릇 222
미켈란젤로(Michelangelo) 257
미프 히스(Miep Gies) 60
믿음
　믿음과 공동체 210
　믿음의 힘 28
믿음을 수정하라 62
믿음을 업그레이드 26, 50, 53, 69-70

탁월한 인생을 만드는 법

ㅂ

밥 고프(Bob Goff) 54, 65
배움 (의도적 관계) 207
"버밍햄 감옥에서 보내는 편지" (킹) 51
벤자민 프랭클린(Benjamin Franklin) 232
변화 52, 58, 95, 103, 107, 131, 187, 260
보노(Bono) 48
보상을 내면화하라 191
부부(인생 영역) 136
부정 편향(negativity bias) 45
부정적 경험을 받아들이라 162
부정적 관계 47
분기별 검토 248-9
　　결의를 다시 다지라, 성과를 기념하라, 제
　　거하라, 교체하라, 수정하라 참고
불만 40, 96, 110, 152
불안 지대(Discomfort Zone) 156
불편함 152, 158, 160, 162
불행 26
브래들리 스타츠(Bradley Staats) 223
브레네 브라운(Brene Brown) 76, 92, 171, 173
브렌트 슐렌더(Brent Schlender) 48
비백 와드하(Vivek Wadhwa) 66
비상사태 233, 238, 240
비전 173, 175, 178, 258, 262
비폭력 52
빈센트 반 고흐(Vincent van Gogh) 219

ㅅ

사전 숙고(힘의 속성) 58
사회(인생 영역) 137
사후 검토(After-Action Review) 76
삶의 "핵심 서사(core narratives)" 47
삼손 소사이어티(Samson Society) 213
상상력의 실패 36-7
새로운 믿음으로 다시 무장하라 68
새로운 프레임 172
새해 결심 6, 128, 131, 170, 232, 242
서면 목표 116, 119-20, 180

선행 지표(lead measures) 199
성과를 기념하라 249
성장 14-5, 84, 98, 152, 156, 162, 165
성취 목표 129, 138, 142, 144-5, 147-9, 166,
　　195, 199, 218
　　샘플 139-40
셰릴 트래버스(Cheryl J. Travers) 243
소냐 류보머스키(Sonja Lyubomirsky) 78
소셜 미디어 5, 45-6, 239
솔로몬 왕(Solomon) 205-6
숀 코비(Sean Covey) 199
쉽고 재미있고 빠르면 장땡인가 170
스콧 케언즈(Scott Cairns) 89
스티브 무라(Steve Mura) 33-4
스티브 잡스(Steve Jobs) 48-9
스티브 커(Steve Kerr) 155
스파르타틀론(Spartathalon) 151
습관
　　사고방식 142, 144
　　습관과 성취 144-5
　　습관적 행동 147-8
습관 목표 129, 138, 142, 144-5, 147-9, 166,
　　195, 199, 218
　　샘플 139-40
습관 빈도(성취 목표) 145
균형 잡힌 시각 172
시간 기준(SMARTER목표) 127
시간 트리거(습관 목표) 146
시작일(습관 목표) 145
신앙(인생 영역) 135
신체(인생 영역) 136
실망 5, 12, 31, 79-81, 85, 88, 96, 160, 172
실제로 벌어진 일을 인정하라(사후 검토) 80
실체 이론가(entity theorists) 40
실패→후회 참고
실행(힘의 속성) 58
실행 계획 70, 111, 166, 215, 256
실행 의도(implementation intentions) 232, 239
실행 전술 19
실행, 결과, 회상 96

실행력(motion) 222

ㅇ

아서 클라크(Arthur C. Clarke) 36
아일릿 피시바흐(Ayelet Fishbach) 131
안네 프랑크(Anne Frank) 57, 60-1
안데르스 에릭슨(Anders Ericsson) 192
안락함, 지루함, 낮은 몰입도 153
안잘리 미스라(Anjali Mishra) 101-2
안전 지대(Comfort Zone) 154
알코올 중독자 갱생회(Alcoholics Anonymous)
    54
앨버트 반두라(Albert Bandura) 57
양육(인생 영역) 136
업무 14, 73, 90, 94, 125, 154, 156, 244
업적 50, 53, 241
에드윈 로크(Edward A. Locke) 126
에린 그루웰(Erin Gruwell) 56-8, 60
에이미 서머빌(Amy Summerville) 95-7
링컨, 에이브러햄(Abraham Lincoln) 51, 219-
    20
엔론(Enron) 116
엔리코 모레티(Enrico Moretti) 211
엘리스 월턴(Alice G. Walton) 131
역사의 흐름 110, 230
"오이디푸스 효과(Oedipus Effect)" 28
온라인 커뮤니티 211
완벽주의 172
외부에 도움을 청하라 226
외적 동기 130, 176, 191
요요마(Yo-Yo Ma) 48
우정 203, 205-6, 213-4
운동 82, 122, 129, 157, 232
원동력(agency) 14, 56, 82, 103, 173
위험성(SMARTER 목표) 125
윌리엄 토머스(William I. Thomas) 28
윌리엄 허친슨 머레이(W. H. Murray) 229
은수자 마르코(Mark the Monk) 115
응원해 줄 팀을 결성하라 215

의도(힘의 속성) 57
의도성 체감의 법칙(Law of Diminishing Intent)
    259-60
의도적 관계 211-4
의혹 12, 17
이유(동기) 173
인권운동 50, 52
인내심 175, 190, 199
인생 영역 135-138
    결혼, 사회, 신앙, 신체, 양육, 재정, 정서,
    지능, 직업, 취미 참고
"인생점수 검사(LifeScore Assessment)" 15, 17
인생점수 영역(LifeScore domains) 13-5
인종 간 화합 52
일반화 43
일별 검토(daily review) 243-4

ㅈ

자기 연민 172
자기반성(힘의 속성) 58
자발적 동기 175
자성적 예언(self-fulfilling prophecy) 28
자신감 223
자신에 대한 제한적 믿음 42, 70
자원 60-2
장애물 97-8
재닛 랜드먼(Janet Landman) 93-5, 97
재정(인생 영역) 138
잭 웰치(Jack Welch) 150, 157
적절성(SMARTER 목표) 132
전략 19, 34
정서(인생 영역) 136
제너럴 모터스(GM) 115, 158
제너럴일렉트릭(General Electric, GE) 120
제레미 딘(Jeremy Dean) 43
제리 사인펠트(Jerry Seinfeld) 195
제한적 믿음(limiting beliefs) 33, 40-43, 45-47
제한적 믿음을
    ~거부하거나 재구성하기 65

~검토하기 62
~기록하기 62
~수정하기 68
~새로운 믿음으로 무장하기 68
~인식하기 64
젠더(로자문드 스톤과 벤자민(Zander, Rosamund
  Stone and Benjamin)) 34, 53
조너선 아이브 (Jony Ive) 48
조안 바에즈(Joan Baez) 48
조지 마셜(George C. Marshall) 230
조지 메클렐런(George B. McClellan) 219-21,
  229-30, 246
조지 산타야나(George Santayana) 85
조지 패튼(George S. Patton) 230-1
조지프 무어(Joseph Moore) 77
존 F. 케네디(John F. Kennedy) 51
존 고든(Jon Gordon) 107
존 러벅(John Lubbock) 38
존 레논(John Lennon) 211
존 포든(John Foden) 151
주별 검토 245
줄리안 사이먼(Julian Simon) 61
즐라타 필리포빅(Zlata Filipović) 61
증진 이론가(incremental theorists) 40
"지미" 두리틀(Jimmy Doolittle) 장군 241-2
지식 (인생 영역) 135
지혜 10, 18-9, 61, 85
직무성과 8
직업(인생 영역) 137
진실성 95
짐 론(Jim Rohn) 259-60
짐 힐링(Jim Huling) 199

찰스 두히그(Charles Duhigg) 209-10
찰스 패리(Charles Parry) 77
참을성(patience) 102-3
창의성 61, 121, 154, 156
책임성(의도적 관계) 207

척 예거(Chuck Yeager) 35-6
체스터튼(G. K.Chesterton) 173
체인 시스템(목표 기간 추적하기) 196
추진력(momentum) 223
취미(인생 영역) 137
측정 가능성(SMARTER 목표) 122
치료 106, 186

카넬로스 카넬로폴로스(Kanellos
  Kanellopoulos) 35-6
카리나 초카노(Carina Chocano) 80
칼 포퍼(Karl Popper) 28
케이틀린 울리(Kaitlin Woolley) 131
쾌락의 역설(pleasure paradox) 108
크리스 맥체스니(Chris McChesney) 199
크리스 버딕(Chris Berdik) 28
크리스토퍼 버글랜드(Christopher Bergland)
  249

타이거 우즈(Tiger Woods) 29
타인에 대한 제한적 믿음 41
토니 호크(Tony Hawk) 35-6
토마스 웹(Thomas Webb) 233
톰 샤(Tom Schaar) 36
트라우마 186
티모시 윌슨(Wilson, Timothy D.) 47, 108-9
티모시 파이킬(Timothy A. Pychyl) 123

ㅍ
파국화(catastrophizing) 43, 62
파셜 시런(Paschal Sheeran) 233
페이디피데스(Pheidippides) 150-1
페이스북(Facebook) 46, 211, 226, 257,
폴 매카트니(Paul McCartney) 211
표지판 vs 장애물 098

풀 포커스 플래너 일정 계획표(Full Focus Planner) 138, 244, 248
풍족한 사고(abundance thinking) 39, 41, 47, 104, 207, 210
프란 레보비츠(Fran Lebowitz) 196
프란체스카 지노(Francesca Gino) 223
플라톤 241
플랜트 내니(앱, Plant Nanny) 197
플랫폼 유니버시티(Platform University) 212
피터 골위처(Peter M. Gollwitzer) 239
피터 틸(Peter Thiel) 257-8
피트니스 센터 6

ㅎ

하비 도프만(Harvey Dorfman) 33-4, 250
하이드 그랜트 할버슨(Heidi Grant Halvorson) 233
헤더 캠프(Heather Kampf) 4-5, 10-1
헨리 클라우드(Henry Cloud) 47
해방적 진실(liberating truths) 33, 41, 49, 53-6, 61-2, 65, 68-70
핵심 동기 175-6, 178, 180-1, 183-4
    가슴으로~ 183, 187
    머리로~ 183, 187
행동 118-9, 220, 230-1
행동을 수정하라(사후 검토) 087-8
행복 14, 151-2 165
협력 58, 67
"확장-구축 이론(broaden-and-build theory)" 104
활동성(SMARTER 목표) 123
활성화 유인책(Activation Triggers) 19
회고적 사고(backward thinking) 74-8, 88, 92
회복탄력성 102
    감사 102
후행 지표(lag measures) 199
후회 89-98
흑백 사고 43, 62
흥미진진함(SMARTER 목표) 130-2

희망 32, 52, 65, 98, 102, 110, 176, 190

숫자, A~Z

21일 "규칙" 194
Activate 마음을 다잡고 뭐든 하라(LEAP 원칙) 261
Engage 명료해질 때까지 그 기분과 씨름하라(LEAP 원칙) 260
Lean 기대감을 품고 변화를 받아들이라(LEAP 원칙) 260
Pounce 떨치고 일어나서 당장 시작하라(LEAP 원칙) 261
C. S. 루이스(C. S. Lewis) 201-3, 206, 211, 213-4
J. R. R. 톨킨(J. R. R. Tolkien) 201-3, 205, 211, 213-4
LEAP 원칙 260
    Lean, Engage, Activate, Pounce 참고
SMART 목표 120
SMARTER 목표 120
    활동성, 흥미진진함, 측정 가능성, 적절성, 위험성, 명확성, 시간 기준 참고

탁월한 인생을 만드는 법